Umweltgeschichtliche Erkundungen
in Göttingen

# Umweltgeschichtliche Erkundungen in Göttingen

Ein Stadt-Lesebuch rund um den Müll

Herausgegeben von Martin Heinzelmann
– Geschichtswerkstatt Göttingen e.V. –

VERLAG DIE WERKSTATT

Die Deutsche Bibliothek – CIP-Einheitsaufnahme

**Umweltgeschichtliche Erkundungen in Göttingen** : ein Stadt-Lesebuch rund um den Müll / hrsg. von Martin Heinzelmann. - Göttingen : Verl. Die Werkstatt, 1999
  ISBN 3-89533-253-4

1   2   3      2001    2000    1999

© 1999 by Verlag Die Werkstatt GmbH
Lotzestraße 24a, 37083 Göttingen
Alle Rechte vorbehalten.
Gesamtherstellung: Verlag Die Werkstatt
Gedruckt auf Umweltpapier „Öko 2001" (75% aus Altpapier, 25% Frischfaser aus Durchforstungsholz)

ISBN 3-89533-253-4

# Inhaltsverzeichnis

Einleitung .................................... 7

Wir können alles, aber nichts dafür – eine kurze
Geschichte des lokalen Entsorgungswesens im Überblick ... 14
*(Thomas Pusch)*

## I. Das Zeitalter der organischen Abfälle

1. Die Fäkalientonne. Entsorgungsprobleme
bis zum Bau der Kanalisation ........................ 29
*(Sigrid Fährmann)*

2. Abfallbeseitigung in der spätmittelalterlichen Stadt:
Aspekte aus archäologischer Sicht .................... 47
*(Betty Arndt)*

## II. Das Zeitalter des Verbrauchs ohne Reue

1. Die Brockensammlung – karitative Arbeit
angesiedelt an der Grenzlinie der Wirtschaftlichkeit ........ 64
*(Thomas Pusch)*

2. Der Lappenberg ............................... 102
*(Matthias Glatthor)*

3. Müllgebühren und Abfallmengen – ein Zusammenhang? . 122
*(Thomas Pusch)*

4. Nationalsozialismus, Krieg und Müll ................ 130
*(Thomas Pusch und Martin Heinzelmann)*

5. Rüstungsaltlasten: Der Flughafen und das Börltal ...... 148
*(Martin Heinzelmann)*

6. Die Straße des Mülls –
Der Maschmühlenweg im 20. Jahrhundert .............. 167
*(Christiane Artus)*

# Inhalt

## III. Das Zeitalter der schleichenden Einsicht

1. Die Entstehung des Verpackungsmülls ............... 193
*(Saskia Schanz und Philipp Heinz)*

2. Die Abfallwirtschaft in der Stadt Göttingen
bis zum Jahre 200X ............................... 211
*(Franz Rottkord)*

## IV. Anhang

1. Verzeichnis der AutorInnen ...................... 229

2. Quellen- und Literaturverzeichnis ................. 231

Anzeige

# Einleitung

Berichte über Umwelt und Müllprobleme finden sich seit vielen Jahren fast täglich in Zeitungen und in den übrigen Medien. Der Informationsstand und das Problembewußtsein zu diesen Themen dürfte in weiten Teilen der Bevölkerung recht hoch sein. Warum also dieses Buch?

Zum einen deshalb, weil viele Berichte über Müllprobleme sich nicht auf unsere unmittelbare Lebenswelt beziehen. Wir sind informiert über Tankerunglücke, Chemiekatastrophen oder das ständig wachsende Ozonloch über der Antarktis, aber über ökologische Probleme in der direkten Umgebung wissen wir oft wenig.

Zum anderen, weil die gelegentliche Berichterstattung über Göttingen und die Region sich in der Regel ganz auf aktuelle Anlässe konzentriert. Es werden dann die berühmten „Steine des Anstoßes" angesprochen, aber kaum jemand erfährt genaueres über die Hintergründe. Dabei ist ein Müllproblem keine Angelegenheit des Augenblicks, sondern es hat meistens seine ganz eigene Geschichte.

Ziel dieses Buches ist es, diesem Mißstand zumindest etwas abzuhelfen, es gibt nämlich bisher kaum Publikationen zu einer Regionalgeschichte des Mülls. Mit diesem Buch will die Geschichtswerkstatt Göttingen e.V. die sozialen und historischen Verflechtungen der Entstehung und Beseitigung von Müll in unserer Gesellschaft aufzeigen. Dabei konnte natürlich keine umfassende Geschichte des Mülls in Göttingen geschrieben werden. Vielmehr wird der Umgang mit dem Müll anhand von Einzelthemen exemplarisch vorgestellt. Daß dabei auch eine Reihe von anderen Aspekten der Geschichte Göttingens mit einflossen, versteht sich von selbst. Das Buch soll den interessierten Leserinnen und Lesern sowohl Einblick in wichtige Bereiche der Müllgeschichte Göttingens geben als sie auch anregen, sich selber mit der Müllproblematik in ihrer Umgebung auseinanderzusetzen.

Viele Fragen können in diesem Sammelband nicht in der ganzen möglichen Tiefe beleuchtet oder gar beantwortet werden. Eine Reihe von Quellen konnte leider im Rahmen dieses Projektes nicht genutzt werden. Hingewiesen sei hier exemplarisch auf die weitgehend unberührt gelassenen Protokolle der Ausschüsse der Stadt Göttingen, die Vorläufer des heutigen Umweltausschusses waren, wie Bauausschuß und Werkausschuß. Letzterer war seinerzeit für öffentliche Anlagen zuständig.

Einigen der Leserinnen und Leser mögen aus persönlicher Erfahrung und Kenntnis Detailinformationen und Einblicke zur Verfügung stehen, die aus den schriftlichen Quellen nicht herausgeschält werden konnten. Diese Lücken mußten in Kauf genommen werden, hier werden bewußt keine fertigen Ergebnisse präsentiert, sondern "Einblicke" und "Werkstücke".

Die Geschichte der Göttinger Abfallentsorgung könnte knapp formuliert folgendermaßen lauten:

Für 1471 ist ein "Dreckgeld" belegt, das für eine Abfallbeseitigung im weitesten Sinne bestimmt war: den Dreckswagen. Im 15. Jahrhundert und in erneuerter Form 1734 und 1832 erließ der Rat der Stadt Göttingen Straßenreinigungsordnungen, welche die Abfallbehandlung regeln sollten. 1867 wurden "Mülltonnen" zur Fäkalienentsorgung eingeführt und seit 1901/3 besteht der Anschluß der Fäkalienentsorgung an die Spülkanalisation. Seitdem befindet sich eine Abwasserreinigungsanlage an der Maschmühle. Sie wurde 1954 durch einen Neubau ersetzt und bis heute mehrfach erweitert.

Im Jahre 1904 wurde die erste in kommunaler Regie, d.h. nicht als Pachtbetrieb, betriebene Müllabfuhr eingeführt. Bis 1914 wurde in eine Kiesgrube im Bereich des heutigen Wasserwerks Stegemühle entsorgt, danach bis 1971, in eine Grube südlich der Maschmühle, dem späteren Lappenberg. Anschließend wurde der Müll in den Basaltbruch nach Meensen transportiert und seit einigen Jahren wird Göttinger Abfall an einen Hang bei Deiderode geschüttet. Und wenn nun noch jemand fragt, ab wann es denn die Müllabfuhr mit der heutigen Technik gibt, wäre das Jahr 1934 zu nennen.

So knapp könnte Geschichte sein. Doch die Umweltgeschichte des Mülls ist weit mehr – und davon handelt dieses Buch. Es soll zeigen, welche Fülle an Einsichten am Alltagsleben zu entziffern sind.

Ein so nebensächliches und alltägliches Thema hat nun nicht immer bleibende Spuren in den Quellen hinterlassen. Der Weg über Archive, Zeitungen und Zeitzeugen bleibt demzufolge notwendigerweise oft unvollständig. Die Entsorgungsfrage des "Mülls" ist in diesem Buch ein „thematisches Vehikel", um eine(!) Geschichte der Umwelt nachzuzeichnen. "Müll-Geschichte" als Umweltgeschichte stellt zwar eine thematische Einengung für ein neues Stadtlesebuch dar, doch geschieht dies wegen der enormen

Vorteile des Stoffes: Alle machen Müll und die meisten leben auf oder mit dem Müll.

Wir wollen die Entstehung von Umweltproblemen verdeutlichen, nicht aber mit einer Parallelisierung von "früher" und "heute" eine Relativierung von Umweltproblemen aufzeigen (nach dem Motto: "Umweltprobleme hat es schon immer gegeben, und sie wurden schon immer gelöst"). Es geht uns vielmehr darum, durch die Vermittlung der historischen Dimension von Umweltproblemen, ein Bewußtsein für die Wandelbarkeit gesellschaftlicher Prozesse zu vermitteln und zu verantwortlichem Handeln anzuregen. Ökologische Probleme haben soziale, ökonomische und politische Ursachen, somit sind zu ihrer Lösung auch soziale, ökonomische und politische Veränderungen notwendig. Im Zusammenhang mit dem Müll-Projekt heißt das für die Geschichtswerkstatt, die folgenschweren Fehlentscheidungen in der historischen Entwicklung des Entsorgungswesens herauszuarbeiten und darzustellen.

# Der Aufbau des Buches

Das Buch präsentiert eine Reihe von Schwerpunktartikeln, die einzelnen Epochen zugeordnet sind, teilweise aber auch epochenübergreifend sind. Die Rahmendarstellung „Wir können alles, aber nichts dafür – eine kurze Geschichte des lokalen Entsorgungswesens im Überblick" liefert eine historische Einführung. Es handelt sich dabei um eine allgemeine, recht knappe Geschichte der Abfallentsorgung von 1904 bis 1984, also zwischen dem Beginn der Abfallentsorgung in kommunaler Regie und dem Konzeptwandel von der Abfallentsorgung zur Abfallwirtschaft. Er bildet eine Klammer für die einzelnen Artikel und Abschnitte.

Die drei behandelten Epochen, "Das Zeitalter der organischen Abfälle", "Das Zeitalter des Verbrauchs ohne Reue" und "Das Zeitalter der schleichenden Einsicht" stellen die Göttinger Entsorgungsgeschichte im Zusammenhang einer übergreifenden Entsorgungsgeschichte dar. Die Epochenübergänge sind dabei nicht schlagartig erfolgt, sondern allmählich. Dieser Sachverhalt wird in einigen der Aufsätze besonders deutlich.

Einige der hier aufgenommenen Beiträge entstanden im Rahmen des "Müll-Projektes", dem Schwerpunktthema der GW in den Jahren 1993/94. Zwischen dem 13. Dezember 1993 und dem 30. Mai 1994 fand eine Veranstaltungsreihe mit Vorträgen statt, von denen einige in überarbeiteter Fassung in diesem Buch präsentiert werden. Einige Beiträge gehen auch auf Vorarbeiten des vorangegangenen Projektes der Geschichtswerkstatt (GW) "Zur Umweltgeschichte der Göttinger Weststadt – Grone" zurück. Alle anderen Aufsätze entstanden im Zusammenhang mit dem eigentlichen Buchprojekt.

Die Beiträge des Buches sind in die drei bereits erwähnten „Zeitalter" gegliedert. Neben einem Einleitungsteil und einem Anhang stellen diese Epochen der Göttinger Müllgeschichte die Gliederung dar. Im Anhang findet sich eine Bibliographie aller benutzter Literatur und Quellen, ein Glossar zu Schadstoffen und Gefährdungspotentialen sowie ein Verzeichnis der AutorInnen.

Bei der Abfassung der Beiträge wurde Wert darauf gelegt, daß diese sowohl "wissenschaftlichen" Ansprüchen genügen als auch eine allgemeine Verständlichkeit gewährleisten, ohne die Inhalte zu reduzieren. Kriterium war auch, daß die dargestellten Themen vor Ort aufzeigbar sein sollten. Dabei ist es selbstverständlich, daß unterschiedliche AutorInnen unterschiedliche Darstellungsformen bevorzugen. Die einzelnen Aufsätze geben diesen Zusammenhang wieder. So wurden lediglich formale Angleichungen vorgenommen. In den Artikeln finden sich einige zusätzliche Anmerkungen zum Text, z.B. Ergänzungen und Nebenaspekte, sowie eine Auflistung der Quellen, Fundstellen und der verwendeten Literatur. Nicht jedes Zitat im Text wird dabei einzeln belegt, sondern z.B. durch "s. Baumann, dort S. 166ff, 184 und 187". Die Zitate bleiben so überprüfbar, ohne einen allzu großen Raum einzunehmen. Lediglich die häufig herangezogenen Beiträge aus Tageszeitungen werden in "()" mit einem Datum versehen. Historische Zitate sind i.d.R. auf die heutige Orthographie umgestellt worden (z.B. statt "thun" – "tun"). Die Umstellungen sind nicht kenntlich gemacht. Mehrere AutorInnen verwenden das "I" um ausdrücklich beide Geschlechter zu benennen, aber nicht alle: Es gibt keine Übereinstimmung in dieser Frage. Die Schreibweisen in den Artikeln sind behutsam vereinheitlicht und gegebenenfalls wurden orthographische Fehler in Zeitungsartikeln verbessert.

Die Bebilderung der einzelnen Aufsätze ist leider von unterschiedlicher Qualität. Dies hat mit der Natur des Themas zu tun. Müll, Abfall und andere „Schandflecken" waren und sind bis heute keine besonders beliebten Photomotive. Umso erfreulicher war es deshalb, daß das Göttinger Tageblatt uns die Genehmigung zur Verwendung von Photos erteilt hat. Hinweise auf die Herkunft der übrigen Abbildungen befinden sich jeweils unter dem abgedruckten Photo.

Anzeige

## NÄHE IST BEI UNS KEIN ZUFALL, SONDERN ABSICHT

- In unseren Geschäftsstellen:
  Durch persönlichen Service
  und Beratung sowie
  - Geldautomaten
  - Kontoauszugsdrucker
  - SB-Terminals

- Von zu Hause aus:
  Durch Nutzung elektronischer Medien
  - Telefon
  - Telefax
  - PC

Sparkasse Göttingen
─── SEIT 1801 ───

## Danksagungen

Eine Reihe von Institutionen haben dieses Buch gefördert, damit zu seiner Entstehung beigetragen und es durch ihr Interesse auch motiviert. Der Landschaftsverband Südniedersachsen und im besonders hervorzuhebenden Maße die Niedersächsische Umweltstiftung in Hannover haben das Projekt und die Veröffentlichung dieses Sammelbandes finanziell unterstützt.

Auch die Vermittlung von Anzeigen (Sparkasse Göttingen, Stadtreinigung Göttingen, Neue Arbeit / Brockensammlung) trägt nicht unerheblich zur Finanzierung bei. Wir bitten, sie zu beachten.

Während eines Jahres konnte durch die Einrichtung „Hilfe zur Arbeit" (HzA, heute: Amt für Beschäftigungsförderung) der Stadt Göttingen eine Arbeitsstelle bei der Geschichtswerkstatt finanziert werden, durch die umfangreiche Recherchen und Vorbereitungsarbeiten erst ermöglicht wurden.

Sowohl die "Umweltgeschichte der Göttinger Weststadt – Grone" als auch das "Müll-Projekt" sind Projekte der Geschichtswerkstatt Göttingen e.V.. Unser besonderer Dank gilt Thomas Pusch, auf dessen Initiative hin dieses Buchprojekt entstand und der die maßgeblichen Vorarbeiten geleistet hat. Leider konnte er es aus beruflichen Gründen nicht selber zum Abschluß bringen. Wir hoffen, in seinem Sinne gehandelt zu haben. Gedankt sei auch den MitarbeiterInnen der Geschichtswerkstatt – insbesondere Petra Bing, Marc Czichy, Karin Klenke und Jan Motte – ohne deren Unterstützung die Herausgabe des Buches unmöglich gewesen wäre.

Nie wäre das Buch erschienen ohne die Mitarbeit der AutorInnen. Bei ihnen möchten wir uns besonders bedanken.

# Wir können alles, aber nichts dafür – eine kurze Geschichte des lokalen Entsorgungswesens im Überblick
*von Thomas Pusch*

Der überwiegende Anteil der historischen Darstellungen des Themas „Müll" neigt zu einer linearen Fortschreibung der Geschichte: Die Entsorgungspraxis der Antike wird dabei positiv bewertet, das Früh- und Hochmittelalter ist dunkel, unhygienisch und primitiv, erst mit der Frühen Neuzeit beginnt eine prinzipiell ununterbrochene Erfolgsgeschichte, die technologisch-organisatorische Lösung eines grundsätzlichen Problems der Menschheit. Die Beiträge in diesem Buch sehen es anders. Dies wird mit der Betrachtung der Müll-Geschichte, unterteilt in drei Epochen, herausgestellt. Sie zeigen, wie wenig linear und wie wenig grundsätzlich eine Lösung in der Entwicklung stattfand: Der eigentlich geleistete Fortschritt bestand nämlich darin, Fehlentwicklungen und Probleme in stets größerer räumlicher und zeitlicher Erstreckung auf die Menschheit loszulassen. Die hier dargelegte Epochengliederung soll die Einordnungsmöglichkeiten von qualitativ, quantitativ, technologisch und gesellschaftlich unterschiedlichen Prozessen vorantreiben. Fäkalien und Knochen sind schließlich ein anderes Problem als PCB oder Atom-Müll. Dennoch wäre herauszustellen, daß es in allen drei Epochen gleichgelagerte Entsorgungsprobleme gibt, wodurch die Übergänge natürlich immer fließend sind.

## I. Das Zeitalter der organischen Abfälle

Eine „Kulturleistung" des Menschen ist es, unbrauchbare, schwer- oder unzersetzbare Stoffe im Verlauf seines Handelns anfallen zu lassen. Erst die Seßhaftwerdung – unbestritten eine der markantesten Einschnitte in der Geschichte der Menschheit – erforderte aber neue Reaktionsweisen auf die anfallenden Ausscheidungen und Abfälle. „Erst die lineare Beschleunigung der Zeit durch das Städtewesen läßt den Müll zum Problem werden", nur Religion und Technik haben es in den ersten Städten vermocht, diesem Problem über Jahrhunderte Herr zu werden.[1] Reinlichkeit und Reinlichkeitstechniken begleiten alle Hochkulturen und haben sich durchweg auch in mythisch-religiöse Grundlagen verfestigt.[2]

Was die Antike bereits "gelöst" hatte[3], war vor dem erneuten Aufblühen der Städte geradezu nebensächlich, für das Dorf stellte die Entsorgung nur eine Marginalie dar. Die Völkerwanderung hatte vorübergehend alle Entsorgungsprobleme beseitigt und erst die Neubesiedlung der mittelalterlichen Städte gab neue/alte Probleme auf – damit beginnt das „Zeitalter der organischen Abfälle". Denn die Fäkalien-Entsorgung war DAS Abfall-Problem bis zur letzten Jahrhundertwende. Ohne die stetige Bevölkerungszunahme seit dem Mittelalter hätte den BewohnerInnen das Fäkalienproblem nicht buchstäblich bis zum Hals gestanden. Zwar kennt die mittelalterliche Stadt – und damit sicherlich auch Göttingen – auch andere Abfall-Probleme, denn sowohl in der Handwerksproduktion als auch bei der Verarbeitung fielen ausreichend Stoffe an, die den Menschen in der Stadt das Leben schwer machten, Flüsse vergifteten, oder ähnliches. Diese spielten quantitativ wie qualitativ allerdings keine so dominierende Rolle, auch nicht im Bewußtsein der öffentlichen Meinung, es waren schließlich nicht alle gleich stark von den negativen Auswirkungen betroffen. Der Versuch, mit Bestimmungen und Verordnungen dem Problem Herr zu werden, verlief wohl eher in der Leine als im Sande.

Wenn das Zeitalter auch keinen konkreten Beginn hat, so hat es doch ein bestimmendes Entsorgungskonzept. In der mittelalterlichen Stadt vollzog sich „epochaler" technologischer Wandel zuerst mit der Etablierung der Fäkaliengruben, den Kloaken, die dem zuvor praktizierten Prinzip des „Auf-die-Straße-Kippens" ein Ende bereiteten. Grundsätzlich etablierte sich die Kloake, welche periodisch geleert wurde, als das neue Entsorgungsprinzip für einen langen Zeitraum. Die so gesammelten Abwässer wurden in aller Regel anschließend auf den umliegenden Feldern ausgebracht. Sicher war diese Technologie unausgereift, insbesondere die Gefahren, die aus der Nähe zu den Grundwässern entstanden,

---

1 Alle Religionen der Hochkulturen tragen Normen des Hygieneverhaltens! (vgl. Grassmuck/Unverzagd: S. 42).
2 Vgl. Illich, Ivan „Die Wasser des Vergessens", Douglas, Mary „Reinheit und Gefährdung" und natürlich auch Elias, Norbert. Man bedenke nur die unterschiedlichen Praktiken, wie Leichen „entsorgt" wurden.
3 Vgl. Hösel, Gottfried „Unser Abfall alle Zeiten", Erhard, Heinrich „Von der Stadtreinigung zur Entsorgungswirtschaft" oder Illi, Martin „Von der „Schissgruob' zur modernen Städteentwässerung".

wurden erst Jahrhunderte später als ein gewichtiges Problem erkannt. Dennoch blieb dieses Prinzip bis Mitte des 19. Jahrhunderts ohne Alternative. Darüberhinaus erfreute sich das „In-den-Fluß-kippen" von Produktionsrückständen weiterhin großer Beliebheit – sofern man oberhalb der Einleitung lebte.

Zwar spielte die Verbesserung der Land- und Gartenwirtschaft durch die Düngung mit den Kloakenfüllungen stadtnah bei der Bodenverbesserung eine Rolle – das Gartenland war nah und der Ertragszuwachs erfreulich, über das Ausmaß dessen streitet die Wissenschaft allerdings noch heute – doch war dies nicht unbedingt beabsichtigt: Grundsätzlich bestand seinerzeit die allgemeine Meinung, daß das Entsorgen der Kloakeninhalte auf die Felder schlecht und ungesund sei. Die Kenntnisse einer sachgerechten Kompostierung und Düngung ist nur wenig über die Klostermauern, wo diese Technologie schon früh reifte, herausgetreten.

Erst die politische Vorherrschaft des Bürgertums in der Stadt eröffnete die Möglichkeit „Hygiene", oder was man dafür hielt, durchzusetzen. Bis dahin dauerte das „Müll-Mittelalter". Was nützte es, wenn Ärzte zu hygienischeren Verhältnissen rieten. Erst ihre Allianz mit der bürgerlichen Obrigkeit, konnte die Miasmenlehre (kurz: Lehre von der Ansteckung aufgrund schlechten Geruchs) zu einer Kraft der Stadthygiene werden lassen.

Bemühungen um Hygiene lösten das Problem alleine aber auch nicht, konnten es auch nicht, weil die Miasmenlehre als naturwissenschaftliche Grundlage „Fehl"-Lösungen begünstigte. Im Gegenteil: Konnte man gegen den materiellen Müll nichts ausrichten, hielt man sich an dem "sozialen Müll" schadlos. Diejenigen, die ihn am wenigsten produzierten, wurden somit an seiner Entsorgung zwangsweise häufig beteiligt (Arme, Alte, Gefängnisinsassen).

Das 19. Jahrhundert warf dann alles bisher Erreichte über den Haufen. Mit dem raschen Wachsen der Städte im Zuge der Industrialisierung veränderten sich die Ausgangsbedingungen grundlegend. Von jetzt an war die Kloake allein nicht mehr in der Lage, das Problem zu beseitigen. Die qualitativen und quantitativen Veränderungen der zu verarbeitenden Stoffe trug ein übriges dazu bei.

Abfallentsorgung bedurfte Gesetze, bedurfte Planung und – ganz zentral – Gesetze zur kommunalen Gebührenerhebung: Nach 20 Jahren Diskussion wurde 1893 eine entscheidende Reform rechtskräftig und ermöglichte es, die erste industrielle Müll-Lawine zu bannen.

Zur Jahrhundertwende wird das Problem dann von den Zeitgenossen durch die Installation der Ringkanalisation in den Städten als gelöst angesehen. Hier wird deutlich, wie die Spülkanalisation das Entsorgungsproblem aus der Stadt herausgebracht hat.

**Buchbeiträge:**
Die Lösung der Entsorgungsprobleme Göttingens im Zeitalter der organischen Abfälle geschah in zwei wesentlichen Schritten. Der letzte und historisch epochale war sicherlich ebenfalls die Einführung der Spülkanalisation und der Abwasserreinigungsanlage, mit dem Resultat der Weiterverwertung der Fäkalien als Dünger, kurz nach der Jahrhundertwende.

Auf dem Wege dorthin gab es bereits einen – nicht vollständig befriedigenden – Zwischenschritt: Die Einführung der Fäkalientonne zwecks Sammlung und Abtransport dieser Stoffe. Sigrid Fährmann hat im Rahmen der Ausstellung "Mit allen Wassern gewaschen" hierzu geforscht und ihr Aufsatz in diesem Buch **Die Fäkalientonne. Entsorgungsprobleme bis zum Bau der Kanalisation** beschreibt genau diesen Zwischenschritt.

Danach ist auch in Göttingen die Kanalisation unter Bemühung aller finanziellen Resourcen der Stadt gebaut worden. Die zunehmende Gefahr von Epidemien – man denke an die große Choleraepidemie von 1892 in Hamburg – hatte diesen Kraftakt notwendig gemacht. Weitere Maßnahmen zur Abfallentsorgung und allgemeiner kommunaler Planung bedurften aber erst veränderter rechtlicher Rahmenbedingungen.

Wie bereits erwähnt, gab es neben den „dominierenden" Fäkalien schon immer andere Stoffe, die unbrauchbar, also wertlos waren und deshalb als Abfälle zu bezeichnen sind. Während es schon die Fäkalienabfuhr gab, war die Entsorgung dieser Stoffe noch lange die private Angelegenheit eines Jeden. Üblich war deshalb ein Verfahren, wie es sich auch heute dort, wo es keine geregelte Müllabfuhr gibt, finden läßt: Die Leute scheuen, den oft weiten Weg zum Müllplatz auf sich zu nehmen, und werfen ihren Abfall am liebsten auf des Nachbarn Grundstück oder andere Freiflächen.

Ein weiterer Entsorgungsort für feste Abfälle waren natürlich auch die städtischen Kloaken. Die Überreste dieser vergessenen Orte sind mittlerweile von den Archäologen als ein wichtiger Aspekt für Erkenntnisse über das damalige Leben wiederentdeckt worden. Betty Arndt, die Leiterin der Stadtarchäologie Göttingen, stellt in ihrem Aufsatz **Abfallbeseitigung in der spätmittelalterlichen Stadt: Aspekte aus archäologischer Sicht** einige interessante Ergebnisse dazu vor. Zu diesem Thema referierte sie zuvor in der Veranstaltungsreihe der Geschichtswerkstatt.

Der zunehmende Bevölkerungsdruck ließ diesen Brauch dann allmählich ebenfalls zum Problem werden. Ein Auszug aus einer Magistratssitzung im Jahre 1868 zeigt, daß eine erste Müllabfuhr geplant wurde: "... und daß es wünschenswert erscheinen mag, daß auch Asche, Abfälle und Kehricht usw. durch den Koth-Abfuhrpächter abzufahren sind." Der Abfall wurde fortan vor die Tür geschüttet, der „Koth-Abfuhrpächter" lud ihn mit auf und fuhr ihn ab.

1884 beschloß in Göttingen der Magistrat: "Der bislang als öffentlicher Schuttplatz benutzte Teichgraben neben dem Königlichen Gymnasium wird einstweilen verlegt. Es wird verwiesen zur Ablagerung des Schuttes an den in den Groner Wiesen gelegenen Leineschlauch."

Zur Lösung des Problems der festen Abfälle begnügte man sich zu dieser Zeit also mit der Regelung der Abfuhr und der Bereitstellung eines Areals am Rande der Stadt.

## II. Das Zeitalter des Verbrauchs ohne Reue

Im Anschluß an das Zeitalter der organischen Abfälle schaffen die industrielle Fertigung und eine veränderte Gesellschaftspolitik die Voraussetzungen für eine Massenproduktion von Gütern. Sie ist kennzeichnend für das neue „Zeitalter des Verbrauchs ohne Reue". Nach zwei Weltkriegen und dem beispiellosen Boom der 50er und 60er Jahre ist eine neue Welt entstanden, die vom Raubbau an den Ressourcen, der Nicht-Berücksichtigung der Auswirkungen auf die Umwelt und der Eingliederung der meisten Menschen in den Massenkonsum bestimmt wird.

Damit verändert auch die Kommune ihre Struktur und ihre Gestalt. Sie geht zunehmend planend vor und entwickelt dabei einen quasi wert- und politikfreien Raum, der meint, allen Menschen dieser Kommune gleichermaßen dienen zu können. Der Aufbau der kommunalen Infrastruktur vollzieht sich im Spannungsfeld von Stadtentwicklungsplanung und einem mehrfachen

Anpassungsdruck. Hier zeigen sich Möglichkeiten und Grenzen der Koordination kommunaler und wirtschaftlicher Aufgaben. Am Ende des Zeitalters der organischen Abfälle wird deshalb auch eine Schwelle lokaler gesellschaftlicher Organisation überschritten. Die politische Qualität der Kommunalentwicklung in dieser Phase besteht in der Aneignung des Prinzips der „kommunalen Daseinsfürsorge", welche bereits Bereiche der Sozialstaats-Idee vorwegnimmt.

Kommunale Daseinsfürsorge: Hierunter ist die in Hoheit der Kommunen ausgeübte Sozial-, Gesundheits- und Versorgungspolitik für – im Idealfall alle Menschen der Stadt – zu verstehen. Entscheidend war hierfür neben der allgemeinen Diskussion um die Sozialpolitik und dem Drängen der Arbeiterbewegung nach einer gesellschaftlichen Emanzipation auch in den Kommunen die Notwendigkeit, die kommunale Organisation an die Erfordernisse der industriellen Moderne anzupassen. Erst die Schaffung eines Kommunalabgaben-Gesetzes (1895) setzt die Kommunen in die Lage, in der von uns heute als selbstverständlich akzeptierten Art und Weise, Gebühren für Dienstleistungen zu erheben und in die Art der Gebührenberechnung auch planende Elemente einzubeziehen. D.h., nicht nur effektiv geleistete Arbeit vergütet zu bekommen, sondern auch Investitionen in die Kalkulation mit einzubeziehen. Dieses Prinzip setzt sich durch. Eine andere Anpassung an die Bedürfnisse der Zeit, die Partizipation aller BürgerInnen an der Kommunalpolitik, das allgemeine und gleiche Wahlrecht kann bis 1918 noch von den kommunalen Eliten verhindert werden.

Aus der Perspektive der Arbeiterbewegung war die Einrichtung von kommunalen Betrieben letzlich auch mit der aus England übernommenen Strategie des "Municipal-Sozialismus" verbunden, eine Vergesellschaftung des Kapitals auf diesem öffentlichen Wege zu beginnen und so die privatkapitalistische Gesellschaftsordnung allmählich zu verändern. Kommunale Daseinsfürsorge und Municipal-Sozialismus ziehen so, aus sehr wohl unterschiedlichen Gründen, an einem Strang.

Die Betrachtung des Mediziners Schneider[4] über die hygienischen Verhältnisse Göttingens aus dem Jahre 1903 beschreibt die damalige Situation folgendermaßen: "Eine der wichtigsten und

---

4 Schneider, Ernst „Die hygienischen Verhältnisse Göttingens einst und jetzt"

meist auch schwierigsten Aufgaben der Stadthygiene mit, ist die Beseitigung der Abfallstoffe aller Art. Als erstes Moment kommt hier die Beseitigung der Abwässer in Betracht" (S. 22), worauf er die Vorzüge der brandneuen Abwasserreinigungsanlage herausstellt. Die Bilanz des übrigen Mülls sieht weniger gut aus: "Über die Aufbewahrung und Abfuhr des Hausmülls sind in Göttingen Vorschriften nicht vorhanden, nur dass die Asche in nicht feuergefährlicher Weise aufbewahrt wird. Bisher steht den Grundstückseigentümern frei, wo und wie sie die Abfälle aufbewahren und auf welchem Wege sie sie entfernen lassen. Die Unternehmer die den Straßenkehricht abzufahren haben, sind allerdings auch verpflichtet, auf Verlangen gegen eine zu vereinbahrende Entschädigung die Abfuhr des Mülls zu besorgen, wovon jedoch wenig Gebrauch gemacht wird. Daher ist der Vorschlag gemacht, das ganze Abfuhrwesen in städtische Regie zu übernehmen, entweder nach dem Sammelkastenwagen, oder nach dem Wechselbehältersystem, und Vorschriften über die Müllaufbewahrung zu erlassen." (S. 27)

Hier stellt sich die Frage: Wohin mit den Abfällen der Stadt? Diese erste Mülldeponie ist leider nicht mehr eindeutig zu lokalisieren, vermutlich war es bereits der bekannte „Lappenberg". Steinmetz[5] (S. 27) berichtet, daß 1904 mit "... Herrn Werner in Weende ein Vertrag geschlossen [wurde], daß er ein Gelände von 6330 qm als Müllablagerungsplatz zur Verfügung stellte. Daß man den Abfall lange Zeit vor die Tür schüttete, störte lange Zeit niemanden. Da aber die Hausbesitzer nach der Abfuhr nicht fegten, boten die Straßen einen schlimmen Anblick. Deshalb wurde 1884 die erste geregelte Müllabfuhr eingerichtet. Die verpflichtete einzelne Unternehmer mit Pferd und Wagen gegen ein Entgeld von Täglich 5,- RM".

Was aber weit wichtiger ist und sich hinter dem Geschäft mit Herrn Werner verbirgt, ist die Einführung der Abfallentsorgung in kommunaler Regie.

Dieser vielerorts, auch von Pörtge[6], genannte Beginn der "Stadtmüllabfuhr" 1918 geht mit der Einrichtung eines eigenen Amtes, dem Stadtreinigungsamt, einher. Zuvor, also von 1904 bis 1918, wurde die Entsorgung durch das Städtische Fuhramt durchgeführt, quasi als Anhängsel zu Straßenreinigung und Stadtbau-

---

5 Steinmetz, Wolfgang „Müllabfuhr und Müllbeseitigung im Regierungsbezirk Hildesheim unter besonderer Berücksichtigung des Landkreises Göttingen"
6 Pörtge, Karl-Heinz „Die Müll- und Abfallbeseitigung in Südniedersachsen"

hof. Das neue Amt vereinigte nun Straßenreinigung und Abfallentsorgung an einem neuen Standort an der Ecke Maschmühlenweg/Hildebrandtstraße, dem heutigen Standort der Göttinger Stadtwerke. Daß dieser Standort aufs engste mit der Lage der seit 1914 genutzten Deponie an der Maschmühle (dem Lappenberg) verknüft war, liegt auf der Hand.

Fassen wir folgende Schritte bis zur Einrichtung einer Müll-Abfuhr im heutigen Sinne zusammen:
- Vor 1884 gab es eine Abfallentsorgung nur auf privater Basis, wohl mit städtischen Vorschriften. Der Bereich des Teichgartens am Wall war der Entsorgungsort (etwa am heutigen Ernst-Honig-Wall, am Botanischen Garten).
- ab 1884 besteht eine Abfallabfuhr durch einen Fuhrunternehmer ohne Entsorgungspflicht. Der "Leineschlauch", etwa die heutige Ostseite des Kiessees, wird dann mit Abfall verfüllt.
- 1904 Abfallentsorgung in kommunaler Regie mit Gebühren für alle HauseigentümerInnen und dem späteren Lappenberg als Entsorgungsort. Andere Hinweise sprechen aber davon, daß hierhin erst ab 1914 entsorgt wurde.
- 1918 Einrichtung eines Stadtreinigungsamtes.

Der erste Weltkrieg ließ das Problem naturgemäß wieder in den Hintergrund treten – alles hatte noch einen Wert und leere Mägen haben leere Därme – aber bereits in den 20er Jahren kann für größere Städte wieder eine beträchtliche Zunahme der Müllmenge festgestellt werden. Von hier bis zur Planung des nächsten Krieges vollzieht sich auch der größte Innovationsschub auf dem Gebiet der Abfallentsorgung in Göttingen: Die Einführung der motorisierten und staubfreien Müllabfuhr. Dazu mehr an anderer Stelle.

Auch nach dem nächsten Kriege hatte man zunächst mehr Sorgen als Müll. Doch Massenkonsum und die infolge des Zustroms von Ostflüchtlingen stark gestiegene Bevölkerungszahl in Göttingen ließen bald die Notwendigkeit hervortreten, neue Symbole des Fortschritts in Dienst zu stellen.

Die Bestrebung auch der Stadt Göttingen, durch Eingemeindungen eine größere Fläche zu erreichen, um einen größeren Spielraum für Planungen und Baumaßnahmen zu haben, mögen bestenfalls auf den Widerspruch der einzugemeindenden Kommunen gestoßen sein. Faktisch war aber über Wasser- und Abwasserverbünde, die Eingliederung der Müllabfuhr von Geismar,

Rosdorf und Bovenden (wurde aber nie eingemeindet) der Weg bereits vorbereitet. Die von Teilen der Kommunalpolitik und Verwaltung angestimmte Floskel "von der Stadt ohne Raum" mag zwar heute wie damals einigen bitter aufgestoßen sein, aber die Zeitschrift "Moderne Gemeinde" wartete tatsächlich mit diesem Titel zu einem Interview mit Göttinger Politkern und Verwaltungsbeamtern auf (1963). In den folgenden Jahren vergrößerte sich die Stadt dann auf den Umfang, den wir heute kennen.

*Abb. 1: Ausstellung von neuen Müllwagen und Mülltonnen in Göttingen 1955. (Museum Göttingen)*

Abschließend für dieses Zeitalter hier noch eine Momentaufnahme der Göttinger Situation vom Ende der fünfziger Jahre:

"Seit Bestehen einer geregelten Müllabfuhr in Göttingen ist die Stadt in sechs Bezirke eingeteilt. In jedem Bezirk wird zweimal wöchentlich abgefahren. Angeschlossen sind die Gemeinden Geismar, Bovenden und Rosdorf. Hier wird einmal wöchentlich abgefahren. Der Fahrzeugpark besteht aus 6 Kolonnen mit je 1 Müllwagen und 2 Ersatzwagen. Für die Sperrgutabfuhr steht ein LKW zur Verfügung, der auf besonderen Wunsch und gegen geringe Gebühr das Sperrgut abfährt. Alle Wagen sind wegen der einfachen Ersatzteilbeschaffung vom gleichen Typ: Daimler-Benz mit Zöller-Kippung und einem Fassungsvermögen von ca. 20

großen 110 l – Mülltonnen. Zur Fahrzeugbesatzung gehört 1 Fahrer und 6 Müllwerker. 3 Mann stellen die Tonnen an die Straße und 3 Mann kippen. Die Abfuhr beginnt um 7.00 Uhr morgens. Die Mülltonnen sind Stadteigentum und werden zu folgenden Preisen vermietet: [ ...]. Im Umlauf sind etwa 9.400 große Tonnen und 1.200 kleine. ... Untersuchungen haben ergeben, daß die Tonnen durchschnittlich zu 60 % gefüllt sind.

Wegen der geringen Stadtausdehnung und des nahegelegenen Müllplatzes sind die Transportkosten gering. Die Druchschnittskilometerzahl beträgt 3 km pro Wagen zum Abfallplatz. Der km des Wagens kostet 3,60 DM mit und 0,91 DM ohne Fahrer. Zur Müllabfuhr gehört zusammen mit der Straßenreinigung ein Personalstamm von 125 Mann. Der gesamte Müll, auch der von den angeschlossenen Gemeinden, kommt auf den Göttinger Müllberg. Diese Regelung ist besser, als wenn jede Gemeinde einen Platz zur Verfügung stellen müßte. Der Müllberg kann noch einige Jahre den Müll Göttingens fassen.

Die Wagen können ohne Schwierigkeiten den Berg befahren. Baufirmen werden ab und zu beauftragt, Erde und Bauschutt anzuliefern, um die Auffahrt zu befestigen ...

Der Müllplatz ist verpachtet an eine Altmaterialfirma, welche allein das Recht, hat Schrott auszulesen. Auch findet, falls nötig, Rattenbekämpfung statt.

Beschwerden über Geruchsbelästigungen und Rattenplage sind bisher nicht eingegangen. Der Platz wird gut in Ordnung gehalten.

Bislang sind noch keine Untersuchungen darüber angestellt worden, ob die Ablagerung gegen das Wasserhaushaltsgesetz verstößt. In der Stadtverwaltung sind Überlegungen im Gange, ob Göttingen eine Verbrennungsanlage bekommen soll. Das Verfahren der Kompostierung wird nicht in Erwägung gezogen." [7]

**Buchbeiträge:**

**Die Brockensammlung**
Ebenso lange wie die kommunale Abfallentsorgung (1904) besteht in Göttingen die Einrichtung der „Brockensammlung" (1906). Diese Einrichtung – aktuell: „Neue Arbeit / Brockensammlung" – beschäftigt heute Menschen der unteren sozialen

7 Steinmetz S.29f.

Schichten mit der Sammlung und Weiterverarbeitung von Alt-Möbeln, sowie dem Neubau von Möbeln aus Wiederverwertetem und aus anderen Materialien. Zwar stand nicht ein Wiederverwertungsansatz von Abfällen zu Beginn der Einrichtung im Vordergrund, doch zeigt sich dort heute wie damals, daß karitative und sozialarbeiterische Maßnahmen mit einem Grenzbereich des Wirtschaftens befaßt sind.

**Der Lappenberg**
Neben der Unzahl von Göttinger Altdeponien die teilweise in den Beiträgen eine Erwähnung finden, verdient die Geschichte dieser Altdeponie eine gesonderte Behandlung. Es ist DER Müll-Berg am Rinschenrott, der "Lappenberg". Neben seiner exemplarischen Bedeutung – er ist das Flächendenkmal für ein "Zeitalter des Verbrauchs ohne Reue"- und langen Geschichte wurde die Deponie auch deshalb ausgewählt, weil sie "sichtbar" ist, sie hebt sich so deutlich von ihrer Umgebung ab, daß ein menschlicher Ursprung der Erhöhungen schnell geahnt wird: Der Lappenberg und die Wanderung des Mülls.

**Müllgebühren und Abfallmenge**
Daß die Organisationen, die den von uns produzierten Müll regelmäßig wegschaffen, für ihre Dienste auch bezahlt werden wollen, weiß ein Jeder. Thomas Pusch hat die wechselvolle Geschichte in Göttingen nachgezeichnet.

**Nationalsozialismus, Krieg und Müll**
Während des „Dritten Reiches" genoß der Abfall in vielfältiger Hinsicht die Aufmerksamkeit der Machthaber. So unterschiedliche Aspekte wie zum Beispiel die „Essenstonne" oder die Vertreibung der Göttinger Rohproduktenhändler werden in diesem Aufsatz näher erläutert.

**Rüstungsaltlasten: Der Flughafen und Börltal**
Aus dem Themenbereich Militär und Abfälle ist hier am Beispiel des ebenfalls im NS entstandenen Flugplatzes aufgezeigt, welche Bedingungen eine militärische Altlast nach sich zieht – neben der unbearbeiteten politischen Altlast. Wenn Göttingen mit spektakulären und gefährlichen Munitionsfabriken, wie z.B. Werk Tanne im Harz oder Hirschhagen bei Hess. Lichtenau verschont geblie-

ben ist, so ist doch der Flugplatz ein zu entsorgendes Problem von zunehmender Bedeutung. Eine in seinem Umfeld entstandene Deponie im Naherholungsgebiet Börltal spielt hier eine besondere Rolle.

**Die Straße des Mülls**
Der Maschmühlenweg westlich der Bahngleise ist alles andere als das Aushängeschild der Stadt, eher das was über ein ähnliches Viertel in Hildesheim gesagt wird: Das Rückgrat und dann ein bißchen dadrunter. Es ist kein Zufall, daß sich dieses Problemviertel hier befindet. Es ist der Weg, den die Abfälle der Gesellschaft, Müll, Fäkalien und soziale Randexistenzen gehen bzw. gezwungen werden zu gehen. Eine sozialgeschichtliche Fallstudie rund um den Lappenberg.

## III. Das Zeitalter der schleichenden Einsicht

Das Wirtschaftswunder brachte nicht nur eine erhebliche Steigerung des allgemeinen Lebensstandards in der Bundesrepublik mit sich, es ließ auch die Müllberge in einem nie zuvor dagewesenen Ausmaß anwachsen. Mühsam erreichte man etwa ab 1960 mit Sofortmaßnahmen zumindest eine Einhegung der wilden Müll-Entsorgung in der Landschaft. In den sechziger Jahren hinkte die Gesetzgebung der rasanten Entwicklung allerdings hinterher. Vor allem die Überlagerung von Gesetzen war ein Grund der Ineffizienz. Das Abfallbeseitigungs-Gesetz (11.6.72.) stellte dann einen Meilenstein dar: Planung schien möglich – die unschädliche Beseitigung war der Glaube. 1975 folgte das Abfallwirtschaftsprogramm. Motto: Weniger Müll machen – mehr aus Müll machen. Erst die 4. Änderung des AbfG gab schließlich der Müllvermeidung den Vorrang.

Die individuelle Reue setzt vielleicht ein, wenn die Müllgebühren steigen oder die Aufbereitung von Trinkwasser zum Problem wird. Von der Einsicht bis zum Handeln ist der Weg aber noch lang. „Schleichend" kann die Einsicht deshalb genannt werden, weil unsere Kenntnis der ökologischen Prozesse enorm vorangeschritten ist, Politik, Wirtschaft und Planung jedoch nur „schleichend" den Erfordernissen folgen. Zur Zeit scheint die Diskrepanz zwischen dem, was nötig wäre und dem, was möglich scheint und politisch gewollt ist, sogar wieder auseinander zu laufen.

Wo ich zunächst mit 1970 eine Epochengrenze einführen wollte, neige ich mittlerweile dazu, die „schleichende Einsicht" mit dem „sprechen-über-Müll" beginnen zu lassen: Das Erfinden von Komposita beginnt etwa 1960. Auch das Wort „Abfall" entsteht in diesen Jahren. Wie auch die einzelnen Aufsätze aufzeigen, ist der Übergang in dieses dritte Zeitalter ebenfalls fließend.

Etwa 1970 vollzieht sich nun dieser Wandel zur „schleichenden Einsicht": Beim Gesetzgeber („von oben") und „von unten" durch Bürgerinitiativen. Lokale Proteste, Einwendungen gegen Planungsvorhaben und allgemein eine neue Politisierung größerer Bevölkerungsteile machen das Thema Umweltschutz / Ökologie zu einem politischen Problem. In diesem Zeitalter werden bisher nie dagewesene kommunale Mitwirkungsmöglichkeiten entwickelt, Partizipation der BürgerInnen, welche eine neue Stufe kommunaler Integration des Menschen darstellt. Initiativen und Einzelpersonen versuchen sich, auch in Göttingen ab etwa 1970 am Prozeß des Planens zu beteiligen.

Wenn BürgerInnenproteste erreichen konnten, daß der Müll nicht vor ihrer Tür abgelagert wurde – wir freuen uns zu Recht über diese emanzipatorische Handlung – so hat dieser Protest den Preis der Entsorgung auch in die Höhe getrieben, so daß es lukrativ wurde, die ganze südliche Hemisphäre unseres Planeten mit unseren Absonderungen zu beglücken. Auch über den höheren Preis unserer Entsorgung haben die industriell-gewerblichen Verursacher wieder ein Geschäft gemacht und keineswegs den allmählich fälligen Preis für die von ihnen geschaffenen Probleme entrichtet.

Was nützt die Bereitschaft, viel Geld für die Entsorgung auszugeben, wenn für den allein mit einem negativen Wert besetzten Müll kein Platz mehr besteht. Aus dem Interessenkonglomerat von Platzmangel, Naturschutz, kommunaler Planung und BürgerInnenintervention arbeitet sich dann auch die nächste Entscheidung heraus: Bis zur aktuellen Fehlentscheidung schien zumindest das Prinzip der „kommunalen Daseinsfürsorge" als gewiß. Mit der Lizensierung des „Grünen Punkt" gibt die Stadt dieses Prinzip wieder auf.

Das Bewußtsein, unsere Abfallstoffe fachgerechter entsorgen zu müssen, haben wir mittlerweile gewonnen. Die sozialen Aspekte dieser Problemlösung sind uns aber weiterhin fern. Wir müssen uns schon nach dem „sozialen und politischen Preis" dieses Handelns fragen und bedenken, daß heute in Deutschland die Tonne entsorgten Mülls den Jahresverdienst eines Arbeiters zum Beispiel in Russland kostet. Angesichts globaler Umweltprobleme ist die Investition in Entsorgungstechnologien ohne(!) radikale Müll-Vermeidung ein Schritt auf Kosten der Länder, auf die wir auch unseren Wohlstand aufbauen.[8]

Auf der ökonomisch-organisatorischen Seite entstand bereits zur Jahrhundertwende eine Schlüsselsituation, bei der im Streit zwischen den Technologien „Verbrennung" und „Verwertung/ Stoffkreisläufe" letztendlich Deponie als Konzept hervorging, weil die konträren Positionen sich nicht einer reichseinheitlichen Regelung zuordnen konnten. Auf anderem Gebiet sind dagegen in Zusammenarbeit mit Industrie und Gewerbe gravierende Vereinheitlichungen initiiert worden, man denke nur an die DIN-Vorschriften. Auch war Deponie zunächst das kostengünstigere Entsorgungsinstrument.

Nur auf Grund dieser unentschiedenen Situation konnte sich Deponie als Resultat einer Nicht-Lösung des Problems durchsetzen. Daß sich in der Folge keine Wiederverwertungsinfrastruktur aufbauen konnte bzw. bestehende Verwertungspfade einschliefen und im nächsten Schritt natürlich keine Produktion auf diese Belange abgestellt wurde, schuf die Situation, an deren Ende der Aufbau einer Recycling-Infrastruktur uns heute als unlösbare und volkswirtschaftlich ruinöse Leistung erscheint. Ganz abgesehen von den immensen Altlasten von jetzt fast 100 Jahren Deponiewirtschaft.

Kommunale Daseinsfürsorge, Sozialstaatlichkeit, die Integration aller Menschen in die Wirtschaft, die Massenkaufkraft – als eine Auswirkung der Sozialstaatsidee – waren aber im Verbund mit industrieller Produktion und einem Entsorgungsverhalten, das weiterhin die naturwissenschaftlichen Grundlagen ignorierte, ein Ursachenkonglomerat, das die Konsum- und Entsorgungslawine ins Rollen brachte. Die Frage wäre, wo hätte „richtiger" gehandelt werden müssen? Antwort: Die Bedingungen der industriellen

---

8 Das Ansteigen der Entsorgungskosten führt letztendlich auch zu einer Problemverlagerung: Zu Müllexport und Müllkolonialismus. Wer gegen eine Sondermüll-Deponie vor seiner Haustür ist, arbeitet für den Müll-Export, solange nicht radikale Veränderungen unserer Lebensweise in Kauf genommen werden!

Massenproduktion hätten an die Kenntnisse von Hygiene angepaßt werden müssen. Unser Entsorgungsverhalten entspricht nach wie vor der Miasmen-Lehre – aus den Augen, aus dem Sinn! Richtiger wäre es, wenn kein Abfall-Stoff den Ort seines Anfalls verlassen dürfte. Insofern hatte die Firma Böhringer in Hamburg, die ihre Abfälle auf dem Werksgelände verbuddelte, ganz richtig gehandelt. Wir sollten uns also wieder mit unserem Müll einrichten, d.h. bildlich gesprochen, wie bei den Menschen in prähistorischer Zeit, die ihre Wohnbauten mit ihren Essensresten stetig erhöhten, und unsere Abfälle nicht einfach möglichst weit weg ablagern, um uns dann unserer sauberen Stadt zu erfreuen.

**Buchbeiträge:**

**Die Entstehung des Verpackungsmülls**
Hier wird die qualitative und quantitative Entwicklung des Wohlstandsmülls – und was jeder Einzelne dagegen tun kann – aufgezeichnet. Zusätzlich wird ein Blick auf das Entsorgungssystem der ehemaligen DDR geworfen.

**Die Abfallwirtschaft in der Stadt Göttingen bis zum Jahre 200X**
Trotz aller bisherigen Vermeidungsstrategien wird auch in Göttingen täglich weiter Müll in erheblichen Mengen produziert. Dieser Aufsatz von Franz Rottkord zeigt die Planungen der Stadtreinigung bis ins nächste Jahrhundert.

# I. Das Zeitalter der organischen Abfälle

## Die Fäkalientonne. Entsorgungsprobleme bis zum Bau der Kanalisation.
*von Sigrid Fährmann*

Grubensysteme, Tonnensysteme und Klosettsysteme waren die drei Arten der Fäkalienentsorgung in der 2.Hälfte des 19. Jahrhunderts, bevor sich im 20. Jahrhundert Wasserklosett und Abwasserkanalisation als Entsorgungsstandard durchsetzten. Gruben- und Tonnensysteme lassen sich zu sog. oberirdischen Abfuhrsystemen zusammenfassen, während die Exkremente beim Klosettsystem in unterirdischen Kanälen abgeleitet werden.

Kennzeichen des Grubensystems ist eine meist ausgemauerte Grube, die der Hausbesitzer auf seinem Grundstück besaß und in die die anfallenden Fäkalien geleitet wurden. Regelmäßig entleert wurden diese Gruben erst seit dem letzten Drittel des 19. Jahrhunderts (in Göttingen zweimal pro Jahr). Insbesondere alte Gruben, die seit dem Mittelalter benutzt wurden, waren undicht und

*Abb. 1: In Rostock zur Fäkalienabfuhr eingeführter Kübel., gefertigt aus in Leinöl getränktem Eichenholz (70 Liter Fassungsvermögen) mit luftdicht verschraubtem Deckel. In Göttingen wurde 1866 ein ähnlicher Holzkübel eingeführt.[1]
(Blasius 1894, S.81 in: Fährmann S.39)*

[1] Dem distanzierten Umgang mit Fäkalien entsprechend, finden sich nur wenige Bilder von Fäkalientonnen und gar keine Abbildungen von deren Entleerung. Ebenso selten werden Menschen in diesem Zusammenhang gezeigt. Die hier reproduzierten Abbildungen beschränken sich auf Zeichnungen aus Fachbüchern und -zeitschriften des ausgehenden 19. und beginnenden 20. Jahrhunderts.

vergifteten das umliegende Erdreich, z.T. auch die Trinkwasserbrunnen. Als Alternative zur Fäkaliengrube stand ab Mitte des Jahrhunderts der Fäkalienkübel, bzw. die Fäkalientonnen zur Verfügung, die, allein aufgrund ihrer Größe, wesentlich häufiger als die Grube entleert werden mußten. Sie konnten an verschiedenen Orten aufgestellt werden, d.h. auch in engbebauten Gebieten, wo für Gruben kein Platz mehr war. Die Kübel, bzw. Tonnen wurden allwöchentlich von einem privaten Abfuhrunternehmer, im allgemeinen ein Landwirt, entleert und abgefahren.

Während die Grube die älteste Form war, ist das Klosettsystem die jüngste. Es fällt auf, daß das System der Kübel nur rund 50 Jahre für die Fäkalienentsorgung in Deutschland relevant war, während sich die anderen Systeme langfristiger durchsetzten. Grundvoraussetzung für die uns heute selbstverständlich erscheinenden Spülklosetts war eine Wasserver- und entsorgung bis in die einzelnen Häuser und Wohnungen hinein. Diese entsteht in Deutschland erst nach und nach ab Mitte des letzten Jahrhunderts, zuerst in den Großstädten, während das Patent für das erste WC (water closet) mit Geruchsverschluß in England bereits 1775 an Alexander Lumming vergeben wurde [2].

Der Standard der Fäkalienentsorgung um die Jahrhundertmitte des 19.Jahrhunderts in den deutschen Städten wird durchweg mit als 'noch mittelalterlich' angegeben. So beschrieb W. Ebstein, einer der damaligen Klinikumdirektoren, 1902 im Rückblick die Göttinger Verhältnisse folgendermaßen:

„Man darf wohl sagen, daß bis etwa zum letzten Drittel des 19. Jahrhunderts unsere sanitären Einrichtungen kaum besser als im Mittelalter waren. Betrachten wir die Wasserversorgung von Göttingen, so ist es festgestellt, daß bis zum Anfang der siebziger Jahre des abgelaufenen Jahrhunderts die meisten Brunnen der Stadt wegen ihrer nahen Verbindung mit Abtritten und Viehställen ein gesundheitsgefährdendes Wasser führten. [...] Der Zustand derselben [der Gossen, Anm.d.Verf.] war, zumal da rücksichtslos noch manches andere, insbesondere der Inhalt der Nachttöpfe und Fäkalmassen, häufig genug in sie entleert wurde [...] ein die sanitären Verhältnisse aufs schwerste schädigender."[3]

Thema dieses Aufsatzes soll die Einführung und Durchsetzung der Fäkalientonne in Göttingen ab 1860 sein, wie sie sich in den

2 Vgl. Palmer 1977, S. 133
3 Ebstein 1902, S. 39-41

Akten des Göttinger Stadtarchivs widerspiegelt. Dabei wird neben dem historischen Abriß das Konfliktpotential, die Kluft zwischen Ideal der Verwaltungsvorschriften und Fachliteratur[4] einerseits und der Realität, wie sie sich in Beschwerden ausdrückt, andererseits, von besonderer Bedeutung sein.

Göttingen war Mitte des letzten Jahrhunderts eine Kleinstadt mit knapp 10.000 Einwohnern (1850: 9.799). Diese Einwohnerzahl verdreifachte sich bis zum Jahrhundertende im Zuge der rasch fortschreitenden Urbanisierung auf 30.234 im Jahr 1900.

## 1. Einführung der Fäkalienabfuhr in Göttingen

Auf die Möglichkeit, bzw. Notwendigkeit einer gesetzlichen Regelung der Fäkalienabfuhr wurde der Göttinger Magistrat im Mai 1860 durch einen Brief der Landdrostei Hildesheim im Namen des Königlichen Innenministeriums in Hannover aufmerksam gemacht[5]. In dem Entwurf einer Bekanntmachung, der zur Diskussion gestellt werden sollte, und in dem die Städte, an die der Entwurf geschickt wurde, zur Schilderung ihrer eigenen Situation aufgerufen waren, hatte man hauptsächlich Bauvorschriften für sog. Abortsgruben (Dicke des Mauerwerks, Entfernung zu bewohnten Häusern u.a.) aufgestellt. Von beweglichen Behältern war lediglich im Zusammenhang mit enger Wohnbebauung die Rede.

„Vollkommen wasserdichte, verdeckte Abortsgruben dürften den beweglichen Behältern (fosses mobiles), wenngleich die letzteren mit Rücksicht auf die leichtere Reinigung und Instandsetzung noch jetzt von vielen Seiten empfohlen werden, vorzuziehen sein, dennoch wird man die letzteren schon deshalb noch nicht gänzlich verbannen können, weil nicht überall das Local die Herstellung von Abortsgruben zuläßt."[6]

Die sich anschließenden Bemerkungen zu den Vorschriften basierten v.a. auf der hygienischen Debatte; d.h. die Gefahr von

---

4 Das Kapitel Städtereinigung im Handbuch der Hygiene (Blasius/Büsing 1894) umfaßte 300 Seiten und beschäftigte sich bis ins Detail mit der Form der Kübel und Tonnen in verschiedenen Städten, mit Fäkalienabfuhr und Kanalisation. Gleiches gilt für das Handbuch der Architektur (Knauff/Schmidt 1892), in dessen 2.Auflage diese Themen über 260 Seiten ausmachten.
5 Vgl. StadtAGö: AHR II A Fach 33, Nr. 1, Bd. 1, Paket 708
6 Ibd.

Cholera und anderen Epidemien, für die verseuchtes Trinkwasser verantwortlich gemacht wurde, stand im Mittelpunkt der Argumentation. Damit begründete das Innenministerium, bzw. die Landdrostei ihren Versuch einer rigiden Regelung von höherer behördlicher Seite. Die organisatorischen Einzelheiten sollten die Städte anhand ihrer spezifischen Situation selbst regeln dürfen; die grundsätzliche Vorschrift ließ sich nicht mehr verhindern:

„[...] hier müssen alle Rücksichten auf die städtischen Eigenthümlichkeiten im Interesse des Gemeinwohls zurücktreten. Vollkommen wasserdichte, durchaus geschlossene und bedeckte Abortsgruben und Behälter sind eine Forderung, der sich keine Stadt mehr entziehen und von welcher nichts vergeben werden kann; es liegt daher hier kein hinreichender Grund vor, von dem geraden und jedenfalls kürzesten Wege directer Vorschrift abzugehen." [7]

Direkt im Anschluß an diesen Bekanntmachungsentwurf kam es in Göttingen allerdings zu keinerlei Maßnahmen. In der Antwort auf den Entwurf wurde lediglich eingestanden, daß auch in Göttingen „mitunter eine bessere Einrichtung geschehen könnte"[8], aber Epidemien die Stadt nie ernsthaft gefährdet hätten.

Im Februar 1866, d.h. sechs Jahre nach der behördlichen Initiative aus Hildesheim gab die Königliche Polizei-Direktion in Göttingen eine Bekanntmachung heraus, die sich auf eine immerhin schon zwei Jahre alte Vorschrift des Innenministeriums berief, die auf die Beseitigung undichter Abortgruben drängte. Gleichzeitig gestand die Polizei-Direktion ein, daß „nach dem Urtheile Sachverständiger bereits nachtheilige Folgen für den Gesundheitszustand der Stadt entstanden sind"[9]. Als Alternative zur Abdichtung vorhandener Gruben propagierte man besonders das Kübelsystem. In gesperrtem Druck wurde auf die sog. „beweglichen Behälter"[10] hingewiesen und in der anschließenden Begründung, nach der Beschreibung für den vorschriftsmäßigen Umgang mit den Gruben, explizit für den Kübel geworben:

„Dank der Fürsorge des hiesigen Magistrats, will man auch in unserer Stadt Versuche mit den transportablen Aborten anstellen. Dadurch allein werden alle Unzuträglichkeiten, welche mit den

---
7 Ibd.
8 Ibd.
9 StadtAGö: AA Bauwesen, Abfuhrwesen 140, Paket 134
10 Ibd.

Gruben verknüpft sind, gründlich beseitigt. [...] so giebt es kein zweckmäßigeres Mittel, als diese beweglichen Aborte [...]"[11]

Im Oktober des gleichen Jahres gab der Magistrat der Stadt Göttingen ein Reglement für diejenigen Hausbesitzer heraus, die an der Kübelabfuhr teilnehmen wollten. Der Vertrag mit einem Weender Landwirt zur Abholung der Fäkalien war kurz zuvor abgeschlossen worden. Aus dem „Reglement betreffend die Abfuhr der menschlichen Exkremente aus den Häusern der Stadt Göttingen"[12] ergibt sich folgender Abholvorgang:

Nachdem die Hausbesitzer den oder die Fäkalienkübel nach dem vorgeschriebenen Modell aus Holz haben anfertigen und aufstellen lassen, wurden sie vom Abholunternehmer bzw. seinen Angestellten am Vortag von der Entleerung des Kübels am darauffolgenden Morgen um 5 Uhr unterrichtet. Sie hatten den Kübel daher leicht zugänglich aufzubewahren. Um einen festen Kundenstamm zu garantieren, verpflichtete man die Hausbesitzer zur dreijährigen Teilnahme. Im Reglement heißt es:

„...Nachdem auf unsere deshalbige Aufforderung der Amtsrath [...] in Weende sich zur Abfuhr der menschlichen Excremente aus denjenigen Häusern hiesiger Stadt, deren Eigenthümer, Besitzer oder Nutznießer ihm dieselben überlassen wollen, bereit erklärt hat und dieserhalb ein Vertrag mit ihm abgeschlossen ist, so erlassen wir aufgrund dieses Vertrags zur Ausführung der projektierten Einrichtung hiermit folgende Bestimmungen:

1. Die Abfuhr geschieht wöchentlich einmal in Kübeln, welche von den Eigenthümern, Besitzern und Nutznießern der betreffenden Häuser angeschafft werden. Die zum Verschluß der Kübel dienenden Deckel werden von dem Unternehmer [...] geliefert, resp. gehalten.
2. Die Kübel sind nach dem auf hiesigem Rathause befindlichen Probekübel in einer Höhe von 2 Fuß und einer lichten Weite von 21 Zoll anzufertigen und so einzurichten, daß sie mit dem vom Unternehmer zu liefernden Deckeln luftdicht verschlossen werden können.
3. Die zum Tragen dienenden eisernen Ringe dürfen nicht beweglich sein, sondern müssen feststehend an den Kübeln angebracht werden.

11 Ibd.
12 Ibd.

4. Die Standorte der Kübel in den Aborten oder Gruben müssen derartig eingerichtet sein, daß man ohne Schwierigkeit zu den Kübeln gelangen und dieselben herausheben kann.
5. Die betreffenden Hauseigenthümer pp., welchen das Abholen der Kübel tags zuvor angesagt werden wird, haben die Thüren der Häuser und Aborte oder Gruben so zeitig offen zu halten, daß das Abholen Morgens 5 Uhr rasch und ohne Verzug geschehen kann.
6. Die Hauseigenthümer pp. haben dafür zu sorgen, daß in die Kübel keine anderen Stoffe, als menschliche Excremente, gelangen.
7. Die Hauseigenthümer sind verpflichtet, während der nächsten drei Jahre, von Martini d.J. an gerechnet, die Abfuhr der Excremente durch den Unternehmer zu gestatten, es sei denn, daß sie sich vor Ablauf dieser Zeit entschließen, die bisher in ihren Häusern üblich gewordene Art und Weise der Ansammlung und Abfuhr der Excremente wieder eintreten zu lassen, oder innerhalb dieser Zeit das Haus verkaufen bezw. dessen Nutznießung zu verlieren.
8. Das Zuwiderhandeln gegen eine der vorstehenden Bestimmungen, welche die Hauseigenthümer pp. durch Unterschrift dieses Reglements als für sie bindend anerkennen, zieht eine Conventionalstrafe [...] für jeden einzelnen Fall nach sich, welche vom Magistrate unter Ausschluß jeder Berufung nach beliebigem Ermessen festgesetzt und im Verwaltungswege eingezogen wird.

Göttingen, den 11.October 1866
Der Magistrat der Stadt Göttingen"[13].

Die Kübel wurden, das läßt sich dem Reglement nicht mehr entnehmen, auf einen, an den Seiten dicht abschließenden Wagen oder einen Tonnenwagen entleert und auf die Äcker des Abfuhrunternehmers bzw. eines anderen Landwirts gefahren. Für die Reinigung der Kübel waren die Hausbesitzer selbst verantwortlich. Kostenlos war die Abfuhr nur kurze Zeit, schon Anfang der 70er Jahre gab es eine Abfuhrgebühr je nach Kübelzahl des einzelnen Hausbesitzers. Der Unternehmer hatte sich neben der regelmäßigen Abfuhr zur festgelegten Zeit auch zur sorgfältigen Reinigung

13 Ibd.

anfallender Beschmutzungen von Häusern und Straßen, die aus der Abfuhr resultierten, verpflichtet.

Bis zum Ende der 80er Jahre des letzten Jahrhunderts veränderten sich die Verträge mit den Abfuhrunternehmern nicht wesentlich. Die Abfuhrunternehmer wechselten; d.h. nachdem der erste Unternehmer nur kurze Zeit die Fäkalienabfuhr übernommen hatte, war während der 70er Jahre ein Weender Gutsbesitzer damit beauftragt. Die größer werdende Kübelzahl und Unregelmäßigkeiten bei der Abholung führten zu einer Aufgliederung der Stadt in vier Abfuhrbezirke ab 1880. An der Abfuhr waren damit weitere Landwirte, nun auch aus Grone und Geismar, beteiligt. Im Fünfjahresvertrag ab 1.April 1880 übernahmen die Kübelabfuhr-Unternehmer folgende Verpflichtungen:

„1. Die Kübelabfuhr-Unternehmer übernehmen gegen eine Vergütung von jährlich 6 Mark pro Kübel die Abfuhr der Kübel mit menschlichen Exkrementen aus denjenigen Häusern des Abfuhrbezirks, deren Eigenthümer ihnen dieselben überlassen wollen.[...]

2. Die Abfuhr erfolgt wöchentlich einmal. Die Kübel sind von den Hauseigenthümern anzuschaffen, zu unterhalten und rein zu halten. Die Kübel sind nach dem vorgeschriebenen Maaße einzurichten.

3. Der Magistrat verpflichtet sich:

a) zu verbieten, daß andere Stoffe als menschliche Exkremente in die Kübel gelangen;

b) zu gestatten, daß die gefüllten Wagen auf einem vom Eigenthümer oder der Chaussee-Verwaltung eingeräumten Platze vor der Stadt während einiger Stunden bis zur Rückkehr des den zweiten Wagen fortschaffenden Gespanns mit Zustimmung der königlichen Polizei-Direction stehen bleiben.

4. Die Unternehmer verpflichten sich dagegen:

1) Die Leerung der Kübel regelmäßig zu beschaffen;

2) die Abfuhr zu bestimmten, vorher mit jedem Hauseigenthümer festgesetzten Stunden in den Stunden von 11 Uhr Abends bis Tagesanbruch vornehmen zu lassen;

3) in durchaus dichten Wagen, in welche das Ausschütten der Kübel bequem geschehen kann und deren Ausfluß vorher nicht von dritten Personen geöffnet werden kann, die Abfuhr zu bewerkstelligen und die gefüllten Wagen sofort aus der Stadt an dafür angewiesene Plätze zu fahren;

5) für jedes versäumte rechtzeitige Abfuhr wie jede sonstige durch die Unternehmer oder ihrer Leute begangenen Verstöße gegen diesen Vertrag eine Conventionalstrafe von 1 Mark pro Haus pro Tag zu bezahlen;
6) Ordnungswidrigkeiten der Hauseigenthümer (Art. 3) sofort schriftlich zur Anzeige zu bringen;
7) ein stets richtig zu haltendes Verzeichnis der im Bezirke betheiligten Hauseigenthümer mit Angabe von Zahl der Kübel nach den Straßen geordnet zu führen und dem Magistrate auf Verlangen vorzuzeigen."[14]

## 2. Kritik am Kübelsystem

In den Archivalien zur Göttinger Kübelabfuhr finden sich in den 70er Jahren des letzten Jahrhunderts einige Beschwerden und Gutachten, die den eben geschilderten, unkomplizierten Ablauf der Abfuhr in Frage stellen.

Im August 1875 verlangte die Göttinger Polizeidirektion vom Stadtphysikus ein Gutachten über „wiederholt eingegangene Klagen über die Unregelmäßigkeit der Kübelabfuhr, welche die Befürchtung hervorriefen, daß durch die Überfüllung der Kübel gesundheitsgefährliche Ausdünstungen bewürkt würden..."[15]. Das Gutachten bestätigte die Klagen und die Gesundheitsgefährdung der Göttinger Bürger und veranlaßte die Polizeidirektion dazu, den Magistrat mit einer strengeren Überwachung der Vertragsinhalte zu beauftragen. Im angeschlossenen Gutachten berichtete der Stadtphysikus davon, daß die Kübel z.T. drei Wochen lang nicht abgeholt würden und dann überliefen. Dem Kübelsystem gab er aber weiterhin den Vorzug:

„Das Kübelsystem hat darin einen großen Vorzug vor den Senkgruben, daß es die Möglichkeit bietet die Exkremente leicht und rasch beseitigen zu können, daß ferner eine Desinficierung des Kübelinhalts leicht und gründlich bewerkstelligt werden kann.

Wenn aber das Abholen der Kübel so nachlässig wie in unserer Stadt betrieben wird, so kehren sich diese Vortheile in das Gegentheil um; die Exkremente haben gründlich Zeit sich zu zersetzen

14 Ibd.
15 StadtAGö: AA Bauwesen, Abfuhrwesen 143, Paket 134

und eine Desinfection muß vermieden werden, damit nicht die Füllung der Kübel dadurch befördert wird."[16]

Er rief die Sanitätspolizei zu schärferer Kontrolle auf, insbesondere weil „vielfache Anzeigen bei dem wohllöblichen Magistrate ohne Erfolg gewesen"[17] seien.

In einem Zeitungsartikel in der Rubrik 'Eingesandt' vom Oktober des gleichen Jahres beklagte sich der Verfasser ebenfalls über das Nichttätigwerden des Göttinger Magistrats trotz zahlreicher Anzeigen[18]. Er verlangte vom Magistrat, den Unternehmer stärker an den Vertrag zu binden und machte gleichzeitig Vorschläge zur Verbesserung der Organisation des Kübelsystems, bzw. einen stärker reglementierten Vertrag, bei dem der Unternehmer sich an die Abmachungen halten müsse, wenn er etwas dabei verdienen wolle. Als Alternative zum privaten Unternehmer schlug der damit recht progessive Verfasser städtisches Eigenengagement vor:

„Entweder der Contrahent schließt einen Contract, oder er thut es überhaupt nicht. Im letzteren Falle muß der Magistrat es in die Hand nehmen, die Abfuhr durch eigenes dazu geeignetes Fuhrwerk und die so ausgezeichnet zweckmäßigen Schlauchvorrichtungen vornehmen zu lassen, und hat sich dann für die aufgewendeten Kosten von den Beitragspflichtigen zu decken."[19]

Wie dieses Zitat zeigt, forderte der Verfasser auch eine technische Verbesserung anstelle des Entleerens durch Ausschütten von Hand.

Zum geforderten Wechsel vom privaten zum städtischen Unternehmer kam es dann 14 Jahre später, zumindest durch eine städtische Teilhabe an der Fäkalienabfuhr. Wiederholte Klagen des Unternehmers, daß es für ihn schwierig sei, Arbeiter zu finden, bzw. langfristig die gleichen Arbeiter zu beschäftigen, veranlaßten den Magistrat im November 1888, einen Stadtwachtmeister mit einer Befragung der Arbeiter nach der Anzahl der abzuholenden Kübel und ihrem Verdienst zu beauftragen. Demnach mußte jeder Arbeiter jede Nacht – außer Sonntags – fast 100 Kübel entleeren und verdiente pro Kübel im Jahr 2 Mark. Mit Hilfe dieser Ergebnisse verbesserte der Magistrat die Arbeitsbedingungen etwas (mehr Gehalt und eine zusätzliche Beschäftigung der Arbeiter bei

---

16 Ibd.
17 Ibd.
18 Ibd.
19 Ibd.

Tage in städtischen Diensten) und schloß mit fünf Arbeitern im Dezember 1888 einen Vertrag ab [20].

Im Dezember 1888 verfaßte der damalige Leiter des Göttinger Universitäts-Instituts für medizinische Chemie und Hygiene Gustav Wolffhügel einen Brief an den Oberbürgermeister Merkel, in dem er sich intensiv mit den negativen Seiten der Göttinger Fäkalienabfuhr auseinandersetzte. Zu seiner Kritik fühlte sich Wolffhügel aufgrund seiner Position berufen:

„Ich darf es als meine, mir durch Beruf und Lebensstellung auferlegte Pflicht erachten, daß ich den Magistrat auf die Notwendigkeit und die Dringlichkeit einer Abhülfe heute warnend hinweise." [21]

Mit drastischen Worten beanstandete Wolffhügel, daß die Göttinger Kübelabfuhr bei Nacht vonstatten gehe, während sie in anderen Städten tagsüber erfolge und damit auch besser zu kontrollieren sei. So käme es in Göttingen zu Unachtsamkeiten bei der Kübelentleerung und damit zu Gesundheitsgefahren der Anwohner:

„Die das Licht des Tages scheuende, primitive Kübelabfuhr und die mit mangelhaften Geräten noch geschehende Grubenentleerung verpesten, wo sie arbeiten, die Luft in Haus und Hof sowie auf der Straße mit den mephitischen Dünsten der fauligen Abtrittsjauche, sie belästigen hierdurch aufs Äußerste sowohl die dabei vorübergehenden Bewohner der Stadt als auch die im Hause befindlichen und die Nachbarn. Dieselben beeinträchtigen uns im Genusse der zum Leben nothwendigen Luft, sie bedrohen aber auch die Gesundheit mit Gefahr, dadurch daß namentlich diejenigen, welche im Schlafe liegen und infolgedessen dem Wirkungsbereiche des Gestanks nicht zu entrinnen vermögen, gezwungen sind giftige Gase längere Zeit hindurch einzuathmen.

Nicht selten hinterlassen die mit der Abfuhr beschäftigten Arbeiter zum Schaden und Ärger der Hausbewohner die unsauberen Spuren ihrer nächtlichen Thätigkeit – sei es aus Unachtsamkeit oder Unreinlichkeit – in den Häusern und auf der Straße, an den Wänden und am Erdboden, was nicht bloß eine Schweinerei ist, vielmehr auch die Gefahr der Verbreitung ansteckender Krankheiten in sich schließt.

---

20 Ibd.
21 StadtAGö: AA Bauwesen, Abfuhrwesen 144, Paket 134

Mitunter kommt es vor, daß die Abholung der Tonnen oder die Entleerung der Kübel und Gruben trotz wiederholter Aufforderung des Unternehmers nicht rechtzeitig stattfindet und daß der Inhalt wegen der Verzögerung zum Entsetzen der Hausbewohner überläuft."[22]

Wolffhügel beschrieb, wie die Hausbesitzer, die nicht an der Fäkalienabfuhr teilnahmen, was v.a. für Göttinger Neubaugebiete galt, ihre Fäkalien im eigenen Garten verwerteten oder auf andere Weise fortschaffen ließen:

„Als eine andere Art der Selbsthülfe möchte ich noch hervorheben, daß in manchen Häusern wegen Unzuverlässigkeit der eigentlichen Unternehmer die Kübel- bzw. Tonnenabfuhr als Nebenverdienst einem armen Manne oder einer armen Frau anvertraut ist, ohne daß man sich darum kümmert, wohin von diesen der Inhalt entleert wird. Daß solche wilde Unternehmer nicht weit von der Stadt entfernt die geeigneten Plätze zur Entleerung suchen und finden, davon wissen nicht bloß einsame Spaziergänger sondern auch die Bewohner der dicht beim Felde belegenen letzten Häuser der Stadt zu reden."[23]

*Abb. 2: Transportsystem für Fäkalientonnen; in derPraxis dürfte es allerdings weniger sauber gewesen sein. (Mönkemeyer S.63 in: Behnken (Hg.))*

22 Ibd.
23 Ibd.

Diese sog. Selbsthilfe wurde von Wolffhügel nicht verurteilt, sondern diente ihm nur als Beweis, daß die Göttinger Fäkalienabfuhr nicht funktionierte.
Im Interesse der Stadt als Universitätsstadt warnte er vor einer Verschlechterung der wirtschaftlichen Lage wegen der dort herrschenden hygienischen Verhältnisse:"Wenn es in Bezug auf die Fäkalien-Abfuhr und Einrichtung der Aborte nicht besser wird, läuft Göttingen Gefahr, den guten Ruf, eine gesunde Stadt zu sein, zu verlieren, und wird die Einwohnerschaft einer empfindlichen finanziellen Einbuße durch Abnahme des Besuchs der Universität und Verminderung des sonstigen Fremdenzugangs entgegengehen." [24]

Auch Wolffhügel forderte noch einmal das stärkere städtische Engagement zur Verbesserung der Abfuhr:

„Unter diesen Umständen ist es sicherlich an der Zeit, daß die Stadtverwaltung der Aufgabe einer Regelung der Fäkalien-Abfuhr nach bestimmten gesundheitswirthschaftlichen Grundsätzen näher tritt und zwar sich damit unter thunlichster Beschleunigung befaßt [...]" [25].

Er schlug vor, daß die Verwaltung die Abfuhr selbst ausführen könne:

„[...] wir können und werden über dieselben hinwegkommen, wenn die Stadtverwaltung selbst die Sache in die Hand nimmt [...] In Göttingen wird dieses indeß erst dann sich in befriedigender Weise durchführen lassen, wenn die Tonnenabfuhr unter obrigkeitliche Aufsicht gestellt und an einen concessionierten Unternehmer vergeben wird." [26]

Wolffhügel setzte sich gleichzeitig für eine technische Verbesserung des Kübelsystems hin zu einer „obligatorischen Errichtung des Tonnensystems mit Wechselbetrieb" [27] ein, d.h. daß die Kübel nicht mehr vor Ort entleert, sondern ausgetauscht und dann außerhalb der Stadt in einer besonderen Anlage entleert und gereinigt würden.

Bis dahin dauerte es noch eine Zeit, wie das vernichtende Urteil von Fritz Wever in einer Schrift über die Wohnverhältnisse in Göttingen von 1891 beweist:

24 Ibd.
25 Ibd.
26 Ibd.
27 Ibd.

„Das Abfuhrsystem Göttingens dürfte m.E. zu den schlechtesten Systemen zählen, die für eine Stadt von der Größe Göttingens und seiner Lage (im Tal und vom Wall umgeben) zu finden sind. Man bedenke, daß offene hölzerne Kübel, die nicht selten in den Häusern schon überlaufen oder leck sind, auf die Straße getragen und in lange Tonnen ausgegossen werden. Ein sauberes Reinigen der Kübel findet fast nie statt."[28]

## 3. Veränderungen und Abschaffung des Kübelsystems

In den 90er Jahren des 19. Jahrhunderts kam es zu einschneidenden Veränderungen in der Göttinger Kübelabfuhr.

Aus einer Umfrage zur Situation sämtlicher Abfuhren in Göttingen, in der 1891 unter anderem auch nach der Fäkalienabfuhr gefragt wurde, ergab sich eine Gesamtzahl von 1.114 Kübeln und 1.077 sog. Latrinengruben. Entleert wurde jeweils eine Hälfte vom städtischen Unternehmer, die andere von sog. eigenen Arbeitskräften, wobei davon auszugehen ist, daß die Kübel vornehmlich der städtische Unternehmer entleerte. Zweck und Nutzen der Umfrage sowie die einzelnen Kategorien waren nicht näher definiert.[29]

Nach einer Statistik aus dem Jahr 1892, in der 564 Städte nach ihren Systemen der Fäkalienbeseitigung aufgeführt sind, gehörte Göttingen zu den 12, 83% der Städte mit gemischtem System, d.h. sowohl Gruben- als auch Kübelsystem. Ausschließlich das Kübelsystem benutzten lediglich 4, 25% aller Städte.[30]

1895 wurde in Göttingen die Anlage einer sog. Fäkalienanstalt nach langjährigen Verhandlungen zwischen dem damaligen Abfuhrunternehmer und den der Stadt übergeordneten Instanzen (Landdrostei und Bezirksausschuß in Hildesheim, Preuß. Ministerium für Handel und Gewerbe) genehmigt, vom Magistrat errichtet und an den Abfuhrunternehmer verpachtet. Auf einem Gelände in der Weender Feldmark weit vor der Stadt (gegenüber der heutigen Kläranlage) wurden die Fäkalien in Gruben gelagert, mit Torfmull versetzt und dann als höherwertiges Düngpulver verkauft.

28 Wever 1891. In: Duwe 1988, S.155
29 Vgl. StadtAGö: AHR II A Fach 33, Nr. 5, Paket 708
30 Vgl. Hösel 1987, S.140 sq.

Auslöser für die Errichtung waren fehlende Lagerkapazitäten der Fäkalien, insbesondere zu Jahreszeiten, in denen die Fäkalien nicht direkt aufs Feld gefahren werden konnten.[31]

Abb. 3: Werbeanzeige für einen luftdicht verschlossenen, metallenen Abfuhrkübel der Firma Boie in Göttingen. (Die Städtereinigung 1909/10 S.50 in: Fährmann S.43)

Mit der Jahreswende 1896/97 wurden einheitliche Kübel von der Stadt angeschafft und an die Abfuhrteilnehmer verteilt. Es handelte sich um luftdicht „geschlossene, aus verzinktem Eisen bestehende Kübel"[32], von denen Schneider – allerdings ohne Begründung – behauptete, daß auch sie „den Anforderungen, die man an sie stellen muß, übrigens nicht vollkommen genügen"[33]. Eine Abbildung dieser Kübel findet sich in den Werbeanzeigen der in Göttingen zwischen 1909 und 1919 erschienenen Zeitschrift „Die Städtereinigung". In einer gedruckten Broschüre der Stadt mit dem Titel „Bestimmungen betreffend die Ausbringung der menschlichen Auswurfstoffe aus Abortsanlagen", die 1897 erschien und das Ortstatut, die Polizeiverordnung und die Tarifordnung wiedergab, verweist der § 2 des Ortstatuts darauf, daß nur

31 Vgl. StadtAGö: AHR II A Fach 33, Nr. 3 (Bd.2) und Nr. 4, Paket 708 und Nr. 10, Paket 709
32 Ebstein 1902, S.45
33 Schneider 1903, S.26
34 StadtAGö: AHR II A Fach 33, Nr. 4, Paket 708

noch die „stadtseitig gelieferten Kübel"[34] zu verwenden seien und nur noch Landbesitzer den Kübelinhalt selbst verwerten dürften:
„Die Abfuhr der Kübel und Behälter nach anderen Stellen oder die Überlassung des Inhalts der Kübel an dritte Personen ist [...] nicht gestattet."[35]

Die 90er Jahre des 19. Jahrhunderts stehen in Göttingen aber auch für die Dikussion über das Ersetzen des Kübelsystems durch die Einführung der Spülaborte. Eine Kanalisation war in Göttingen zwischen 1880 und 1889 zum Zweck der Entwässerung der leicht versumpften südlichen und westlichen Stadtteile gebaut worden. Noch 1902 war es verboten, dort Fäkalien einzuleiten.[36]

1893 äußerte sich Wolffhügel in einem Brief an den Magistrat über die Einführung von Spülklosetts, die für ihn einen Kulturfortschritt bedeuten und schildert die Situation in der Stadt:

„Die Einführung des Spülabtritts ist, wie auch die Nachweisungen über dessen Geschichte lehren, eine Äußerung fortschreitender Kultur, ein Bedürfniß zunehmender Gesittung, dem die Behörden am wenigsten für Göttingen, dieser Stätte der Bildung, die Anerkennung versagen sollten, zumal da die in Rede stehende Abtritt-Einrichtung den Ansprüchen der Gesundheitslehren besser als jede andere genügt.

Das Verlangen der Bevölkerung nach dieser Einrichtung ist mächtig genug, um sich nicht durch Maßnahmen zurückdämmen zu lassen. So sind auch hier schon zahlreiche Spülabtritte in Verbindung mit Gruben entstanden."[37]

Das Widersetzen der Bewohner, die bereits ein Spülklosett besitzen und es indirekt an die Kanalisation angeschlossen hatten, verurteilte Wolffhügel nicht, sondern interpretierte es als Beweis für die Notwendigkeit der Einführung von Spülklosetts in Göttingen und den Handlungsbedarf des Magistrats:

„Wir stehen hier vor einem Akt der Selbsthülfe, der nach zwei Richtungen gegen die Obrigkeitlichen Bestimmungen verstößt: einmal gegen den an sämmtliche Königliche Regierungen ergangenen Circular-Erlaß des Ministeriums des Innern und des Ministeriums der p.p. Medizinal-Angelegenheiten vom 4. November 1887 betreffend die Verbindung von Spülabtritten mit Abortgruben, sodann gegen das ortspolizeiliche Verbot der Einleitung

---

35 Ibd.
36 vgl. Ebstein 1902, S.45
37 StadtAGö: AHR II A Fach 33, Nr. 5, Paket 708

von Fäkalien in die Kanalisation. Daß trotz den entgegenstehenden Vorschriften in einer Stadt, deren Bevölkerung anerkanntermaßen den Gesetzen treu, der Obrigkeit gefügig und gehorsam ist, der Spülabtritt mehr und mehr Aufnahme gefunden hat, spricht unbedingt für die Dringlichkeit dieses unabweisbaren Bedürfnisses.

Den Zustand, wie er derzeit hier besteht, habe ich schon oft beklagt. Mir ist derselbe zuwider, nicht nur weil er gegen die bestehende Ordnung, sondern namentlich auch, weil durch die Selbsthülfe, welche ihn gezeitigt, bei jenen das Interesse für einen Wandel der Dinge abhanden gekommen ist, auf deren Unterstützung in dieser hochwertigen öffentlichen Angelegenheit wir im anderen Falle hätten rechnen dürfen." [38]

Im Juni 1896 verfaßte Wolffhügel mit Dr. Fischer eine „Denkschrift über die Zulassung von Spülabtritten mit Anschluß an die Kanalisation", die an den Magistrat gerichtet war und deren Schwerpunkt auf der Frage der Flußwasserverschmutzung durch solche Anlagen lag. Beide Verfasser betonten auch hier den Zivilisationsaspekt und fällten ein vernichtendes Urteil über die Kübelabfuhr und die damit verbundenen Auswirkungen:

„Die Art, wie der Mensch seine Notdurft verrichtet, ist ein Merkmal seines Kulturzustandes. Von allen bezüglichen Einrichtungen entspricht keine besser als der Spülabtritt sowohl den ästhetischen Rücksichten als auch den Forderungen der Gesundheitspflege. Dagegen die unsauberste von allen ist und bleibt der Kübelabtritt, sie ist dazu ein Hohn auf den menschlichen Verkehr, wo noch die Abfuhr so erbärmlich bewirkt wird, daß man auf der Straße die Entleerung der Kübel ausführt. Aber auch bei Anwendung des verschließbaren Kübels mit Wechselbetrieb bleibt das Verfahren ein primitives, gleichgültig, ob mit oder ohne Torfstreu gearbeitet wird. Solche Abtritte stinken, sie stinken trotz Torfstreu, [...] solche Abtritte sind ekelhaft und lästig, schon weil man es sich gefallen lassen muß, daß nun wenigstens allwöchentlich einmal der unangenehme Vorgang des Kübelwechsels statt hat und dieser von fremden Leuten bewirkt wird, von Leuten, die nicht gerade der Elite der Arbeiterschaft angehören und nicht selten die Spuren ihrer Tätigkeit in Separatabdrücken der Hände oder Finger an den Wänden zurücklassen." [39]

---

38 Ibd.
39 Zit. nach Pietsch 1961, S.113

Die hier geschilderten Entwicklungen stehen in einem engen Kontext mit sich verändernden Peinlichkeits- und Schamgrenzen im letzten Drittel des 19. Jahrhunderts, die von P.R. Gleichmann als „Verhäuslichung körperlicher Verrichtungen"[40] charakterisiert werden. Die zunehmende Intimisierung im Umgang mit menschlichen Ausscheidungen förderte deraen Unsichtbarmachen im Alltag durch die Einführung des Spülklosetts und der Kanalisation. Dies zeigt sich auch in der Wortwahl und Argumentation von Seiten der Universität: Wollfhügel bewertet die schwierige Durchsetzung von Wasserklosetts in Göttingen als negatives Indiz des hiesigen Zivilisationsstandards. Der Gesundheitsaspekt, der 1888 die Kritik an der Kübelabfuhr bestimmte, wich 1893 der Forderung nach einer „zunehmenden Gesittung" durch die Einführung des Wasserklosetts. Die öffentliche Handhabung von Fäkalien durch die Kübelentleerung gilt, wie gezeigt, 1896 als Affront auf die sittlichen Ansprüche der bürgerlichen Gesellschaft und wird zum „unangenehmen Vorgang". Darüberhinaus wird es peinlich, bewußt fremden Leuten den Zugriff auf die eigenen Fäkalien zu gestatten: „Die physischen und sozialen Abstände zu Harn und Kot, doch auch die zu den Menschen (...), die jetzt den Schmutz fortschaffen, sind beträchtlich vergrößert, zeigen sich auch in dem verringerten Selbstbewußtsein derjenigen, die nun Straßen fegen, Müll beseitigen oder Klärwerke bedienen."[41]

Durch die Errichtung einer Kläranlage neben der weiter betriebenen Fäkalienanstalt in der Weender Feldmark konnte 1903 die Einleitung von Fäkalien in das Kanalnetz gestattet werden, was sich schrittweise vollzog.[42] Schon 1902 hatten 94 Grundstücke einen Spülabort, 10 Jahre später waren es knapp 2.000[43]. Die Zahl der Kübel hatte sich bis 1918 auf 373 reduziert, daneben gab es 370 Gruben. 1958, also 40 Jahre später, gab es in Göttingen immer noch 136 Kübel und 74 Abortgruben. Kübelabfuhr und Grubenentleerung war allein Aufgabe des Städtischen Betriebsamts.[44]

---

40 Gleichmann 1982 S.254
41 Gleichmann 1979 S.52
42 Vgl. Pietsch 1961, S.114f.
43 Vgl. ibd., S.131
44 Vgl. ibd., S. 137

## Quellen- und Literaturverzeichnis

StadtAGö: AA Bauwesen, Abfuhrwesen, Nr. 140, Paket 134
StadtAGö: AA Bauwesen, Abfuhrwesen, Nr. 143, Paket 134
StadtAGö: AA Bauwesen, Abfuhrwesen, Nr. 144, Paket 134
StadtAGö: AHR II A Fach 33, Nr. 1, Bd. 1, Paket 708
StadtAGö: AHR II A Fach 33, Nr. 3, Bd. 2, Paket 708
StadtAGö: AHR II A Fach 33, Nr. 4, Paket 708
StadtAGö: AHR II A Fach 33, Nr. 5, Paket 708
StadtAGö: AHR II A Fach 33, Nr. 10, Paket 709

Blasius, R. 1894: Abfuhrsysteme. In: Weyl, Th.(Hg.): Handbuch der
 Hygiene. Bd. 2, S. 43 – 114, daran anschließend Büsing, F.W.:
 Die Kanalisation.
Ebstein, W. 1902: Dorf- und Stadthygiene. Unter besonderer Rücksicht-
 nahme auf deren Wechselbeziehungen. Stuttgart, 1902.
Fährmann, Sigrid: Reinliche Leiber – Schmutzige Geschäfte.
 Körperhygiene und Reinlichkeitsvorstellungen in zwei
 Jahrhunderten. Sonderdruck, Göttingen, ohne Jahr.
Gleichmann, P.R.: Die Verhäuslichung von Harn- und
 Kotentleerungen. In: MMG 4, 1979, S. 46 – 52.
Gleichmann, P.R.: Die Verhäuslichung körperlicher
 Verrichtungen. In: Gleichmann P.R. u.a. (Hg.): Materialien zu
Norbert Elias' Zivilisationstheorie. Frankfurt/M. 1982, S. 254 – 278.
Hösel, G.: Unser Abfall aller Zeiten. Eine Kulturgeschichte der
 Städtereinigung. München, 1987.
Knauff, M/Schmitt, E.: Entwässerung und Reinigung der
 Gebäude. Ableitung des Haus-,Dach- und Hofwassers. Aborte
 und Pissoirs. Entfernung der Fäcalstoffe aus den Gebäuden.
 In: Durm, J. u.a.(Hg.): Die Hochbau-Constructionen des
 Handbuches der Architektur. Teil 3, Bd. 5. Darmstadt, 2.Aufl.
 1892, S. 159 – 421.
Mönkemeyer, K.: Schmutz und Sauberkeit. Figurationen eines
 Diskurses im Deutschen Kaiserreich. In: Behnken, I. (Hg.):
 Stadtgesellschaft und Kindheit im Prozeß der Zivilisation.
 Opladen, 1990, S. 61 – 76.
Palmer, R.: Auch das WC hat seine Geschichte. München, 1977.
Pietsch, P.: Die Entwicklung der Abwasserbeseitigung der Stadt
 Göttingen. Diss. Göttingen, 1961.
Schneider, E.: Die hygienischen Verhältnisse Göttingens einst
 und jetzt. Diss. Göttingen, 1903.
Wever, F. 1891: Die Wohnverhältnisse in Göttingen um 1900.
 In: Duwe, K. u.a.(Hg.): Göttingen ohne Gänseliesel.
 Gudensberg-Gleichen 1988, S. 112 – 116.

# Abfallbeseitigung in der spätmittelalterlichen Stadt: Aspekte aus archäologischer Sicht
*von Betty Arndt*

## 1. Archäologie und Müll

In einem Buch über Müll und Abfälle darf ein archäologischer Beitrag nicht fehlen, denn Abfälle sind regelmäßig Gegenstand der Archäologie. Fast alles was von Archäologen wieder freigelegt wird (sieht man einmal von Gräbern und sogenannten Depotfunden oder Speichern ab), ist Abfall. Es handelt sich dabei um die Reste, die die Menschen in der Vergangenheit achtlos haben liegenlassen und auf denen sie sich, wenn sie lange genug an einem Ort wohnhaft waren, im Lauf der Zeiten zu Siedlungsschichten verdichtet, regelrecht hochgewohnt haben.

Bei genauem Nachdenken wird schnell klar, daß die auf einer Ausgrabung vorgefundene Situation keine unmittelbare Spiegelung der ehemaligen Wirklichkeit ist (sogenannte „Pompeji-Prämisse"), sondern daß vielfältige Einflüsse auf die Ablagerung von Fundgegenständen einwirken. Schon die unterschiedlichen Erhaltungsbedingungen von organischen Materialien (wie z.B. Holz, Leder oder Textilien) und relativ unvergänglichen Stoffen wie Keramik, Glas oder Metallen spielen für die Überlieferung eine Rolle.

Bei den Hortfunden, deren Vergrabungsgrund uns oft nicht bekannt ist, handelt es sich ebenso wie bei Funden aus Gräbern um eine beabsichtigte, also eine positive Auswahl der damaligen Menschen.[1] Dagegen stellen die Funde in Siedlungsschichten eine negative Auswahl dar („Alles was nicht mehr aufhebenswert war"), deren genaue Auswahlfaktoren uns aber nicht bekannt sind.

Auch wenn diese Prämissen sicher von keinem Archäologen bezweifelt werden, hat erstaunlicherweise das zentrale Thema Abfall bisher kaum Niederschlag in der theoretischen Auseinandersetzung im Fach gefunden. Erst in jüngerer Zeit werden die Regelhaftigkeiten der Ablagerungsbedingungen – und damit ver-

---

1 Diese Auswahlkriterien werden schon bei Eggers 1959 beschrieben.

bunden der Abfallbeseitigung – selbst Thema der Forschung.[2] Dies bedeutet, die Mechanismen der Ablagerung und der Abfallbeseitigung werden nicht mehr nur als Störungs- und Verzerrungsprozesse, und damit als Hindernisse der Erkenntnis betrachtet, sondern selbst als Quelle angesehen.[3] Ein Beispiel hierfür stellt auch das „Müll-Projekt" der Geschichtswerkstatt dar, in dessen Rahmen eine Vortragsreihe und dieser Band entstanden. Einige Aspekte der Abfallbeseitigung im späten Mittelalter sollen im Folgenden dargestellt werden.

Bei nomadisierenden Siedlungsformen, scheint aufgrund der relativ kurzen Verweildauer an einem Ort, eine geregelte Abfallbeseitigung oder -trennung nicht nötig zu sein.[4] Erst die Seßhaftigkeit und erst recht das sich ständig verdichtende Wohnen und Arbeiten in dauerhaften Siedlungen und damit auch insbesondere den Städten[5] macht Regelungen unumgänglich. Siegmund Freud sah „Reinlichkeit, Ordnung und Schönheit" sogar als charakateristische Merkmale jeder Zivilisierung und Kultivierung an.[6] Die Beseitigung von Abfall und Müll kann daher als eine kulturelle Errungenschaft angesehen werden, sie ist anerzogen. Dies kann auch in unserer heutigen Kultur beobachtet werden: Die vorausschauende Ordentlichkeit ist keine dem Menschen angeborene Eigenschaft, sondern muß in einem mühsamen und oft konfliktreichen Prozeß anerzogen und erzwungen werden.[7] Auch im Erwachsenenalter muß dieser Prozeß nicht abgeschlossen sein, denn im Gegensatz zur Ordentlichkeit steht die menschliche Bequemlichkeit. Die Erziehung zur Ordentlichkeit kann als Zivilisationsprozeß im Elias'schen Sinn gesehen werden, bei dem Affekte und Fremdzwänge zugunsten individueller Selbstzwänge zurückgedrängt werden. Dieser Prozeß steht in Wechselwirkung mit der gesellschaftlichen Entwicklung.[8] Es gibt daher einen Zusammenhang zwischen Abfallbeseitigung und Gesellschafts-

---

2 Hier sind für die jüngere Zeit vor allem die Untersuchungen von Fundvergesellschaftungen vorgeschichtlicher Siedlungsfundstellen durch U. Sommer zu nennen, der ich wichtige Anregungen verdanke (Sommer 1991, mit weiterer Literatur).
3 Hierbei ist der Wissensstand besonders für das hohe und späte Mittelalter bis jetzt noch ungenügend.
4 Schiffer 1972, S. 162 (zit. nach Sommer 1993).
5 Hauser 1992, S. 293.
6 Freud, S. Das Unbehagen an der Kultur, in: ders. Fragen der Gesellschaft. Ursprünge der Religion. Frankfurt 1982, 224. (zit. nach Hauser 1992, S. 292).
7 Vgl. Sommer 1993, S. 3f.
8 Elias 1976 (bes. Bd. 1, XX)

struktur und das bedeutet auch, die Frage der Abfallbeseitigung ist durchaus Ausdruck von Machtverhältnissen.[9]

## 2. Kulturelle Einflüsse oder „Was wird weggeworfen?"

Am Anfang einer Beschäftigung mit der Abfallbeseitigung muß die Frage „Was ist eigentlich Abfall?" stehen. Ein Gegenstand – z.B. ein mittelalterlicher Kugeltopf – wird erst zu Abfall, wenn er keinen Gebrauchswert mehr hat, wenn er also auch aus dem Stoffkreislauf der heute „Recycling" genannten Wiederverwertung herausfällt. Bis dahin kann er einen mehrfachen Funktionswandel durchmachen: Auch ein beschädigter, undichter Topf kann ja durchaus noch als Vorratsbehälter für trockene Vorräte dienen. Auch sogenannte Fehlbrände, verformte oder rissige Fehlproduktionen der Töpfer, die in großer Zahl auf Abfallhalden von Töpferwerkstätten gefunden werden, wurden im Spätmittelalter (sozusagen als B-Qualität) zumindest teilweise noch verkauft, wie Funde von Fehlbränden mit Gebrauchssspuren im Haushaltsmüll der mittelalterlichen Städte belegen (Abb. 1). Erst die Produktion von

*Abb. 1: Auch sogenannte Fehlbrände – Töpfe die sich im Töpferofen verformt haben – wurden noch verkauft und im Haushalt verwendet. (Stadtarchäologie H. Michaelis)*

9 Sommer 1993, S. 4.

extrem kurzlebigen „Wegwerfartikeln" oder nahezu nutzlosen Verpackungen ist eine Erscheinung der modernen Ökonomie. Die Ablagerung von Gegenständen als Abfall wird von unterschiedlichen Faktoren beeinflußt. U. Sommer hat mit Hilfe der Eigenschaften, die sich auf die Art und Weise der Beseitigung von Abfällen auswirken, eine Gliederung für archäologisches Material vorgeschlagen.[10]

Danach spielen die Faktoren
- Größe (oder Hinderlichkeit)
- Gefährlichkeit
- Schmutzigkeit
- und natürlich Wert
eine Rolle bei der Ablagerung.

Da alle diese Faktoren kulturabhängig sind, können dabei unsere heutigen Bewertungsmaßstäbe nicht auf die Vergangenheit angewandt werden. Am ehesten läßt sich sicher der Faktor Größe, also das Hinderungspotential eines Gegenstandes, und damit seine Chance zur Beseitigung beurteilen. Die Annäherung an die anderen 3 Faktoren ist auch mit Hilfe des gesunden Menschenverstandes schwierig, da auch dieser kulturabhängig ist. Daß in Bezug auf das Schmutzempfinden durch die Jahrhunderte eine Wandlung stattgefunden hat, ist den meisten bereits bekannt.[11] Aber auch Gefahr ist kulturell definiert. Als Beispiel können Aborigines im australischen Victoria genannt werden, die ihre Fäkalien an geheimen Orten begraben, weil es gefährlich ist sie herumliegen zu lassen. Aber nicht aus hygienischen Gründen, sondern weil feindliche Hexen sie für einen Schadzauber verwenden könnten.[12] Im Spätmittelalter gibt es zahlreiche Klagen wegen üblen Geruchs aus nachbarlichen Kloaken.[13] Aufgrund der bis ins 19. Jahrhundert vorherrschenden Miasmentheorie wurde in der Geruchsquelle eine Gefahr durch schlechte Luft als Krankheitsüberträger gesehen, eine Gefährdung des Wassers naheliegender Brunnen aber wurde nicht angenommen.[14]

10 Sommer 1991 und Sommer 1993.
11 (vgl. für die Neuzeit Corbin 1988).
12 U. Sommer 1993, 10; Bourke 1913, S. 124 u. 126f.
13 Kühnel 1984, S. 57.
14 Dirlmeier 1986, S. 158 in Herrmann 1986; vgl. Corbin 1988, S. 10 u. 37.

Eine Anwendung der Kategorien auf Verhältnisse der Vergangenheit muß also mit aller Vorsicht erfolgen.

## 3. Wiederverwertung und Müllvermeidung

Das „Recycling", bei dem Abfälle dem Stoffkreislauf wieder zugeführt werden, hat aufgrund herrschenden Rohstoffmangels im späten Mittelalter eine größere Rolle gespielt als heute und sicherlich die Gesamtmüllmenge wesentlich beeinflußt.[15] Dies läßt sich in der Auswahl der archäologischen Funde indirekt fassen. Auch an Fundstellen an denen die Erhaltung organische Materialien gut ist, stellen Holzfunde nur einen geringen Anteil am Fundmaterial: Sie konnten noch verbrannt werden und damit Energie liefern.

Ebenso selten sind Metallfunde, bei denen es sich oft um kleine Stücke handelt, denn Metalle wurden wieder eingeschmolzen und wieder verwertet. Ein aus einer Kloake an der Groner Straße geborgener Humpen aus reliefverziertem Steinzeug war bis auf einen Riß intakt. Der abgeschlagene Henkel legt nahe, daß – nachdem das Trinkgefäß einen Riß bekommen hatte – ein ehemals am

*Abb. 2: Steinzeughumpen mit abgeschlagenem Henkel aus einer Kloake an der Groner Straße. (Stadtarchäologie H. Michaelis)*

15 Höfler, Illi 1992, S. 352

Henkel befestigter Zinndeckel zum Einschmelzen wiedergewonnen werden sollte, bevor der Humpen weggeworfen wurde.

Edelmetalle sind im archäologischen Fundmaterial äußerst selten, meist handelt es sich um einzelne vermutlich verlorengegangene Gegenstände (wie z.B. ein schlichter Goldring aus einer Kloake an der Göttinger Weender Straße) oder um vergrabene Schatzfunde, die von ihrem ehemaligen Besitzer nicht wieder geborgen werden konnten.

Auch Steine von Gebäuden und Mauern wurden abgebrochen und wiederverwendet, indirekt läßt sich dies z.B. im weitgehenden Abbau der Inneren Göttinger Stadtmauer fassen, die mit der Anlage der äußeren Befestigung ab Mitte des 14. Jahrhunderts ihre Bedeutung verlor. Im 18. Jahrhundert wurden die Türme und Bollwerke vom Rat an Bauunternehmer und bauwillige Bürger verkauft und bis auf eine Ausnahme abgebrochen.

Direkte Nachweise einer Wiederverwendung sind z.B. Stoffreste, die als Kleidungsfetzen oder Zuschneideabfälle [16] ebenso

*Abb. 3: Als Kloakenwandung wiederverwendetes altes Holzfaß. (Stadtarchäologie)*

---

16 Z.B. aus einer Kloake des 15. Jahrhunderts in der Weender Str. 15 (FSt.Nr. 17/7).

wie Papierfetzen[17] eine zweite Nutzung als Klopapier fanden, bevor sie mit den Fäkalien in der Kloake landeten.

Steinzeugflaschen, in denen seit dem 18. Jahrhundert Mineralwässer aus den bekannten Quellorten (wie beispielsweise Selters) verhandelt wurden, konnten im Haushalt als Behälter für verschiedenste Flüssigkeiten wiederverwendet werden. Keramikscherben zerbrochener Töpfe wurden rundlich abgearbeitet und als Spielsteine für Brettspiele verwendet.[18] In der Göttinger Weender Str. 15 wurde ein bemaltes gotisches Kapitell mit plastischen Blütenverzierungen in der Unterkonstruktion einer Faßkloake wiederverwendet.[19]

Hölzerne Fässer, die dem Lagern und dem Transport von Wein, aber auch von Heringen, Essig, Salz oder Getreide dienten, wurden immer wieder geflickt und ausgebessert.[20] Auch ihre wiederholte Nennung in mittelalterlichen Inventaren belegt ihren Wert. Wenn sie für diese ursprüngliche Funktion nicht mehr taugten, wurden alte Fässer, nachdem Deckel und Boden entfernt waren, noch als Wandung für Faßbrunnen oder -kloaken eingegraben.

Im Baubereich wurden ganze Balken von alten Fachwerkhäusern beim Neubau wieder benutzt. Dies läßt sich an den Zapflöchern der alten Holzverbindungen deutlich ablesen. Die zunehmende Waldnutzung für den enormen Holzverbrauch (als Bauholz, Werkholz und vor allem Brennholz) seit dem 13. Jahrhundert machte Waldschutzmaßnahmen nötig. Sicherlich ist auch hier ein Grund für zunehmende Wiederverwendung großer Holzteile und Balken zu sehen.[21]

Für die Produktion der einheimischen sogenannten Waldgläser war ein Anteil von Altglas notwendig, ebenso wie Holzasche, die von Aschensammlern in den Städten gesammelt wurde. Von durch die Städte wandernden Lumpensammlern wurde der Grundstoff für die Papierherstellung eingesammelt. Dies führte in Italien, wo die Papierherstellung sehr früh einsetzte, sogar zu ersten Lumpenausfuhrverboten (Venedig 1366) bzw. Lumpensammelprivilegien (Genua 1424).[22]

---

17 Z.B. aus einer Kloake des 17. Jahrhunderts in der Roten Str. 34 (FSt.Nr. 2/7).
18 Gläser 1995, Abb. S. 111.
19 Faßkloake Weender Str. 15 (FSt.Nr. 17/7).
20 Neugebauer 1975, S. 121f
21 Schubert, 1986, S. 257-274. / Hillebrecht, 1986, S. 275-283
22 Kälin 1993

## 4. Kloaken als Müllschlucker

Eine Rolle bei der häuslichen Abfallbeseitigung in der spätmittelalterlichen Stadt spielten die Kloaken. Die ursprünglich als Tiefbauwerke zum Aufnehmen von Fäkalien im Hof oder unter Gebäuden gebauten Anlagen lassen sich in unterschiedlichsten Konstruktionsformen nachweisen. Neben einfachen Erdgruben kommen Faßkloaken und aus Brettern gebaute ebenso wie aufwendige bruchsteingemauerte Schächte vor.

In beschränktem Umfang dienten diese auch als „Müllschlucker" und sind aufgrund des resultierenden Fundreichtums beliebter Gegenstand archäologischer Untersuchungen. Oft werden dabei die Funde relativ unkritisch als repräsentativ für den zugehörigen Haushalt angesehen. Im Vergleich zu den Siedlungs- oder Planierschichten in Hofbereichen, in denen sich mehr oder weniger zufällig Abfälle akkumulierten, stellen die Funde in Kloaken jedoch eine ganz bewußte Negativauswahl dar.

Ein Gegenstand der hier weggeworfen wurde, wurde (fast) immer absichtlich beseitigt. Nur für wenige Fundstücke muß ein versehentliches Verlieren während der Kloakenbenutzung angenommen werden, z.B. für den bereits genannten Goldring aus einem Kloakenschacht in der Göttinger Weender Straße. Hochrechnungen der Abfallmengen auf die Benutzungsdauer zeigen, daß hier keinesfalls alle Abfälle eines Haushalts deponiert wurden.[23]

Es sind also bei der Abfallbeseitigung in Kloaken Selektionsmechanismen angewendet worden, die uns aber unbekannt sind. Dies hat natürlich Folgen für die Interpretation der archäologischen Funde (z.B. die demnach nicht vorhandene „Repräsentativität" des Fundmaterials). Schon das Vorkommen von fundleeren Kloaken, die nur mit Fäkalstoffen und organischen Abfällen verfüllt sind, zeigt diese Selektionsmechanismen an. Diese können nur auf indirektem Weg erschlossen werden.

Der oben genannte Faktor „Größe/Hinderlichkeit" wird durch die Größe der Beschickungsöffnung vorgegeben, es können also nur Gegenstände bis zu einer gewissen Größe hier beseitigt werden.

Daß sich oftmals Scherben aus Kloaken zu vollständigen Gefäßen wieder zusammensetzen lassen, kann darauf hindeuten,

---

23 Zur ausführlichen Diskussion dieses Themenkomplexes: Arndt 1986, S. 110ff.

daß zerbrochene Gefäße mit dem Fegedreck in die Latrinen geschüttet wurden. Das hohe Gefährdungspotential durch Schnittverletzungen an Glasscherben erklärt möglicherweise den – im Vergleich zu anderen Fundstellen – oft überproportional hohen Anteil von Glasfunden. Die Tatsache, daß immer wieder völlig intakte Gefäße in Kloakenfüllungen geborgen werden, mag darauf zurückgeführt werden, daß diese durch angebrannte oder verdorbene Nahrungsreste verunreinigt waren und deshalb nicht mehr anderweitig verwendet werden sollten. Dieser Umstand könnte – neben dem nur geringen Heizwert – auch das Vorkommen von Holzschalen erklären, da zum Heizen sauberes trockenes Holz bevorzugt wurde. Tierknochen mit typischen Zerteilungsspuren, Eierschalen und Obstkerne und -steine (die oft in dicken Lagen vorkommen) zeigen, daß hier Küchenabfälle deponiert wurden. Möglicherweise spielt der Faktor Schmutz dabei eine größere Rolle, so daß hier verstärkt eklige oder stinkende Abfälle beseitigt wurden. (Auch heute werfen wir bestimmte Abfälle ins Klo bzw. in die Biotonne).

Auch die hohe Anzahl eher ungewöhnlicher und seltener Funde, neben großen Mengen alltäglichen Gebrauchsgeschirrs und -glas in Kloaken, belegt das Vorhandensein von Auswahlkriterien bei der Entsorgung. Einen Überblick über die Funde aus mittelalterlicher und frühneuzeitlicher Kloaken zu geben würde den Rahmen dieses Aufsatzes sprengen. Eine Vorstellung von der Bandbreite des Fundspektrums kann vielleicht eine kurze Auflistung geben: In einer Kloake auf dem Göttinger Grundstück Weender Str. 26 fand sich z.B. -nahezu unbeschädigt – die bisher älteste Blockflöte Europas.[24] Außerdem wurden bereits Wachstafelbücher, abgeschnittene Zöpfe, Schachfiguren, Reste von Holzschuhen, hölzerne Brillenfassungen und sogar die Reste eines amputierten Fußes (in der Kloake des Lübecker Scharfrichters und Wundarztes auf dem Schrangen) in Kloaken gefunden.[25] Dieselbe Kloake diente auch als das ungewöhnliche Versteck für einen kleinen Münzschatz (Erdmann 1980). Möglicherweise dienten unversehrt aufgefundene Kannen oder Krüge als Waschgefäße oder wurden versehentlich beim Essen auf der Latrine verloren. Daß die Kloake Ort der Pflege sozialer Kontakte sein konnte (und bis

---

24 Arndt/Hakelberg, Göttinger Jahrbuch 1994.
25 Herrmann 1984, Ein amputierter Fuß aus der frühneuzeitlichen Kloake der Lübecker Fronerei. In: LSAK 8, S. 81-84.

heute ein Wandel im Schamgefühl stattgefunden hat) belegen zeitgenössische Bezeichnungen wie „cloaca et latrina swâzkamere"[26] oder „sprechhäuser".[27]

Die in den Kloakenschächten deponierten Abfälle eröffnen vielfältige Aussage- und Erkenntnismöglichkeiten zum spätmittelalterlichen Alltagsleben[28] und machen sie deshalb bei Archäologen zu begehrten Fundstellen: Die zahlreichen Funde von Glas-, Keramik- und Holzgefäßen geben uns eine konkrete Vorstellung von der Ausstattung eines spätmittelalterlichen Haushalts und gegebener sozialer Unterschiede. Sie erlauben aber auch Rückschlüsse auf die handwerklichen und technologischen Bedingungen ihrer Herstellung und lassen, da es sich bei vielen Gegenständen um Importfunde handelt, die ehemaligen Handelswege erschließen. Die organischen Abfälle wie Tierknochen und pflanzliche Makro-Reste erlauben nicht nur die Rekonstruktion des Speisezettels, sondern lassen ebenso Rückschlüsse auf Haustiernutzung und Züchtungsstand der Kulturpflanzen sowie ehemalige Agrartechniken zu. Besonders die Knochen von Amphibien und Kleinsäugern und unter den vielfältigen Pflanzensamen vor allem die der Unkräuter sowie Insektenreste leisten Beiträge bei der Rekonstruktion der ehemaligen Umwelt. Durch die Analyse der im Fäkalmaterial enthaltenen Eier von Endoparasiten können sogar die in den Kloaken enthaltenen Fäkalien selbst zur Erkenntnisquelle werden: Art und Anzahl der Eier geben Auskunft über Durchseuchungsgrad und damit über den Gesundheitsstatus der ehemaligen Benutzer.[29]

## 5. Produktionsabfälle

Gewerbliche Abfälle der handwerklichen Produktion können dagegen nur gelegentlich und in geringen Mengen im Fundmaterial von Kloaken nachgewiesen werden, z.B. als Halbfertigprodukte oder Rohlinge der Knochenbearbeitung. In der Bergbau-

---

26 Schütte 1986, S. 251.
27 Kühnel 1984, S. 56.
28 Die umfassenden Befunde der Mittelalterarchäologie und ihrer Nachbarwissenschaften der letzten Jahre können hier nicht referiert werden, hier können nur einige Auswertungsmöglichkeiten angerissen werden.
29 Herrmann 1986.

stadt Goslar kommen regelmäßig Schlacken in Kloaken vor.[30] Große Mengen handwerklicher Abfälle finden sich eher in Grabungen auf Höfen und in Werkstattbereichen als relativ unspezifische Fundstreuung (z.B. große Mengen Knochenschnitzerabfälle einer Werkstatt des 13. Jahrhunderts in der Johannisstraße) oder auch als dicke Schichtpakete (z.B. dicke Schichten von Lederresten und Zuschnittabfällen in einer Flickschuster- und Schuhmacherwerkstatt des 14. Jahrhunderts in der Angerstraße(Abb. 4).[31] Sie erlauben die Rekonstruktion der hergestellten Schuhformen und anderen Produkte. In der Groner Straße wurden, eingebettet in mit Reisig ausgekleidete Rinnen, große Mengen Schlacken geborgen, die eine Metallverarbeitung anzeigen.[32]

Abb. 4: Zuschnittabfälle und Schuhsohlen aus Leder als Produktionsabfälle einer (Flick-) Schusterwerkstatt. (Stadtarchäologie H. Michaelis)

Die bisherigen Ausführungen haben gezeigt, daß nur ein Teil des anfallenden Abfalls in die Kloaken geworfen wurde. Folgerichtig stellt sich die Frage: Wohin ist der übrige Müll gekommen? Ein Teil ist – wie bereits beschrieben – auf den Grundstücken und Höfen verblieben. Diese Abfälle werden bei archäologischen Aus-

---

30 Grieb 183, Ausgrabungen und Bodenfunde im Stadtgebiet von Goslar V, in: Harz-Zeitschrift, Jg. 35. S. 35.
31 Fundstelle Angerstr. 4 (Fst.Nr. 35/03).
32 Groner Str. 18 (Fst.Nr. 06/02).

grabungen in der Stadt in den „Kulturschichten" vorgefunden. Auch auf den Misthaufen und in Dunggruben, die – wegen der Tierhaltung – auch auf innerstädtischen Grundstücken vorkommen, wurde ein Teil des häuslichen Mülls deponiert. Mit dem Mist als Dünger ist dieser dann auf die mittelalterlichen Ackerflächen ausgebracht worden. Als unspezifische Fundstreuung kann er als sogenannter „mittelalterlicher Scherbenschleier" in der archäologischen Geländeaufnahme erfaßt werden.

## 6. Sauberkeit und Müll im späten Mittelalter

Von den Reinlichkeitsverhältnissen in der spätmittelalterlichen Stadt wird oft ein katastrophales Bild gezeichnet, das meist auf die Gleichgültigkeit der Bewohner zurückgeführt wird. Schließlich galt mancherorts das Steckenbleiben im Morast als Entschuldigungsgrund für das Fernbleiben von der Ratssitzung (dem heutigen Stau auf der Autobahn entsprechend).[33] Dieses Bild muß jedoch wohl bei genauerer Prüfung relativiert werden. So spricht schon das Vorhandensein von aufwendigen Kloakenschächten zur fäkalen Entsorgung gegen eine völlige Gleichgültigkeit der Stadtbewohner. Das gleiche gilt für die große Bedeutung des mittelalterlichen Badewesens, Waschgefäße und Handwaschbecken gehörten zum Inventar des mittelalterlichen Haushaltes.[34] In der Stadt sind durchaus unterschiedliche Sauberkeitsverhältnisse in Straßen, innerhalb der Häuser und auf den Höfen anzunehmen.[35] Innerhalb der Häuser wurde sicherlich regelmäßig gefegt und eine Anhäufung von Abfällen darf hier wohl ausgeschlossen werden.[36] Nicht nur das wiederholte Lob der Reinlichkeit einer Stadt in zeitgenössischen Reiseberichten, sondern auch vielerorts archäologisch nachweisbare Pflasterungen aus Stein[37] oder auch Straßenbeläge aus Holz[38] belegen den Kampf gegen den allgegenwärtigen Matsch und das Bemühen um saubere Straßen. Die Klagen über die früheren unhaltbar unreinen Zustände in den Städten stammen

---

33 Borst 1983, S. 209.
34 Illi 1987, S. 199.
35 Keene 1982, S. 28.
36 Keene 1982, S. 27.
37 Vgl. Tschipke 1993, S. 28.
38 Z.B. Grabowski 1993, S. 241.

vor allem aus dem 19. und frühen 20. Jahrhundert und dienten in erster Linie dazu, die Fortschritte des 19. Jahrhunderts auf hygienischem Gebiet vor diesem Hintergrund noch mehr erstrahlen zu lassen. Frühere Lösungsansätze zur Stadtreinigungsfrage werden dabei weitgehend ignoriert.[39] Dies Bild wird bis heute gern unkritisch tradiert.

Der Blick in zeitgenössische Quellen zeigt aber, daß auch im Spätmittelalter durchaus verschiedene Abfall-Kategorien unterschieden wurden. In den Göttinger Statuten – einer Sammlung von spätmittelalterlichen Stadtgesetzen – werden u.a. „huszedreck", „unreynicheit", Mist und Kadaver unterschieden. Jeder Bürger war bei Strafe verpflichtet vor seiner Tür „den dreck (zu) veghen"[40] und die Gasse vor seinem Haus reinzuhalten.[41] Auf die Reinhaltung der Straßen wurde nachweislich geachtet: Die Knochenhauer durften nicht auf der Straße schlachten[42], Gerben war nur im Hof erlaubt. „Unreynicheit" durfte nicht in die Gosse gebracht werden, Mist nicht länger als 2 Tage liegen gelassen werden. Bei Neueindeckung des Dachs muß das alte Dachstroh („strodack") in den nächsten 3 Tagen beseitigt werden.[43] Holz soll nicht in den Straßen liegen „dar von de straten sere bekummert werden".[44] Der Dreck darf natürlich nicht vor anderer Leute Tür geworfen werden, vielmehr muß er aus der Stadt („extra civitatem") geschafft werden. [45]

Erste Ansätze einer gesamtstädtischen Lösung des Abfallproblems können in der Bereitstellung des Göttinger Dreckwagens im frühen 15. Jahrhundert gesehen werden: Wenn der Dreckwagen kam, mußte jedermann helfen, den Dreck vor seiner Tür aufzuhäufen und mit aufzuladen.[46] Für die Abfuhr wurde ein Dreckgeld erhoben.

Der Dreck wurde aus der Stadt gebracht und in vermutlich nicht allzu großer Entfernung wieder abgeladen. Schon 1398 sollten Abfälle „buten de utersten dor van den thunen" gebracht wer-

---

39 Hauser 1992, S. 292.
40 Göttinger Statuten 117, 5 (1420).
41 Göttinger Statuten 101, 8 (1414).
42 Göttinger Statuten 2/6 (1330).
43 Göttinger Statuten 74, III, 29, 31 u. 32 (1398).
44 Göttinger Statuten 100, 6 (vor 1415).
45 Göttinger Statuten 9, 3 (1335).
46 Göttinger Statuten 117, 7 (1420) und 298 IV, 51 (1468).

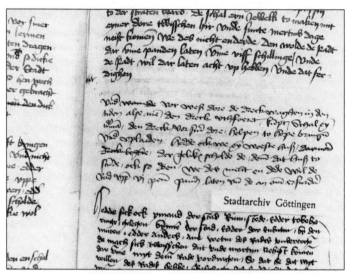

*Abb. 5: Göttinger Statuten 1468: Unde vor wes dore de dreckwaghen in den tiden alse men den dreck utfoeret, kumpt, schal eyn iderman, den dreck vor siner dore, helpen to hope bringen unde opladen. ... (Bei Strafe von 6 penn.) (Stadtarchiv Göttingen: MS 2,2)*

den.[47] Ab 1458 wird ein Straßenmeister vom Rat dafür bezahlt, auf die Reinhaltung der Straßen von „unreynicheid" und „huszedreck" zu achten.[48] Vermutlich achtete er auf die Einhaltung des 1445 erlassenen Verbots Schweine auf die Straße zu treiben. Aufgrund der städtischen Autarkie in der Versorgung war ein gänzliches Verbot der Schweinehaltung wohl nicht durchzusetzen. Die verstärkten Aktivitäten zur Stadtreinhaltung setzen aber auch die Kontrolle und deren Durchsetzbarkeit voraus, sie stehen also in Abhängigkeit von einer starken städtischen Verwaltung[49] und greifen deshalb vielerorts erst seit dem späten 14. Jahrhundert, als der Rat hier mehr Verantwortung übernimmt.

Daß dabei nach heutigen Maßstäben noch kein befriedigender Standard erzielt wurde, liegt nur einerseits am damaligen Erkenntnisstand: Vielmehr sind, solange die Entsorgung nicht insgesamt Sache der öffentlichen Hand war[50], sanitäre Mißstände in

47 Göttinger Statuten 74 III, 30.
48 Göttinger Statuten (198)
49 Hauser 1992
50 Dirlmeier 1991

einer Stadt wohl eher ein Indiz für Vermögensverteilung und Sozialstruktur, als für völlige Gleichgültigkeit und Unempfindlichkeit der Bevölkerung. Die systematische Reinigung der Stadt bedeutet nach Hauser für das 19. Jahrhundert auch die Etablierung einer neuen Stadtgrenze, „einer Grenze zwischen dem kultivierten Bereich der Industriegesellschaft und dem, was sie kontrolliert in ein Außerhalb ihrer Kultur verlegt".[51] Ob diese Trennung quasi zwischen Kultur und Nichtkultur auch für den Bereich der spätmittelalterlichen Stadt und ihr Umland, in das der Müll gebracht wurde, gilt, wäre eine genauere Untersuchung wert. Diese Ausführungen sollten zeigen, daß Müll und Abfälle durchaus eine Quelle der Erkenntnis sein können. Weitere Bearbeitungen dieses „anrüchigen" Themenkomplexes scheinen unbedingt wünschenswert, wobei eine Zusammenarbeit der unterschiedlichen historisch forschenden Disziplinen unumgänglich scheint.

## Quellen- und Literaturverzeichnis

Arndt, Betty „Methodische und interdisziplinäre Fragestellungen bei Untersuchungen an städtischen Kloaken. Forschungsstand und Perspektiven" Ungedruckte Magisterarbeit; Göttingen, 1986.

Arndt, Betty „Hygienic aspects in the examination of medieval cesspits" Homo Vol. 14/Suppl., S13, 1996.

Arndt / Hakelberg „Eine mittelalterliche Blockflöte aus Göttingen" in: Göttinger Jahrbuch, Band 42, 95-102, 1994.

Bourke, John Gregory „Der Unrat in Sitte, Brauch, Glauben und Gewohnheitsrecht der Völker" Leipzig, 1913.
(= Beiwerke zum Studium der Anthropophyteia. Jahrbücher für folkloristische Erhebungen und Forschungen zur Entwicklungsgeschichte der geschlechtlichen Moral)

Borst, Otto „Alltagsleben im Mittelalter" Frankfurt, 1983.

Corbin, Alain „Pesthauch und Blütenduft. Eine Geschichte des Geruchs" Frankfurt, 1988.

Dirlmeier, Ulf „Zu den Lebensbedingungen in der mittelalterlichen Stadt. Trinkwasserversorgung und Abfallbeseitigung" in: Herrmann 1986. 150-159.

Duerr, H.P. „Der Mythos vom Zivilisationsprozeß" Frankfurt/Main, Bd. 1 (Nacktheit und Scham), 1988.

---

51 Hauser 1992

Eggers, Hans-Jürgen „Einführung in die Vorgeschichte" München (2.Auflage 1974), 1959.

Elias, Norbert „Über den Prozeß der Zivilisation. Soziogenetische und psychogenetische Untersuchungen" Frankfurt/Main, 1976.

Erdmann, W. „Fronerei und Fleischmarkt. Vorbericht über archäologische Befunde eines Platzes im Marktviertel des mittelalterlichen Lübeck" in: LSAK 3. 107-159, 1980.

Gläser, Manfred (Hg.) „'Daz kint spilete und was fro.' Spielen vom Mittelalter bis heute" Katalog zur Ausstellung im Museum Burgkloster Lübeck, 1995.

Gleichmann, Peter Reinhart „Städte reinigen und geruchlos machen. Menschliche Körperentleerungen, ihre Geräte und ihr Verhäuslichung" in: Sturm, H. (Hg.) „Ästhetik und Umwelt" Tübingen, 1979.

Grabowski, Mieczeslaw „Zur Infrastruktur der mittelalterlichen Königsstraße zu Lübeck: Straßenbeläge, Abwassersystem, Brunnen und Wasserleitungen" in: Archäologisches Korrespondenzblatt 23, 1993.

Hauser, Susanne „Reichlichkeit, Ordnung und Schönheit. Zur Diskussion über Kanalisation im 19. Jahrhundert" in: Die Alte Stadt. Heft 4. 292-312, 1992.

Herrmann, Bernd, A „Mensch und Umwelt im Mittelalter" Stuttgart, 1986.

Herrmann, Bernd, B „Parasitologische Untersuchung mittelalterlicher Kloakten" in: Hermann „Mensch und Umwelt im Mittelalter" 160-169, 1986.

Hillebrecht, Marie-Luise „Eine mittelalterliche Energiekrise" in: Herrmann 1986, 275-283, 1986.

Kälin, H.B. „Stichwort 'Papier'" in Lexikon des Mittelalters, Bd.6. 1666, 1993.

Keene, D.J. „Rubbish in Medieval Towns" in: Environmental archaeology in the urban context. CBA research report No. 43. London, 1982.

Kühnel, Harry „Alltag im Spätmittelalter" Wien, 1984.

Illi, Martin „Von der Schissgruob zur modernen Stadtentwässerung. Hg. von der Stadtentwässerung Zürich" Zürich, 1983.

Neugebauer, Werner „Arbeiten der Böttcher und Drechsler aus den mittelalterlichen Bodenfunden der Hansestadt Lübeck" in: Rotterdam Papers II. 117-137, 1975.

Schiffer, M.B. „Archaelogical context and systemic context" in: American Antiquity 37, 2. 156-165, 1972.

Schubert, Ernst „Der Wald: wirtschaftliche Grundlage der spätmittelalterlichen Stadt" in: Herrmann 1986, 257-274, 1986.

Schütte „Brunnen und Kloakten auf innerstädtischen Grundstücken im ausgehenden Hoch- und Spätmittelalter" in:ZAM, Beiheft 4, 237-250, 1986.

Sommer, Ulrike „Schmutz und Abfall. Auswirkungen auf den archäologischen Befund" Manuskript eines Vortrages beim Treffen der Theorie AG in Marburg, 1993.

Sommer, Ulrike „Zur Entstehung archäologischer Fundvergesellschaftungen. Versuch einer archäologischen Taphonomie" Studien zur Siedlungsarchäologie 1. Universitätsforsch. prähist. Archäologie 6., 53-193, 1991.

Sommer, Ulrike, 1990, „Dirt Theory, or archaelogical sites seen as rubbisch heaps" in: Journal Theoretical Arch. 1. 47-60, 1990.

Thompson, M. „Die Theorie des Abfalls" Stuttgart, 1981.

Tschipke, Ina „Lebensformen in der spätmittelalterlichen Stadt. Untersuchungen anhand von Quellen aus Braunschweig, Hildesheim, Göttingen, Hameln und Duderstadt" Schriftenreihe des Landschaftsverbandes Südniedersachsen. Bd. 3, 1993.

## II. Das Zeitalter des Verbrauchs ohne Reue

## Die Brockensammlung – karitative Arbeit angesiedelt an der Grenzlinie der Wirtschaftlichkeit
*von Thomas Pusch*

Zur Geschichte der Abfallentsorgung gehört auch der Bereich Wiederverwertung und Recycling. Dieser Wirtschaftsbereich ist auf einer schmalen, sich ständig verschiebenden, Grenzlinie der Wirtschaftlichkeit angesiedelt. Eine ausführlichere Geschichte des Göttinger Rohprodukthandels, des heutigen Recycling-Gewerbes, zu schreiben, bleibt uns leider verwehrt, da die in Frage kommenden Firmen keinerlei Interesse an einer Bearbeitung zeigten.

Mit diesem Artikel wird dokumentiert, daß auch soziale Komponenten und karitative Arbeit einen nachhaltigen Einfluß auf diesen Wirtschaftsbereich ausüben. Die Formulierung „Alle überflüssigen Sachen in den Haushaltungen werden von uns auf Wunsch abgeholt" weist nicht auf die Müllabfuhr hin, sondern auf die "Brockensammlung" (i. F.: BS). Um ihre Geschichte soll es hier gehen.

Die BS des karitativ tätigen Deutschen Evangelischen Frauenbundes (DEF) hat in ihrem fast 80jährigen Bestehen einen wesentlichen Beitrag zur Wiederverwertung von Materialien geleistet. Wir, die Menschen der 90er Jahre, denken bei der Geschichte der BS, sofern wir sie schon länger kennen, zumeist an die ehemalige Einrichtung im Rosdorfer Weg. Wir denken an „Sperrmüll"-Verkauf, d.h. an den Verkauf von alten Möbeln und Einrichtungsgegenständen.

### 1. Was kennen wir heute als „Neue Arbeit/ Brockensammlung"?

Die „Neue Arbeit/Brockensammlung" ist in ihrer heutigen organisatorischen Form (seit 1984) ein Teil der Straßensozialarbeit in Trägerschaft des Kirchenkreisamtes. Seit 1992 ist das Unternehmen in der Levinstraße 1 angesiedelt (in einem Gebäude des ehemaligen Flugplatzes; vgl. auch den entsprechenden Aufsatz in diesem Band).

# Das Zeitalter des Verbrauchs ohne Reue

*Abb. 1: Das heutige Gebäude der Neuen Arbeit / Brockensammlung in der Levinstr. 1. Der Komplex gehörte ursprünglich zum Göttinger Flughafen. (Neue Arbeit / Brockensammlung)*

Mit der Einrichtung dieser Beschäftigungsinitiative wird eine Klientel mit Problembündelungen, deren Kern i.d.R. die Arbeitslosigkeit ist, angesprochen. Sie werden hier in persönlichen Dingen beraten und beruflich für den sogenannten 1. Arbeitsmarkt qualifiziert.

Das Recyceln oder die Beschäftigung mit Sperrmüll ist heute aber nur noch ein einzelner Bereich der Arbeit. Daß alte Möbel kein (Sperr-) Müll sein müssen, begegnet den LeserInnen auch im „Kleinanzeigen-Lesermarkt" seit annähernd zehn Jahren. Mit „Zu schade für den Sperrmüll" wird für eine Annonce im Kleinanzeigenteil des „Göttinger Tageblatt" (GT) geworben. Es muß sich also erst ein „Marktplatz" finden, damit gehandelt werden kann – Kleinanzeigen müssen fast kostenlos sein, um auch Dinge geringen Wertes handeln zu können.

Die Neue Arbeit/Brockensammlung ist eine Einrichtung, die im Personal- und Sachkostenbereich Zuwendungen erhält; aufgrund der starken Kürzungen der Sozialausgaben, sowohl auf Bundes- als auch auf Landes- und kommunaler Ebene, erhöht sich der Druck, die eigenen Einnahmen zu steigern, um diese Ausfälle auszugleichen. Mit der Ausweitung und steten Neuorientierung der

Produkt- und Dienstleistungspalette wird versucht, auch diesem Kriterium des Produzierens zu Marktbedingungen Rechnung zu tragen.[1]

## 2. Der Deutsche Evangelische Frauenbund (DEF)

Wie nähert man sich einem Stück Alltagskultur? Frau Dr. Moderegger, langjährige OG-Vorsitzende des Deutschen Evangelischen Frauenbundes, gab Auskunft zur Vergangenheit der BS. Sie selbst lebt seit den 50er Jahren in Göttingen und hat zuvor hier auch studiert.

Mich interessierte der Zugang der BS zur Abfallvermeidung und Fragen dieser Entwicklungslinie. Daß die BS etwas mit Müll und Abfallvermeidung zu tun hatte – man merkte Frau Moderegger die Irritation an realisierten die Mitarbeiterinnen der BS erst, als sie nach der Einführung der regelmäßigen Sperrmüllabfuhr mit Entsetzen zusehen mußten, wie all die – nicht nur aus ihrer Perspektive – kostbaren Gegenstände jetzt zum Müll gestellt wurden; Gegenstände, die sie zuvor mühsam in ihr Verkaufslager zu schaffen versucht hatten.

Zurück zu den ursprünglichen Trägerinnen der BS, dem DEF:
„[Der DEF e.V.](...)
- wurde 1899 als evangelischer Verband innerhalb der Frauenbewegung gegründet und will Frauen in die geistige und soziale Auseinandersetzung der Zeit einschalten und durch eine breitgefächerte Bildungsarbeit Orientierungshilfen geben
- greift in der Verantwortung für den Mitmenschen diakonische und gesellschaftspolitische Probleme auf und motiviert, an Lösungen der Zeitfragen mitzuarbeiten
- übernimmt eigenständig ehrenamtlich soziale Aufgaben", heißt es in einer aktuellen Selbstdarstellung des Verbandes.

Die Entstehung und das Wirken des DEF läßt sich auf die spezifische Position von Frauen in der Gesellschaft zurückführen. Die Historikerin der kirchlichen Frauenbewegung Baumann schreibt über die Rolle der konfessionellen Frauenvereine „[Diese haben]

---

1 Daneben entstand auch JUWEEL, die Jugendwerkstatt Elektrorecycling.

(...) eine Entwicklung befördert (...), die den Charakter der beiden großen Kirchen (...) bis heute entscheidend bestimmt: die Transformation der Kirche zum sozialen Dienstleistungsbetrieb. Unzweifelhaft hat der Ausbau des Wohlfahrtstaates nach 1945, der vermittels der staatlichen Anerkennung des Subsidiaritätsprinzips die Expansion kirchlicher Sozialeinrichtungen begünstigte, zu dieser Entwicklung wesentlich beigetragen. (...) Während der überlieferte Glaube an sozialer Bindekraft verlor und die Bedeutung der Kirche als Heilsanstalt schwand, behielt das Ideal christlicher Nächstenliebe unverminderte Anerkennung. Gemeinnützige Einrichtungen wie Kindergärten, Krankenhäuser und Altersheime gewannen für die Rolle der Kirche in der Gesellschaft zunehmend an Bedeutung. (...) Sucht man nach den gesellschaftlichen Kräften, die den Transformationsprozeß der Kirche langfristig in Gang gesetzt haben, so kommt den konfessionellen Frauenvereinen im Kaiserreich, neben der um 1850 entstandenen Inneren Mission, eine besondere Bedeutung zu. Daß Frauen an dem kirchlichen Funktionswandel maßgeblich beteiligt waren ist kein Zufall." Denn: „Sie waren faktisch vom theologischen Amt und Diskurs bis in die 1960er Jahre ausgeschlossen und sollten sich auf die ihnen zugeschriebene karitative Aufgabe konzentrieren. Dabei kümmerten sie sich nicht nur um innerkirchliche Frauenbelange, sondern auch allgemein um Frauen in Not, gerade weil diese weitaus öfter von Armut und sozialer Not betroffen waren."[2]

Anders als die Innere Mission ging der DEF mit seinen Aktivitäten bewußt über die Grenzen der eigenen Gemeindemitglieder hinaus. Zielgruppen mußten nicht die kirchlichen Ansprechpartner sein, sondern alle bedürftigen Menschen: Also auch Obdachlose, alleinstehende Mädchen und Mütter, Übersiedler und später auch Asylsuchende.

Die typischen Tätigkeitsfelder der Frauen waren dann unentgeldliche Krankenpflege, auf soziale Problemgruppen zielende Instruktionskurse (z.B. in Hauswirtschaft oder Kinderpflege) und Geldsammeln für diese Tätigkeiten. Nicht nur in Göttingen kam man daher auf die Tätigkeit des „Brocken sammeln".

---

2 Baumann, Ursula, „Protestantismus und Frauenemanzipation in Deutschland 1850 – 1920, Frankfurt/N.Y. 1992. Die zitierten Stellen finden sich auf den Seiten 166f, 169 und im weiten Verlauf auf 184 sowie 187.

## 3. Die Brockensammlung als Einrichtung des DEF

Der Name und die Idee der „Brockensammlung" kamen aus Bethel, dem Zentrum der Inneren Mission, und beinhaltete die neutestamentliche Botschaft „kein Brocken sei zu schlecht, daß man ihn wegwerfen könne". In unserem heutigen Sprachverständnis wäre „Krümel" die sicherlich treffendere Bezeichnung. Die Sammlung und Verteilung der Brocken war die selbstgewählte Aufgabe dieser Initiativen. Der Ursprung des Namens der Einrichtung verlor sich offenbar für die Göttinger. Erstmals wurde 1973 in der „Göttinger Allgemeinen" darauf hingewiesen: „Recht interessant, wenn man so will sozialgeschichtlich, ist die Herkunft der Bezeichnung „Brocken-Sammlung". Brocken stammt eigentlich aus dem Westfälischen, und man nennt so dort alte, nicht sonderlich wertvolle Sachen", wird Frau Sachse zitiert. Die erste BS des „alten Bodelschwingh" wurde etwa um 1880 durchgeführt, lautet die parallele Beschreibung.

Da die meisten BesucherInnen der BS in der Vergangenheit nicht aus Göttingen kamen, mußten sie stets auf die Herkunft des Namens „Brockensammlung" hingewiesen werden – so haben viele die naheliegende, aber unzutreffende Assoziation mit dem Harz-Berg.

Der DEF nahm sich vielerorts dieser Tätigkeit an, um auch einen kleinen Ertrag aus ihr zu erwirtschaften und andere, „übergemeindliche" Aktivitäten durchführen zu können.

Als Geldbeschaffungsinstrument hat die BS nur einen vergleichsweise geringen Niederschlag in den überlieferten Quellen des Zeitraums bis 1939 gefunden. In der Nachkriegszeit entpolitisierten sich die Aktivitäten des DEF zunehmend – Frauenbildung erreichte einen anderen Stellenwert, und der Staat übernahm viele soziale Aufgaben – so daß er vorrangig karitativ erschien, während die BS in den Quellen viel deutlicher hervortritt.

## 4. Die Brockensammlung von der Gründung bis 1918

Ein Zeitungsartikel vom April 1910 über die Jahreshauptversammlung (JHV) erwähnt die als vorbildlich wahrgenommenen Aktivitäten des DEF in Göttingen, insbesondere in der Armenfürsorge. Die soziale Tätigkeit sei unwidersprochen eine Aufgabe der Frauen, heißt es dort.

Die Aktivitäten, eine Kaffee- und Kakaostube, Mädchenbildungs- und Nähkurse, Jugendvormundschaften, Fürsorge für uneheliche Mütter, werden auch durch städtische Zuwendungen ermöglicht: „Besonders erfolgreich ist die neueste Arbeit des Frauenbundes, die Begründung der BS, gewesen. Der Erfolg hat gezeigt, wie sehr diese Einrichtung einem Bedürfnisse entgegenkommt. Der Umsatz ist für das erste Halbjahr ein ganz erheblicher gewesen, ein schöner Überschuß konnte auf die Sparkasse gebracht werden; ein Teil des Geldes kommt schon jetzt der Armenfürsorge zu Gute und alles wird wieder für die Vergrößerung der Wohlfahrtspflege und der Arbeit der Ortsgruppen verwendet." Der Tonfall legt die Vermutung nahe, daß die Armut auch „ihr Gutes" hatte – nämlich bürgerliche Beschäftigungsmöglichkeit zu bieten.

Aus den Aktivitäten bestätigt sich erwartungsgemäß die Löchrigkeit der sozialen Sicherung. Armenfürsorge wird auf private Subsidiarität, das Prinzip, daß der Staat nur ergänzend zur privaten Fürsorge tätig wird, abgewälzt.

Es ist stets das Nebeneinander zu sehen von Hilfe durch Verteilung von Gebrauchsgütern zu niedrigen Preisen und Aktivität, um finanzielle Mittel für andere Tätigkeitsfelder zu erwirtschaften. Andere Einnahmequellen waren durch die Aktivitäten des „Frauenvereins zu Göttingen" abgedeckt: z.B. die Textilherstellung und -verarbeitung.

Schon 1913 begegnet uns ein weiterer ständiger Begleiter der BS: die Abrißbirne. Die Kaffeestube mußte vorerst geschlossen werden, da das von der Stadt gemietete Haus niedergerissen wurde. Dieses „Schicksal", fast ausschließlich in städtischen Abbruchhäusern arbeiten zu müssen, zieht sich über 75 Jahre hin. Der Wechsel der Tätigkeitsorte erschwerte mit Sicherheit die notwendige Kontinuität des Arbeitens.

Eine der bemerkenswertesten Aktivitäten der OG ist die Rechtsschutzstelle – eine Rechtsberatung mit 287 Besucherinnen in einem Jahr. Die Einnahmen aus der BS werden auch hierzu verwendet, denn „(...) die Mitglieder-Beiträge (...) reichen kaum hin, um die „Ev. Frauenzeitung" zu liefern und die Kosten der Vorträge, Inserate usw. zu decken.", so der Jahresbericht. Genauer Hinweise zu der von der Rechtsberatung geübten Tätigkeit fehlen leider.

Mit dem Beginn des Ersten Weltkriegs kamen auf den DEF vermehrte Aufgaben zu. Da die Männer eingezogen wurden oder sich in Scharen freiwillig meldeten, mußten Frauen ihre Arbeitstätigkeit abermals erweitern, um ein Überleben der Familien zu gewährleisten. Karitative Maßnahmen wurden in stärkerem Maße nachgefragt und in Abstimmung mit der städtischen Verwaltung ausgedehnt. Ein Bericht von 1916 weist darauf hin, daß insbesondere die im Krieg einsetzende Teuerung zu einer größeren Inanspruchnahme der BS führt.

Die vorübergehende Aufwertung der Frauenerwerbstätigkeit findet auch in der während des Krieges beginnenden Diskussion um das kirchliche Frauenstimmrecht ihren Niederschlag. Dabei entzieht sich aber die BS als allgemein praktische Aktivität den politisch-kirchlichen Debatten der Jahre 1918/19.

## 5. 1918 – 1933: Zeitweilige Einstellung der Brockensammlung

Für den Zeitraum ihrer Aktivität in der BS, erklärte Frau Moderegger, habe es keine Konkurrenz zu rein kommerziellen Sammlern und Gebrauchtwarenhändlern gegeben. Die BS hätte ja keine Altstoffe gesammelt, sondern ursprünglich und in erster Linie Haushalts- und Einrichtungsgegenstände. Ihre Materialien erhielten die MitarbeiterInnen schwerpunktmäßig von einem bestimmten Bevölkerungsteil, den PensionärInnen und Gemeindemitgliedern, die mit der Abgabe an die BS auch bewußt einen karitativen Beitrag leisten wollten und nicht darauf schielten, ob bei einem kommerziellen Sammler nicht Geld dafür zu bekommen sei.

Aber auch in der Zwischenkriegszeit gab es eine Konkurrenz zu Gebraucht-Händlern. Daß es einen „Second-Hand-Handel" auch vor dem Krieg gab, liegt außerhalb des von ihr erlebten Zeitraums.

Das Verhältnis der bürgerlichen und kirchlichen Frauenverbände, mit nicht unähnlichen Sozialprofilen, ist von latenten, heute nicht genau bestimmbaren Spannungen geprägt. Überschneidende Tätigkeitsfelder führten zweimal, 1919 und 1926, zu Initiativen, die einen „Frauen-Stadtbund" gründen wollten, über dessen Erfolg hier keine Angaben gemacht werden können.

Die Vorsitzende des DEF, Paula Müller-Otfried, später auch Reichstagsabgeordnete der reaktionären und konsequent kirchlichkonservativ eingestellten DNVP, empfahl in den 20er Jahren unverhohlen die Wahl „nationaler" Parteien und nicht von Parteien der „Weimarer Koalition" (SPD bis DVP). Die Göttinger Frauen protestierten gegen diese Empfehlung. Die zumindest konservative Ausrichtung des Göttinger Bürgertums liegt auch dem DEF zugrunde, daneben gab es aber auch eine Reihe von liberalen Exponentinnen, insbesondere in der Tradition einer liberalen Theologie.

Wieder zurück zur Ereignisgeschichte: Station März 1922. Während der Inflationszeit kommt der Verkauf über die BS zum Erliegen. Zunächst war noch von einem eingeschränkten Betrieb die Rede und der Überweisung von Geld an die OG, doch kann die Summe inflationsbedingt als bescheiden bewertet werden. Die Bemühung der OG richtete sich daher verstärkt auf die Sammlung von Naturalien und Geld, daß die Menschen möglicherweise bereitwilliger abgaben als materielle Werte, von denen im Laufe des Jahres 1923 sich niemand mehr trennen mochte. Eine in den Quellen gefundene Erlaubnis, Haussammlungen von Geld durchführen zu können, weist darauf hin, daß der finanzielle Ausfall damit abgedämpft werden sollte. Auch die Festsetzung eines Preises war durch die tägliche Geldentwertung nicht möglich.

Diese und auch andere Informationen stammen aus einer sehr guten Übersicht über die Arbeit der DEF-OG und deren BS. Man erhielt sie aus den regelmäßig an die Zentrale in Hannover gesendeten Fragebögen (29.3.24 erster Eingang eines Göttinger Fragebogens), auf denen die Aktivitäten der OG erfaßt werden. Bei diesem thematisch gegliederten Fragebogen besteht die Möglichkeit, unter „4. Welche Gebiete werden bearbeitet?" die BS als „Mittelstandshilfe" aufzulisten und unter „4.3." den "Verkauf von Möbeln und dergl." als Einnahmequelle anzugeben. Diese Aktivität scheint also auch eine anderen OG bekannte Finanzierungsquelle zu sein.

Die hier unter „Einrichtung der halboffenen Fürsorge" geführte BS war in einem Saal in der Geiststraße untergebracht. Die Räumlichkeiten wurden von der Stadt überlassen; zum Teil bezahlte Helferinnen organisierten den Verkauf von Gebrauchsgegenständen und Möbeln vorrangig an Arbeitslose. Durchschnittlich 20 - 30 Personen besuchten die BS an zwei Öffnungstagen à zwei Stunden.

Der u.a. an die Zentrale in Hannover gesandte Bericht über die Hauptversammlung von 1927 vermeldet, daß die wieder ins Leben gerufene BS gut beschickt ist und von Käufern fleißig besucht worden sei: „Wir können durch billigen Verkauf der Sachen vielen helfen, und die Einnahme aus dem Verkauf kommt wieder der Mittelstandshilfe zu Gute." Im Berichtsjahr 1926/27 kann die BS z.b. einen Betrag von 1320,– Mark erwirtschaften.

Der Bericht der JHV von 1929 ergänzt: „Wir bekommen dafür aus vielen Haushalten der Stadt Sachen geschenkt, seien es Kleidungsstücke, Bücher, Noten, Betten, Koffer, Schränke, Tische, Stühle, Lampen, Küchengegenstände, auch sog. Hausgreuel, kurzum alles 'Entbehrliche'. Diese geschenkten Sachen werden von uns in der Wohnung abgeholt, in einem großen Raum sortiert, und jeden Donnerstag von 1 - 3 Uhr an Kleinrentnerinnen und den Bund der Kinderreichen, jeden Samstag von 4 - 6 Uhr an Andere zu sehr billigen Preisen verkauft. Wir geben diese noch brauchbaren Sachen so billig ab, weil sie uns sozusagen nichts kosten und wir auch damit vielen wieder helfen können. Ferner ist auch die Brockensammlung wieder eine Arbeitsgelegenheit für 3 Kleinrentnerinnen, außerdem für den Boten und seine Familie, um Sachen in den Häusern abzuholen. Diese Einrichtung ist für unsere Ortsgruppe eigentlich die einzige Einnahmequelle, sie betrug 1928 2777 M."

Mit dem Erlös werden neben der Mittelstandsküche und -hilfe der Rechtsschutz, die Fürsorge für weibliche Strafgefangene, die Bahnhofsmission, eine Nähstube, das Studentinnenheim (Nikolausberger Weg 20) sowie ein Kinder- und Krankenpflegekursus unterstützt – ein beachtliches Pensum.

Die Leiterin der BS zu dieser Zeit war Frau Friese (Feuerschanzengraben 5). Vorstand und Ehrenvorstand sind Personen mit Anschriften im Ostviertel: Friedländerweg, Merkelstraße, Herzberger Landstraße und Calsowstraße. Das Mitgliederverzeichnis führt in diesem Jahr 293 Personen auf.

Die 1929 eskalierende Weltwirtschaftskrise wird auf dem Rücken der Arbeitslosen ausgetragen; die daraus entstehende Not macht sich auch für die BS bemerkbar. „Die Preise werden niedrig gehalten, doch braucht der Käufer nie das Gefühl des Beschenktwerdens zu haben. Wir bitten alle Hausfrauen um Zuwendung entbehrlicher Dinge, wie Möbel, Stoffe, Kleidungsstücke usw., sie helfen dadurch die Wohlfahrtseinrichtungen unseres DEF zu erhalten und zu erweitern. Die Sachen werden auf Benachrichtigung an obige Adresse durch einen Boten abgeholt."

Aber die Abgabebereitschaft läßt nach. Ein Rundschreiben vom November 1929 ruft zu Spenden auf, möglicherweise, weil die Einnahmen der BS zurückgehen. Der Bekanntheitsgrad des DEF mag daran abgeschätzt werden, daß zum 25jährigen Jubiläum der OG-Göttingen im Jahre 1930 die Vorsitzende Frau Paula Müller-Otfried zur Ehrendoktorin der theologischen Fakultät der Georgia Augusta ernannt wird.

Dem Ruhm stehen die knappen Finanzen gegenüber, und der hier zugrundeliegende Zeitungsbericht vermerkt auch „(...) die Brockensammlung als einzige Einnahmequelle" des Göttinger DEF.

Der an die Reichszentrale im März 1930 gesandte Fragebogen des DEF-Göttingen führt nun nicht mehr die BS auf. Auch als Finanzierung erscheint sie nicht. War die Tätigkeit in der Depression bis zur Unkenntlichkeit eingeschränkt worden?

Die Spannungen über die politische Ausrichtung des Verbandes werden wieder greifbar. Die Zentrale in Hannover nimmt in einem Schreiben an Frau Reichenbach wie folgt dazu Stellung.

Hintergrund ist, daß P. Müller-Otfried u.a. von Frau Prof. Hempel (Schreiben vom 11.9.1930) dafür kritisiert wird, daß ihre Parteiinteressen (DNVP) in die Arbeit des DEF hineinreichen bzw. der DEF eine Werbung der DNVP verbreitet. Die fadenscheinige Ausrede der Zentrale lautet, daß dies aus kommerziellen Erwägungen auch anderen Parteien angeboten wurde, diese aber davon nicht Gebrauch machten. Als ob man ernsthaft z.B. den kirchenkritischen Parteien diese Möglichkeit eingeräumt hätte.

Da Paula Müller-Otfried im selben Monat über das Thema „Wie wähle ich als evangelischer Christ" im Café „Vaterland" (Göttingen) spricht und der Einladung ein Flugblatt der DNVP beiliegt, erhärtet sich doch der Verdacht, daß Müller-Otfried ihre Parteiinteressen nicht aus der Arbeit des DEF herauslassen kann.

Frau Valentin schreibt aber bei anderer Gelegenheit, daß ihre, Paula Müller-Otfrieds, Reichstagsarbeit (diese wolle sie demnächst aufgeben) sehr bedeutsam sei, da man doch wohl wisse, daß sie als Lobbyistin für den Verband sehr wichtig sei.

Der Tätigkeitsbericht der OG für den Zeitraum 1.4.1931 bis 1.4.1932 (326 Mitglieder) wiederholt den alljährlichen Textpassus und fügt hinzu, daß die Nachfrage infolge der wirtschaftlichen Not sehr groß sei. Sie bittet dringend, ihr abgelegte Kleidungsstücke, Wäsche, Bettsachen und Haushaltungsgegenstände aller Art zu überlassen. „Alles wird verlangt und gebraucht."

Eingeschränkte Verkaufszeiten weisen auf ein eingeschränktes Angebot hin. – Nicht vergessen werden darf dabei, daß die Abgabe von Gebrauchsgegenständen an die BS schon einen bewußten Schritt der SpenderInnen beinhaltete, da die Sachen auch an kommerzielle Altwarenhändler hätten verkauft werden können. Denn als Altwarenhändler waren diese sowohl Second-Hand-Läden als auch Rohproduktenhändler.

## 6. 1933 – 1939: Eigenständigkeit und der Preis dafür

Mit der Machtübergabe an die Nationalsozialisten sind viele Bereiche der Gesellschaft einem starken Wandel ausgesetzt worden.

So wurde die innerkirchengemeindliche Innere Mission bereits 1933 mit der amtlich beauftragten, sogenannten „Volkswohlfahrt" verbunden. Es gibt leider wenige klare Angaben über die Arbeit der Göttinger Frauenvereine oder der NS-Frauenschaft während der Jahre des Nationalsozialismus. Die Rolle der Frau im NS ist erst in jüngster Zeit in den Blickpunkt gerückt,[3] für Göttingen leider noch ein fast vollständiges Desiderat.

Die mündliche Auskunft, daß der DEF sehr schnell von der NS-Frauenschaft vereinnahmt wurde, kann nachgezeichnet werden, nicht zutreffend aber ist, daß die BS bereits 1933 aufhörte zu existieren.

Die BS mußte ihre Tätigkeit allerdings in der verbandlichen Kontinuität und der alleinigen Verfügung über die Finanzmittel bereits 1933 einstellen. Sie wurde, ebenso wie ihr Träger, der DEF, welcher dem NS-Frauenbund eingegliedert wurde, dem Nationalsozialismus dienstbar gemacht. Konkret: Die karitative Sammeltätigkeit fand nun unter dem großen Propagandawerk des Winterhilfswerks (WHW) ihre Fortführung.

Eine Einstellung der Tätigkeit geschah letztlich erst mit dem Beginn des Krieges. Der DEF, wie allgemein die Evangelische Landeskirche, zog sich in der Nachkriegszeit auf den Standpunkt zurück, der in der Gegenüberstellung von „Deutschen Christen" und „Bekennender Kirche" als kirchliche Parteien mündet. Damit wird eine Entlastung von Verantwortung, oder zumindest eine

---

3 Zwei Beispiele: Koonz, Claudia „Mütter im Vaterland. Frauen im Dritten Reich" Freiburg, 1991 und Schwarz, Gudrun „Eine Frau an seiner Seite: Ehefrauen in der 'SS-Sippengemeinschaft'" Hamburg, 1997.

Rolle der Systemkritik immer wieder suggeriert. Diesem Bild haben zuletzt zahlreiche ZeitgeschichtlerInnen und KirchengeschichtlerInnen widersprochen. Die Bekennende Kirche kann erst in späteren Jahren des Faschismus als oppositionell gelten, zunächst ging es ihr lediglich darum, den Totalitätsanspruch des NS auf allein kirchliche Belange abzuwehren, d.h. um die Freiheit der Kirche, aber eben auch nur der Kirche.

Der DEF hat ebenso wie auch Verbände der Sozialdemokratie, der Gewerkschaftler, des Arbeitersports oder der „Naturfreunde" devote Stellungnahmen zum NS gemacht – oftmals mit dem Tenor: „Um Schlimmeres zu verhindern". Insofern kann nicht in jeder Veröffentlichung zum „neuen System" eine innere Zustimmung gesehen werden, gewiß kann aber nicht unterschlagen werden, wie wenig Opposition geübt wurde.

So fand sich am 6.11.33 im GT eine Grußbotschaft des DEF, in der Paula Müller-Otfried die Außenpolitik des neuen Regimes begrüßt und Deutschlands Austritt aus dem Völkerbund zustimmt.

Wie oben erwähnt, bildete der DEF den weiblichen Teil des lokalen "Establishments", und dieses hat in Göttingen den NS freudigst begrüßt, herbeigesehnt, gewählt und unterstützt.[4] Dennoch sind kirchliche Kreise im Laufe des sogenannten Kirchenkampfes sehr schnell mit dem totalitären Anspruch des NS negativ konfrontiert worden. Bis zu einer genauen Aufarbeitung der Geschichte des Göttinger DEF muß diese Frage aber offenbleiben.[5]

Das WHW zentralisierte bestehende karitative Maßnahmen und versuchte noch verstärkt, private Subsidiarität zur Entlastung staatlicher und kommunaler Solidarität in der Sozialfürsorge nutzbar zu machen, um größere Ressourcen für die Ausweitung der Schwerindustrie und der Aufrüstung zur Verfügung zu haben.[6]

---

4 Vgl. „Göttingen unterm Hakenkreuz" Göttingen, 1983.
5 In „Göttingen unter dem Hakenkreuz", Hg. von der Stadt Göttingen, Göttingen 1983, dort S. 105 – 124, veröffentlichte Karl Heinz Bielefeld einen Beitrag „Göttingens evangelisch-lutherische Kirchengemeinden im Dritten Reich", wo er auf den „Kirchenkampf" eingeht.
6 Aufrufe wie „Was muß man vom Winterhilfswerk wissen" (29.9.33), „Spendet für das Winterhilfswerk!" (4.10.33) oder „Gegen Hunger und Kälte" (7./8.10.33) sind stets auch von allen evangelischen Gemeinden und der Inneren Mission mitunterzeichnet. Neben Sachspenden (Kleidungsstücke und Nahrungsmittelpakete) sollten Geldspenden und ehrenamtliche Arbeit die Sozialfürsorge entlasten.
Halb- und 3/4 Seitige Anzeigen wie „Stadt und Land – Hand in Hand (...) trotz unserer Armut selber helfen (...) oder: „Sonntag Eintopf Gericht. Ein Opfer im doppelten Sinn (...)" (4./5.11.33) begleiten die Verwaltung von Hunger, Not und Armut.

Zu Beginn des Jahres 1933 wird Frau Prof. Hempel OG-Vorsitzende, da Frau Valentiner mit ihrem Mann nach Berlin gezogen sei, dieser wurde dort Ministerialdirektor im preußischen Ministerium für Kultur. Dies Beispiel untermauert anschaulich, welche gesellschaftlichen Gruppen die Leitung des DEF in Göttingen bildeten. Wer zudem im Herbst 1932 noch nach Berlin berufen wurde, kann sicher nicht als Befürworter der Weimarer Republik gelten. Frau Valentiners politische Haltung mag dem wahrscheinlich nicht allzu fern gelegen haben.

Aus einigen Äußerungen kann zumindest geschlossen werden, daß aber zumindest Frau Hempel dem einseitigen DNVP-Engagement der Paula Müller-Otfried im DEF kritisch gegenüberstand und eine liberalere Haltung einnahm.

Die Haltung des DEF während der Machtergreifung und auch die Stellung im sich anbahnenden Kirchenkampf können hier nicht behandelt werden. Die OG und auch die Zentrale in Hannover erweisen sich aber als geschickt: Sie bewiesen sich den einen gegenüber als eine gleichgeschaltete Gliederung, um anderen darzulegen, sie seien zwar Mitglied in diesem und jenen Dachverband, sähen aber nicht, daß sie deshalb für ihre Mitgliedschaften in diesen Dachverbänden verantwortlich seien. Sie würden daher unabhängig agieren. Die genauen Verhältnisse lassen sich hier aus den Unterlagen der OG allein gar nicht rekonstruieren.

Festzuhalten bleibt jedoch: Über die Mitgliedschaft im Frauenwerk der Evangelischen Landeskirche und die Mitgliedschaft in der Inneren Mission, zu der der DEF ursprünglich nicht(!) gehörte, ist er jedoch an NS-Frauenverbände und die NS-Volkswohlfahrt (NSV) gekoppelt. Die „Besitz"- und Unterhaltungsverhältnisse der BS sind dann in den folgenden Jahren auch unklar.

Für die Mitglieder der Landeskirche Hannover bildet sich im Rahmen des „Kirchenkampfes" eine Distanz zum NS-Staat heraus. Ein Schreiben von Frau Reichenbach an die Zentrale in Hannover anläßlich einer Vortragsveranstaltung „Frau, Volk und Staat im nationalsozialistischen Deutschland" der Kreisfachberaterin im Januar 1935, zu der die Kreisamtleiterin der NS-Frauenschaft aufruft – kommentiert diese mit zweideutigen Bemerkungen. Es hat wohl Streitigkeiten über die Unterschrift der kirchlichen Verbände unter die Einladung gegeben. „Wir werden aber natürlich in so großer Zahl wie möglich zu dem Vortrag hingehen."

Der Zusammenhang mit der BS erklärt sich nun wie folgt: Das WHW der NSV, kommunale Sozialpolitik und NS-Frauenverbände gestalteten den Teil der Frauenarbeit, den bisher auch der DEF einnahm, in einer Weise um, daß der DEF dies nicht gutheißen konnte. Der DEF bestand aber weiter und wurde nicht verboten. So konnte 1935 das 30jährige Jubiläum gefeiert werden. Der Zeitungsbericht des GT vermerkt: „Im übrigen zeigte der ausführliche Jahresbericht, daß der Verein auch im vergangenen Geschäftsjahr auf den verschiedenen Gebieten sozialer Betätigung eine rege Tätigkeit entfaltet hat." Bei den Zusammenkünften der Nähstube, „(...) wurden Stoffe für die Winterhilfe und später auch für die BS verarbeitet (...). Die gesamte Fürsorgetätigkeit erforderte ferner eine ständige Zusammenarbeit mit dem Wohlfahrtsamt und der NS-Volkswohlfahrt. (...) Auch die Brockensammlung (...) wurde in reichen Maße in Anspruch genommen, da die Nachfrage nach billigen Kleidungsstücken auch heute noch groß ist."

Angesichts der Tatsache, daß der Mutterschulungskurs des DEF von der NS-Frauenschaft übernommen wurde, kann der Vortrag von Frau Dr. Fröhlich (Hannover) „Warum brauchen wir heute eine evangelische Erziehungsarbeit?" schon als Spitze und Selbstbehauptung in einer Zeit erodierender gesellschaftlicher Aufgaben gesehen werden.

Im Mai 1936 teilt das Landgericht der OG mit, daß die Rechtsberatung des DEF eingestellt werden müsse; ihr werde keine Genehmigung erteilt, da keine Gewähr für die in jeder Hinsicht erforderliche Eignung gesehen werde. D.h., daß hier eine unliebsame, weil schwer kontrollierbare, Rechtsberatung verhindert und dem DEF die Tätigkeitsfelder entzogen werden.

Zuvor wurde schon das Studentinnenheim zu einem Kameradschaftshaus umgewandelt. Es gibt auch keine studentische Fürsorgerin mehr und ebensowenig den Studentenpfarrer. „Die ganze Kirchenfrage macht mir innerlich viel Not und Sorge, Ihnen gewiß auch", schreibt Frau Reichenbach an Frau Deiter über die Lage der Arbeit in Göttingen.

Der Jahresbericht 1935/36 notiert, daß von den durch die BS finanzierten Freitischen im Winter zehn der Auswahl des WHW überlassen wurden. In dieser Mittelstandsküche werden durch die Deutsche Arbeitsfront (DAF) Kochkurse veranstaltet, die zuvor vom DEF selbst durchgeführt wurden. Auch wird der SA-Sturm am Samstag schon mal durch die Küche des DEF dort versorgt.

„Am 1. Mai versammelten wir uns mit allen Angestellten und den Helferinnen der Brockensammlung und mehreren Mitgliedern des Vorstandes zu einem fröhlichen Betriebskaffe (...), der uns die enge Verbundenheit, die uns die langjährige gemeinsame Arbeit gab, deutlich empfinden ließ. Am 8. Mai hatten wir die Kreisfrauenschaftsleiterin (...) und den Leiter der NSV (...) zur Besichtigung unserer Küche und BS eingeladen." Demzufolge wurde zu diesem Zeitpunkt, 1936, die BS noch in Eigenregie des DEF betrieben.

„Die Brockensammlung (...) erfreut sich eines sehr regen Besuchs. Sie ist noch immer notwendig auch neben (Unterstreichung d. d. Autor) der Winterhilfe, denn viele Volksgenossen sind darauf angewiesen sich auf b i l l i g s t e m (Hervorhebung im Original) Wege mit notwendigen Betten, Haushaltsgegenständen, Wäsche und Kleidung zu versehen. Durch die Entrümpelung der Böden, durch die vielen Umzüge, durch das Entgegenkommen der Göttinger Zeitungen bei Aufnahme unserer Inserate, ist manch' gutes Stück zu uns gewandert. (...) Immer wieder bitten wir die Anwesenden, trennen Sie sich bitte von allem Überflüssigen, die Nachfrage ist immer grösser als unser Vorrat an Sachen."

Dies ist auch ein Beleg für die sich im Gegensatz zu den Verlautbarungen der Propaganda nur unzureichend entschärfende soziale Lage im NS – andere Anliegen hatten Priorität. In diesen Jahren wird u.a. mit dem Bau des Militär-Flugplatzes in Göttingen begonnen.[7]

So muß die Entrümpelung der Dachböden auch vor dem Hintergrund der begonnenen Kriegsvorbereitungen im Luftschutz gesehen werden.[8]

Der Jahresbericht 1937/38 (Stempel 9.12.38) teilt mit, daß ein weiteres Aufgabenfeld, die Betreuung weiblicher Strafgefangener, per Reichsgesetz nun auch untersagt sei.

Im Bericht zur Jahreshauptversammlung 1939 (Eingangsstempel in Hannover 12.5.39) findet sich die Formulierung „erfreut sich regen Besuchs" in „reger Nachfrage" korrigiert. Es gibt wohl nichts mehr zu verkaufen. „Dieser Brockenverkauf ist eigentlich die einzige Einnahmequelle unseres Ortsverbandes, die fast ausschließlich für unsere Volksküche verwendet wird (...)". Aus-

---

7 Siehe dazu den Aufsatz „Rüstungsaltlasten: Der Flughafen und das Börltal" in diesem Band.
8 Siehe dazu den Aufsatz: "Nationalsozialismus, Krieg und Müll" in diesem Band.

führungen darüber, hinter dem Führer zu stehen und Volk und Vaterland zu dienen, schließen sich an.

Das Verbot der Mitgliedschaft von Beamten und Lehrpersonen in berufsständisch-konfessionellen Vereinigungen 1938 trifft die DEF-Mitarbeiterinnen sehr. Ihre Ehepartner gehören häufig zu dieser Berufsgruppe. Laut wird in Hannover über das Verbot geklagt.

Am 2.12.39 schließlich berichtet die OG nach Hannover, daß ihre Küche an die Deutsche Arbeitsfront (DAF) bzw. an die „Küchengemeinschaft Göttinger Betriebe" am 1.12. abgegeben werden mußte. Dies resultiert aus der Ausdehnung des Bekochens über den Mittelstandstisch hinaus für Göttinger Betriebe und Verwaltungen.

Die Küche wurde dann übergeben. „Es war ein durchaus freiwilliges Hinausgehen in guter Form. (...) Was wir innerlich dabei empfunden haben, werden viele nachfühlen können. Es ist ja auch im Grunde wieder die Kirche, mit der man nichts zu tun haben möchte." Es schließt sich die Sorge an, ob auch die RentnerInnen weiter beköstigt werden.

Hier kommt zum Ausdruck, wie ein durchaus dem NS konformer Wille zur Mitarbeit durch die Ausgrenzung kirchlicher Handlungsmuster wenn auch nicht in Opposition, so doch in Kritik umschlagen kann. Ein für die Geschichte der evangelischen Kirchen im NS oft anzutreffender Konflikt.

„Auch unsere Brockensammlung sollte in den alten Räumen ganz unberührt weiter bestehen. Von der Küche gehört ja das meiste der Stadtverwaltung" [Inventar etc.].

Von der Reichszentrale sind im Dezember 1939 (an Frau Reichenbach) entschuldigende Töne zu vernehmen: „Wir machen uns jetzt Vorwürfe, daß wir der Sorge [um die Einrichtungen des DEF in Göttingen, d.A.] nicht Ausdruck gegeben haben, die uns befiel, als wir den Bericht lasen, den Sie im Oktober (...) zukommen ließen." Die damalige Freude über die starke Beanspruchung der Mittelstandsküche „(...) war insofern begreiflich, als man in jenen Tagen dankbar war, wenn man bei dem gemeinsamen Dienst hinzugezogen wurde." (dem Dienst am Volk, d. A.). Dennoch bestand die Sorge, „(...) daß das schon der Anfang vom Ende einer selbständigen DEF-Arbeit bedeuten könne." Die Sorge um die Göttinger Mittelstandsküche ging jedoch unter. Man hätte sich der ganzen Inanspruchnahme zwar nicht entziehen können und wollen(!), sich doch aber besser auf die Übernahme und die damit verbundenen Folgen einrichten können. „(...) ich frage mich, ob man nicht in irgendeiner Weise einen spezielleren, kleineren und beschränkteren, rein evangelischen Auftrag doch hätte herausretten können, (...), die kleineren am Rande liegenden Aufgaben zu tun und die Menschen zu erfassen, die bedroht sind, ihre innere Heimat zu verlieren (...)" (Unterschrift: M.E.)

Auch wenn in einem solchen Schreiben keine allzu große Offenheit erwartet werden darf, so fallen uns heute im Gegensatz zu den „begrenzten" massive „unbegrenzte" Aufgaben in dieser Zeit ein, die hier nicht zur Sprache kommen: Die Ausgrenzung und Vertreibung der Göttinger JüdInnen und die damit einhergehende soziale und psychische Not finden in keinem von mir gelesenen Schreiben oder Bericht eine Erwähnung.

Frau Reichenbach hat offenbar parallel zur OG einen genaueren Bericht nach Hannover geschrieben. Der offizielle stammt von Frau Valentiner.

Neben zahlreichen Danksagungen für ihre Arbeit wünscht die Zentrale in Hannover: „Möchte Ihnen die Brockensammlung dafür erhalten bleiben!!"[9]

Es kann nicht anhand der BS die Haltung des DEF und seiner OG Göttingen zum Nationalsozialismus analysiert werden. Festzuhalten ist aber, daß alle Aktivitäten des DEF im karitativen Bereich durch den NS unter die Räder kamen. Es entwickelte sich keine Opposition als Verband, sondern allenfalls individuell. Ein Konfliktpunkt für engagierte ChristInnen war insbesondere in der Landeskirche Hannover die Frage der kirchlichen Selbständigkeit gegenüber den „Deutschen Christen" (DC), die in Hannover „verteidigt" werden konnte. Ein Pyrrhussieg angesichts des auftauchenden Abgrunds an Unmenschlichkeit.

## 7. Vom Neubeginn zum Unikum

Daß die Linderung allein der elementarsten materiellen Notlagen im Gefolge des Krieges nicht zu leisten war, ist an vielen Stellen beschrieben worden und hat eine Generationserfahrung geschaffen.

---

9 Ob und wie nun die Organisation von BS und Küche zwischen NSV, DEF und Stadt aufgeteilt war, geht aus all diesem nicht genau hervor. Unterlagen über den NSV in Göttingen sind hier nicht untersucht worden.

Die im September 1945 durch die spätere SPD-Bürgermeisterin Hannah Vogt initiierte „Göttinger Nothilfe" ist sicher auch von den Frauen des DEF mitgetragen worden, nur eine Unterscheidung in ‚entbehrliche' oder gar ‚überflüssige' Gebrauchsgegenstände gab es nicht mehr.[10]

Die Wiederaufnahme der BS in Regie des DEF erfolgte daher auch erst einige Jahre nach Kriegsende.

Das GT berichtete im Februar 1952 über die Wiedereröffnung: „Wieder Brockensammlung". Der DEF wollte seine BS im Hinterhaus Leinekanal 1 wieder eröffnen. „Es haben sich in vielen Haushaltungen trotz der Ungunst der Zeit schon wieder überflüssiger Hausrat, Geschirr und Möbel angesammelt." Der DEF nehme sie entgegen. „Damit soll denen geholfen werden, die gar nichts besitzen. (...) Die Anmeldung erbittet Frau Ahlborn, Bühlstr. 28a, oder Frau Reichenbach, Rohnsweg 40."

Der Hinweis darauf, daß dies erst jetzt geschehen solle, korrespondiert nicht mit anderen Informationen, wonach der Beginn bereits früher war.

Der Jahresbericht des DEF für die Jahre 1953/54 nennt 1949 als Wiederbeginn der BS. Die Nachfrage insbesondere an Möbeln und Betten sei groß, KundInnen seien oft Flüchtlinge.

Die Beseitigung der Nachkriegsnot, v. a. bei den Flüchtlingen, stellte auf viele Jahre hinaus das Ziel der BS-Verkäufe dar. Daneben wird in der mythischen Vorstellung vom Wirtschaftswunder der 50er Jahre ausgeblendet, daß die größten Versorgungskrisen erst nach Ende des Korea-Krieges, bestenfalls ab 1953, beendet waren und keineswegs mit der Währungsreform oder der Gründung der BRD! Viele ArbeiterInnen konnten noch bis weit in die 50er Jahre von ihrem Einkommen keineswegs besser leben als in den 30er Jahren.

Die Nachkriegs-Tätigkeit der BS fällt natürlich auf einen fruchtbaren Boden, denn in zwei Weltkriegen, Inflation und Nachkriegsnot hatten vor allem ältere Damen gelernt, bzw. lernen müssen, „abzugeben": für das Winterhilfswerk, Bedürftige, Flüchtlinge u.a.

Der Erfolg der BS stellt sich auch schnell wieder ein. „Sammlung war guter Erfolg. Vielen Notleidenden konnte mit Möbeln

---

10 Siehe: Vogt, Hanna „Die Göttinger Nothilfe – Eine frühe Bürgerinitiative", in: „Göttingen 1945 – Kriegsende und Neubeginnn", Hg. Stadt Göttingen, Göttingen 1985.

oder Haushaltsgeräten geholfen werden" titelte das GT im Februar 1952. Verkauf ist jeweils samstags 13.30 Uhr am Leinekanal 1. An Hilfsbedürftige werden die Sachen kostenlos abgegeben, andere zahlen zwischen 10 und 50 Pf., die für notwendige Reparaturen ausgegeben werden. „(...) sind inzwischen die Bestände stark gelichtet, weil die Nachfrage das Angebot nach wie vor überwiegt."

Abb. 2: Plakat der Brockensammlung aus den frühen fünfziger Jahren. (Neue Arbeit / Brockensammlung)

Den Ruf eines Unikums erhält die BS etwa 1958/59. In einem Bericht der Göttinger Presse wird die Tätigkeit der BS erstmals, sicher wohlmeinend, um die Werbewirksamkeit zu erhöhen, mit dem Hauch des „Skurrilen" etikettiert: „Das Haus der nicht festen Preise (...) lindert drückende Not. Es fehlt an Wäsche und Oberbekleidung." Ein Schuppen an der alten Mühle am Waageplatz, „eine Rumpelkammer". „Man glaubt sich in den Trödelladen eines orientalischen Bazars versetzt (...) Hier können sie für wenig Geld, manchmal sogar umsonst, Dinge erstehen, die in ihrem Haushalt fehlen. Brockensammlung nennt der Göttinger Evangelische Frauenbund dieses Depot, das er vor einigen Jahren geschaffen hat."

Sicherlich mußte Jahr für Jahr den neuen Studenten oder Übersiedlern die Kunde der BS nahegebracht werden; doch hier schwingt der Irrtum mit, dies sei eine neue Einrichtung. Wir sollten uns auch vergegenwärtigen, daß der Waageplatz im übrigen nicht das Plätzchen mit dem Springbrunnen und Parkbänken, sondern eine „dunkle" Ecke war, wo sich neben dem Gefängnis auch ein Altstoffhandel befand.

Frau Ahlborn, Fürsorgerin und ehemalige Leiterin des DEF, leitet zu diesem Zeitpunkt die BS und erklärt im Artikel: Alle müßten schon ihren bescheidenen Obulus entrichten. Denn verschenkte Ware verliert in den Augen vieler an Wert. Erst ein Entgelt dafür, verleiht dem erworbenen Gut die gebührende Beachtung. Gesellschaftskleider einer Professorenfamilie fanden reißenden Absatz, z.T. Abendgarderoben für DM 8,- .

Zu diesem Zeitpunkt unterstützt die BS mit dem Erlös sogenannte „Ostzonen"-Pakete[11], weitere 40 Familien, die Unterstützung vom Sozialamt erhalten und die eigenen Aktivitäten Nähstube, Altersheim, Müttergenesungswerk.

Eine Bildunterschrift: „So unaufgeräumt muß es zwangsläufig aussehen, denn Arbeitskräfte zum Sortieren sind sehr teuer", weist auf zwei nicht zu unterschlagende Begleitumstände hin: Zum einen konnte man sich zwar Arbeitskräfte zur Sortierung leisten, denn die Renten waren skandalös niedrig und die Löhne auch entsprechend darauf abgestimmt. Zum anderen fehlten handwerklich versierte Arbeitskräfte für kleine Reparaturen an Gebrauchsgegenständen, denn die Menschen arbeiteten lieber auf dem „Lappenberg", der städtischen Müllkippe, als Metallsammler, das brachte mehr Geld ein.[12]

Es geht freilich in diesem Zusammenhang um bescheidene Summen. Eine Zusammenstellungen aus dem Kassenbuch der

---

11 Diese Zonen-Pakete sind natürlich zweierlei: Sowohl karitative Hilfe, die unbedingt notwendig war, z.B. Medikamente, aber auch ein ideologischer Pfeil, mit dem in der Adenauer-Republik des Kalten Krieges das Böse in der Zone stigmatisiert wurde.
12 Siehe auch die Artikel „Lappenberg" und die „Straße des Mülls" in diesem Band.

50er Jahre weist Beträge aus, die angesichts der Mühen sehr gering sind. Für das Haushaltsjahr April 1957 bis März 1958 ergeben sich ca. 4.000,- Einnahmen. Die Ausgaben von etwa 3.000,- DM bestehen aus Transportkosten und Mitteln die für die eigentliche Arbeit der BS zur Verfügung gestellt werden. Der Rest wird als Rücklage zurückbehalten. Dabei ist stets zu berücksichtigen, daß die BS kein eigener e.V. war, sondern der DEF das Hauptkassenbuch führte! Deshalb kann dieses Buch durchaus defizitär sein oder kurzzeitig Überschüsse aufweisen.

Aus den im Kirchenarchiv sich befindlichen Hinterlassenschaften geht der typische Verlauf eines solchen Vorganges hervor: Frau W. schreibt am 4.2.64, sie habe vom Sozialamt den Hinweis erhalten, daß die BS Möbel und Hausrat abnimmt. Die BS könne eine Wohnungseinrichtung abholen gegen Übernahme der Transportkosten. Oder: Herr W. aus Oldenburg schreibt am 7.2.64. Eine Erbengemeinschaft will Teile einer Wohnungseinrichtung abgeben. Frau Burgdorff wird sich die Sachen ansehen müssen und entscheiden, was abgenommen werden kann. Offensichtlich haben die Erben kein Interesse daran gehabt, die Wohnung eines/einer Angehörigen aufzulösen.

## 8. Abfallentsorgung und die Brockensammlung

Im Gespräch gefragt, gab Frau Moderegger an, daß ihr und ihren Mitstreiterinnen etwa ab Ende der 60er Jahre der Zusammenhang zwischen der BS und dem Bereich Sperrmüll ersichtlich wurde: Das Weiterverwerten führte zu einer Abfallvermeidung.

Mit dem Beginn der regelmäßigen Sperrmüllabfuhr tauchte dann die Einsicht auf, daß dies oftmals noch Gegenstände sind, die sehr wohl zu gebrauchen wären oder repariert werden können.

Im GT erschien 1965 angesichts der zunehmenden Vermüllung der Landschaft ein Artikel „Wohin mit dem Plüschsofa?" „(...) Das kopfzerbrechende Problem der wirtschaftswunderlichen Moderne – Humane Möbelspender – Prinzip der Göttinger: Leinekanal oder Hainberg – Ein Aufruf beim Fuhramt genügt: Ein Entrümpelungswagen wird geschickt."

Eine weitere Enttäuschung. Konfrontiert mit der Aussichtslosigkeit, die alten Sachen [zu verkaufen] (...) entdecken manche Geplagten ihre Nächstenliebe. Sie bieten ihr ausrangiertes

Mobilar Wohltätigkeitsorganisationen an. Und in der Regel folgt die nächste Enttäuschung. „Denn selten (...) sind unter den (...) Möbeln noch einige, die wir „ohne zu erröten" weiterverschenken können." [DRK] Und da die Möbelspender erwarten, daß man ihren ganzen Keller ausräumt, inclusive der unbrauchbaren Stücke, lohnt sich das Abholen (...) in den wenigsten Fällen [nicht]". Ein Ausweg sei das städtische Fuhramt, die könne man bei Bedarf mieten.

Ein Leserbrief zu genau diesem Artikel aus dem Umfeld der BS wies abermals darauf hin, daß die BS sehr wohl auch gebrauchte Möbel kostenlos abholt. Die Schreiberin zählt auf, was nachgefragt wird. Nur größte Möbel seien ungeeignet, Hausrat etc. wird aber gebraucht. Man möge sich an Frau Burgdorff wenden.

Ob ein Artikel über den Trödelhändler Pingel im GT am 12.3.65. („Mottenkiste, in der Nicolaistraße") zufällig oder absichtlich neben dem „Aus Verantwortung für den Nächsten" über die Jahreshauptversammlung des DEF steht, mag dahingestellt bleiben.

Die BS wird aber gelobt: „Erstaunlich hoch, nämlich vierstellig, waren die Ziffern bei der BS, wo nicht nur Kleidungsstücke, die gespendet werden, „gehandelt" werden, sondern vor allem auch Möbel. Die Eigentümer wollen sie gerne loswerden, und die Käufer (...) sind froh, sich auf diese Weise jedenfalls erstmal eine Wohnung einrichten zu können." Neben der Altenbetreuung und der Tbc-Betreuung in Lenglern unterhält der DEF auch ein kleines Wohnheim für Studierende im Schildweg. In der Neustadt wird ein Kindergarten mit 45-50 Kindern betreut. „(...) dafür sind gewiß besonders die berufstätigen Mütter dankbar."

Auf der „Seite der Frau" erscheint am 16.3.66 im GT ein Artikel über den als geschichtsträchtig eingestuften DEF mit seinen derzeit etwa 200 Mitgliedern: seit 1958 ist Marie-Luise Gräfin von der Glotz (Jg. 1896) erste Vorsitzende. „Der Deutsche Evangelische Frauenbund ist zwar kirchlich ausgerichtet, aber nicht kirchlich gebunden", deshalb wird auch außerhalb der Kirchengemeinde geholfen. „Ein sehr nützliches Unternehmen ist die BS, in der Haushaltsgegenstände aller Art zusammengetragen werden, Sachen, die sonst auf dem Schuttabladeplatz landen würden." Die Damen holen ab, sortieren, säubern und geben sie „gegen kleine Beträge" ab. „Bei den Käufern handelt es sich zumeist um Studenten, Studenten-Ehepaare und Jungakademiker, die zwar wenig

Geld haben, aber auch nicht gern Almosen annehmen. Die Erlöse aus der Brockensammlung werden für Päckchen in die Zone und die Betreuung der Alten verwendet." Frau Burgdorff leitet die BS. Die Studenten also treten als HauptkundInnen in Erscheinung.

Die BS mußte 1967 wieder umziehen, da das alte Gebäude abgerissen wurde. Sie befand sich anschließend neben der ehemaligen Wörthkaserne an der Geismarlandstraße, an dem Platz, auf dem sich heute das Alten- und Pflegeheim am Saathofplatz befindet. Der Neue Standort konnte die BS aber nicht erfreuen. In einem Brief an den Baudezernenten Rössig (20.9.67) wird anläßlich des dritten Einbruches detailliert die Verwüstung geschildert. „Uns ist der Mut abhanden gekommen, in diesen Räumen nun zum 3. Mal von vorne anzufangen und in mühevoller tagelanger Arbeit die schier unmöglichen Aufräumungsarbeiten in Angriff zu nehmen (...). Wir haben die Hoffnung aufgegeben, daß auf diesem Gelände eine geordnete Weiterführung unserer Brockensammlung möglich ist, derer wir aber so dringend bedürfen, da der Besuch unserer B.S. seit einigen Monaten weiter stark ansteigt." (H. Burgdorff) Eine konkrete Raumforderung wird nicht erhoben, ergibt sich aber aus der Diktion.

Und auch zum neuen Laden erscheinen die lobenden Artikel, hier einer von 1969: „Der Flohmarkt von Göttingen dient gemeinnützigen Zwecken. (...) Man fühlt sich nach Paris auf den Flohmarkt versetzt, wenn man das Gebäude der Brockensammlung in der Leibnizstraße betritt. (...) Reißenden Absatz finden Schreibtische, Kommoden und Regale, überhaupt Stilmöbel aller Richtungen. Man muß jedoch schon Glück haben, wenn man einen Schaukelstuhl oder einen Chippendale-Schrank erwischen will." „In den sieben Jahren meiner Tätigkeit ist nur ein einziges Mal ein Schaukelstuhl angeboten worden", erinnert sich Frau Burgdorff im Artikel und, „Stilmöbel werden immer seltener angeboten. Die Besitzer haben selbst gemerkt, daß zum Teil hohe Preise dafür gezahlt werden (...)". Sonderwünsche, die nicht sofort erfüllt werden können, werden in einem Vormerkbuch notiert. Sie gehen vom Haussegen, (...), über nationalsozialistische Literatur bis zum Hebammenkoffer."

Auf der Hauptversammlung des DEF 1968 wird dann auch weiter beklagt, daß eine vergleichbar romantische Stimmung wie am Leinekanal nicht mehr aufkommen mag. Immerhin wird tröstend hinzugefügt, daß die Kunden doch gleich geblieben seien.

Aber nicht alle Kunden sind dort gleich gern gesehen: „Auf

diese Weise haben wir für unsere drei Verkaufsräume je eine feste Hilfskraft, und das ist auch unbedingt nötig, da es manche „Kunden" mit der Ehrlichkeit nicht allzu genau nehmen. (...) Unsere Einnahmen glichen ungefähr den letztjährigen, wir haben DM 12363,50 eingenommen [13] (...)". Das Gebäude hat drei Räume: Im ersten Hausrat, im zweiten Kleider, in dritten Möbel. „Im zweiten Raum beginnen die Interessenten, meistens die Gastarbeiter, schneller als wir, (...), zu springen." Sie würden alles durchwühlen und Unordnung verbreiten.

„Der Möbelverkauf ist unsere Haupteinnahmequelle. Leider haben aber die Spenden an wirklich guten, nützlichen Möbelstücken merklich nachgelassen. In weit größerem Umfange als früher werden jetzt die Sachen aus Nachlässen oder bei Verkleinerung der Wohnung verkauft, und man bietet uns dann (...) häufig nur noch die Möbel an, die man sonst nicht loswerden kann", oft altmodische Sachen, die niemand haben will. „Außerdem macht man uns immer häufiger die Auflage, daß wir neben brauchbaren guten Sachen auch den nicht absetzbaren alten Kram mit abnehmen sollen, nach dem Motto: alles oder nichts." 1965 schien dies noch kein Problem zu sein.

In einem persönlicheren Schreiben heißt es dann: „(...) muß ich Ihnen leider auch noch von recht unerfreulichen Erlebnissen erzählen. So geeignet das jetzige kleine Haus für unsere Arbeit ist, so ungünstig ist seine Lage auf dem Gelände der Wörthkaserne." Dreimal wurde im Berichtsjahr eingebrochen, große Verwüstungen sind geschehen, zeitweilig mußte der Verkauf unterbleiben. „Die jugendlichen Einbrecher sind (...) dank der Fingerabdrücke, (...), gefaßt worden. Es waren Jugendliche aus der Wörthkaserne. (seinerzeit eine Sammelunterkunft für sozial Schwache, d. A.) Wir wären sehr dankbar und froh, wenn es der Stadtverwaltung in nicht allzu ferner Zeit gelingen würde, uns für unsere Brockensammlung geeignete Räume in einer weniger gefährdeten Lage zur Verfügung zu stellen (...)". Das weist darauf hin, daß später, als der Neubau des Rathauses anstand, der DEF gar nicht so unglücklich über den Umzug gewesen sein kann.

Die BS gerät aber auch von ganz anderer Seite in Bedrängnis: ein Leistungssportler begehrt den Raum für Trainingszwecke. Die

---

[13] Zwischen Mitte der 60er und der 70er Jahre pendelt sich der Umsatz der BS zwischen 11 – 15.000,- DM ein.

BS bräuchte dann ein neues Quartier, das „(...) sich in einem der zahlreichen Gebäude der Stadt wahrscheinlich finden lassen wird." Die Damen der BS werden sich über die Einschätzung, daß man ihre BS so einfach hin und her manövrieren könnte, geärgert haben.

Frau Burgdorff verläßt 1969 nach sehr vielen Jahren die BS und macht aus ihrem Jahresbericht eine ausführliche Abschiedsrede. Ihre Nachfolgerinnen werden "Fräulein Sachse" und "Frau Siber" sein.[14] Frau Burgdorff leitete seit 1963 die BS, damals noch auf dem Boden am Leinekanal. Sie beschreibt die anfallende Arbeit dahingehend, daß das Sortieren und Reinigen aufwendiger sei als das Verkaufen, was aber offensichtlich von den Damen bevorzugt wird.

„(...) Eine scharfe Konkurrenz erwuchs uns durch die von der Stadtverwaltung im letzten Jahr angeordnete regelmäßige Durchführung einer kostenlosen Entrümpelung der Haushaltungen, von der unsere „Hauptkundschaft", die Studenten, natürlich weitgehend Gebrauch machten, besonders zu Beginn der Aktion, als wirklich fabelhafte Möbel und andere Sachen auf die Straße gestellt wurden. Ich habe mich im Interesse unserer Brockensammlung mehrere Male spät abends persönlich davon überzeugt und sehr bedauert, daß uns von den abgestellten guten Sachen nichts angeboten worden war. (...) Ich habe mich immer wieder gefragt, ob die Göttinger Einwohner unsere Brockensammlung so wenig kennen, oder ob es Gleichgültigkeit ist, daß man uns nicht benachrichtigt. Andererseits werden uns im Berichtsjahr, (...), in zunehmendem Maße weniger gute, nützliche Möbelstücke angeboten als früher, da man jetzt weitgehend versucht, die Sachen aus Nachlässen und Wohnungsverkleinerungen selber zu verkaufen. Uns wurde dann nur angeboten, was man nicht losgeworden war, und das sind dann immer weniger gängige Sachen. Diese beiden Tatsachen – Entrümpelung und weniger günstige Angebote – haben wohl auch dazu beigetragen, daß unsere Einnahmen (...) etwas zurückgegangen sind."

Heute gewinnen wir den Eindruck, daß sich die BS das Geschäft selbst vermiest hat, indem sie die Menschen erst auf den möglichen Wert dieser „Brocken" hingewiesen hat.

Neben der BS betreiben aber auch andere, sowohl karitative als auch kommerzielle Organisationen eine Sammlung von Altmate-

---

14 Allein die Namen verraten einiges über die Sozialstruktur des DEF: Von den elf erwähnten Namen im Jahresbericht sind fünf „von".

rialien wie Möbeln, aber auch Kleidern und Spielzeug. Das Rote-Kreuz und der Kinderschutzbund sammeln u.a. Kleiderspenden, die dann i. d. R. nicht als Angebote bereitgehalten werden, wie dies die BS praktiziert, sondern als Altmaterial umgemünzt werden. Hilfsbedürftige werden zunehmend in „Übersee" (der sogenannten 3. Welt) ausgemacht. Wird hier auch von verbleibender Armut vor Ort abgelenkt?[15]

Daß hier keineswegs Gold auf der Straße liegt, wird deutlich angesichts der Tatsache, daß Jugendklubs sogar ein Minus bei ihren Sammlungen machen.

Alle diese Tätigkeiten funktionieren nur dadurch, daß Personen ehrenamtlich arbeiten. Nur dadurch und durch die Organisation eines Altstoffmarktes durch städtische Subventionen wird eine "Arbeit mit dem Müll" ermöglicht. Auf einem sehr schmalen Grad der Kalkulation wird karitatives Sammeln betrieben.

## 9. Ein Göttinger Schicksal: Die Abrißbirne

In ihrer Abschiedsrede von 1969 geht Frau Burgdorff auch auf die räumliche Situation der BS ein. „Im Frühsommer erfuhren wir gerade noch rechtzeitig genug, daß die städtische Sporthalle von dem Wörthkasernengelände, auf dem sie liegt, durch eine Mauer abgetrennt und mit eigner Einfahrt versehen werden sollte. Das veranlaßte Gräfin Glotz (...) durchzusetzen, daß unser Brockensammlungsgebäude, die alte Waffenmeisterei, mit in die Abgrenzung einbezogen wurde. Jetzt trennt uns eine hohe Mauer vom Hof der Wörthkaserne, eine äußerst angenehme Errungenschaft, die uns unsere Arbeit recht erleichtert, da wir weit mehr als vorher von unseren nicht all zu sympathischen Nachbarn verschont bleiben.[16] Unser Kundenkreis ist weitgehend der gleiche geblieben. In

---

15 Göttinger Presse vom 28.2./1.3.1970: „Hier: alte Kleider auf der Stange – Dort: milde Gaben „vergammeln",. Bericht über eine dubiose Altkleidersammlung in der Umgebung von Dransfeld, bei der die Sachen anschließend zu verkommen drohten. Positiv wird die BS dagegengesetzt.
16 Der Rat der Stadt Göttingen beriet bereits 1958 darüber, daß für die „Ausländer", später Gastarbeiter genannt, Wohnungen gebaut werden sollten, damit der Kasernen-Komplex „(...) für die Unterbringung von Räumungsschuldnern frei wird." Die Hierachisierung der gesellschaftlich Ausgegrenzten ist hier überdeutlich zu verspüren, und die BS beklagt sich dann über die „kriminelle Energie" der BewohnerInnen.

erster Linie kommen weiter junge Menschen zu uns, (...), einige von ihnen (...) in einer etwas merkwürdigen Aufmachung, man könnte fast sagen, in Hippikleidung, und mit Bärten und langen, z.T. gelockten Haaren. Aber sie sind alle bescheiden und nett und hilfsbereit, und wenn sie noch so theatralisch aussehen, unter den langen Haaren und Bärten verbergen sich junge Gesichter mit klaren guten Augen." Um die Verbundenheit der Studenten mit der Brockensammlung noch einmal herauszustellen, zählt sie diverse Anerkennungen und Abschiedsgesten von StudentInnen auf.

**In der Geismarlandstraße:**
Nach zweieinhalb Jahren in einem Nebengebäude der Wörth-Kaserne, wie gesagt einem Elendsquartier, zieht die BS in die ehemalige Werkhalle (Geismarlandstr. 1a) neben dem Amtshaus ein. Ein Verkaufsraum, der wieder näher an der Innenstadt gelegen ist (8.7.69, Göttinger Presse).

Doch auch dort konnte die BS nicht lange bleiben. Nicht der Pleitegeier kreiste über der Stadt, sondern die Abrißbirne – und fast hätte sie den sozialen Tod nicht nur von Quartieren, sondern auch von ganzen Stadtvierteln, erreicht.

**Im Schlachthofweg:**
Ende 1974, nach Jahren der Unsicherheit, erhält die BS dann ein Kündigungsschreiben der Stadt. Ein faktischer Umzugstermin zögert sich aber noch hinaus, da die Bauarbeiten noch nicht sofort beginnen werden und dann an einem angebotenen Ersatzgebäude, dem ehemaligen Schlachthof, noch Reparaturen zu machen sind.

„Brockensammlung an neuer Stelle – Jetzt im Büro Schlachthofweg 4. (...) Auch die Brockensammlung (...) ist ein Opfer der Neubauplanung der Stadt geworden. Sie ist jetzt vom Geismarplatz in das Bürohaus des früheren Schlachthofes (...) neben dem Landgericht, umgezogen", wird im September 1975 in der Presse berichtet.

Zwar verfügt die BS dort über weit mehr und vor allem unentgeltlich genutzte Räume, aber aus den Reparaturarbeiten wird ersichtlich, in welch dürftigem Zustand diese sind. Dauerhaft blieb es ohnehin nicht bei dieser Unterbringung.

## Im Rosdorfer Weg:

Zum Jahreswechsel 1976/77 erhält die BS dann einen Nutzungsvertrag für Räume im Rosdorfer Weg 16, der ehemaligen Molkerei und heutigen Wäscherei „Deckert".

*Abb. 3: Pausenidylle auf dem Hof am Rosdorfer Weg. (Neue Arbeit / Brockensammlung)*

In der Öffentlichkeit wird derweil die DEF-Initiative zunehmend mehr als Flohmarkt begriffen. „Die Frauen bitten um eine Spende von „gebrauchten, aber noch brauchbaren" Möbeln und Haushaltgeräten aller Art." Die Möbelstücke werden in den Büroräumen in der alten Molkerei verkauft. Aber auch die lange Geschichte der Einrichtung – seit 1909 – wird bemerkt (25.10.78, HNA): „Seit Jahren können hier Studenten, junge Ehepaare und alle, die es billig wollen, für wenig Geld viel an gebrauchten Gegenständen, sogenannten Brocken, nach Hause tragen (...). Und inmitten dieser angestaubten Kulisse drei alte Damen in Kittelschürzen, die es sich zur Aufgabe gemacht haben, immer wieder neues Altes für die Brockensammlung zu gewinnen. Ehrenamtlich versteht sich. (...) Altes sollte kein Schund sein, darauf achtet Lisbeth Sachse sehr streng". Sie wird mit „wir sind kein Sperrmüll und keine Müllgrube" zitiert, denn durch die Überschüsse werden weitere soziale Einrichtungen des Frauenbundes wie die Studentenwohnheime und die Rentnernähstube finanziell unterstützt.

Aber die demographische Entwicklung erschließt auch neue Möbelquellen. „Wohin mit dem alten Hausrat?" beschreibt die typische Situation, die Wohnung wird verkleinert, z.B. weil die Kinder ausgezogen sind: „Es ist wirklich schlimm, daß niemand mehr gebrauchte Möbel kaufen will, für die Müllabfuhr sind die Sachen viel zu schade. (...) Ein Verkauf wird in den meisten Fällen nicht möglich sein – (...) also verschenken an die „Brockensammlung" des Deutschen Evangelischen Frauenbundes". Verkauft wird dort an „Minderbemittelte" und Studenten, aber auch Trödel und Originelles an Sammler. Enttäuscht ist man bei der Brockensammlung, daß sich auch Geschäftemacher die niedrigen Preise zunutze machen. „Es kommt immer wieder vor, daß unter Vorspiegelung von Bedürftigkeit Kunden Stücke herunterhandeln und wir dann später merken, daß sie sie weiterverkaufen", berichtete die Leiterin der Presse.

## 10. Überlegungen zur Zukunft

Zwar wandelten sich auch die Bedürfnisse, doch das Ende der BS in der bisherigen Trägerschaft kam eher von innen, der "Staffelstab" konnte nicht weitergegeben werden.

*Abb. 4: Arbeit in der Tischlerei in der Levinstraße. (Neue Arbeit / Brockensammlung)*

Im Gespräch räumte Frau Moderegger ein, daß es, bevor die Straßensozialarbeit die BS übernommen habe, auch Probleme gegeben habe. Daß Aus- und Übersiedler, Sozialhilfeempfänger oder Asylsuchende angesichts des vorherrschenden Überflusses keine gebrauchten, alten Gegenstände haben wollten, sondern lieber Bargeld vom Sozialamt, um dann neue Konsumgegenstände erwerben zu können, stieß bei den Damen auf Unverständnis und Kritik. Insbesondere Aus- und Übersiedler, welche nun auch gezielt mit dem Überfluß gelockt wurden (Kennzeichen „D"!) bringen nicht die erwartete Demut auf; ein Beispiel (1976): Der Aussiedler, Herr M., habe sich beim Sozialamt beschwert, daß eine Mitarbeiterin der BS ihm nicht gesagt habe, daß die entsprechenden Preise vom Sozialamt oder ihm bezahlt werden müßten. Er habe sich die Gegenstände in der Erwartung ausgesucht, daß sie ihm von der BS kostenlos zur Verfügung gestellt würden. Herr M. wolle die Gegenstände auch nur vorübergehend behalten. Es scheint, als hätte der Aussiedler „Überfluß" und automatischen Wohlstand erwartet.

*Abb. 5: Fertige Produkte aus der Tischlerei werden für den Verkauf aufgestellt.*
*(Neue Arbeit / Brockensammlung)*

Die BS merkte dann an, daß die Möbel für dessen Wohnung auch zu groß gewesen seinen. Auch dachte man, das Sozialamt hätte M. über die Zahlungsmodalitäten informiert. Ein Rücktransport auf eigene Kosten käme nicht in Frage.

Der DEF blieb in weiten Bereichen von der Entwicklung der Frauenbewegung seit den 60er Jahren unberührt. So stieg das Durchschnittsalter weiter an, und jüngere, aktivere Generationen blieben aus. Neben den in den 70er Jahren greifenden diversen Reformen im Sozialbereich ist die Möglichkeit, daß kirchlich engagierte Frauen nun auch zum Pfarramt zugelassen werden, als Grund dieser Überalterung zu nennen.[17] Erstmals wird in den 60er Jahren den Frauen in nenneswertem Umfang der Zugang zur Tätigkeit als Pastorin ermöglicht.

Frau Petersen wird dann 1981 in einem Brief auch gefragt, „Haben Sie sich wohl überlegt, wer wohl die Brockensammlung nach uns weiterführen wird? Ich bin nun in einem Alter, wo es einmal heißen kann ‚ich kann wirklich nicht mehr' und die Sache hinlegen muß. So weit möchte ich es nicht kommen lassen." Die meisten Helferinnen seien schon in einem hohen Alter und so nur eingeschränkt einsatzfähig. Es „(...) müßte eine neue Gemeinschaft gefunden werden."

Auch die Artikel über die BS machen eines deutlich: Stets wird von „älteren Damen" gesprochen, die viele Tätigkeiten nicht mehr ausüben können, selbst wenn für Transportarbeiten Kleinspediteure angeheuert werden. Ein die Situation verstärkender Effekt liegt dann auch noch darin, daß dies nicht die beste Werbung für jüngere, engagierte Frauen ist. Wer fühlt sich denn schon dort hingezogen, wenn sie nicht selbst aus dem engsten Umfeld der Kirche stammt – z.B. als Ehefrau eines Pastors.

## 11. Die Übernahme durch die Straßensozialarbeit

Die Idee der Wiederverwertung, Reparatur oder Aufarbeitung von Gebrauchsgegenständen, die bereits „Sperrmüll" waren, lag „in der Luft" und auch andere Träger, wie z.B. die Heilsarmee, traten mit Restaurierungsprojekten an die Öffentlichkeit (GT 26.4.83).[18]

Die BS konnte wohl Möbel verwerten, als aber zunehmend Elektroschrott aufkam waren die Mitarbeiterinnen „ehrenamtlich" nicht mehr in der Lage diese aufzubereiten, weil es dazu Fachleu-

---

17 Über den Weg zum Pfarramt informiert: Henze, Dagmar „Grenzen der Frauenemanzipation".
18 Daneben beschäftigt sich eine Initiative mit der Einrichtung eines Bauernhofes für die Straßensozialarbeit (GT vom 9. und 10.4.84).

ten bedurfte und quasi eine Professionalisierung einsetzen mußte, wie sie heute von der „Neue Arbeit/Brockensammlung" (NA/BS) betrieben wird.

*Abb. 6: Metallverarbeitung in der Werkstatt. (Neue Arbeit / Brockensammlung)*

Die Übergabe in die Trägerschaft der Straßensozialarbeit geschah dann relativ schnell, was auch in der Parallelentwicklung beider Bereiche begründet liegt. Den Mitarbeiterinnen der BS bleibt dann die Aufgabe einzusehen, daß sie einen ihrer Arbeitsbereiche abgeben werden, weil die Zeitumstände eine Weiterführung in ihren Händen nicht mehr ermöglichten. Im Gegensatz z.B. zum selbst betriebenen Kindergarten geht mit der BS aber die Finanzierungsquelle für alle bisherigen Tätigkeiten verloren, und der Verein tritt damit aus der direkten Sozialarbeit hinaus.

Die Dankschreiben an verdiente MitarbeiterInnen und Institutionen zeugen davon, wie schwer der Abschied vom eigenen Projekt war. Damit enden die Quellen über die BS.

Als Teil des Projektes der Straßensozialarbeit in Trägerschaft des Kirchenkreisamtes entstand dann 1983 die neue BS. Mit ihr sollte eine Klientel von Menschen als Zielgruppe angesprochen werden, die durch eine Bündelung von sozialen Problemlagen sich erst für den 1. Arbeitsmarkt wieder qualifizieren mußten.

Nachdem die dann "Neue Arbeit/Brockensammlung" (NA/BA) genannte Einrichtung 1984 auch formal zu einem Projekt der

Straßensozialarbeit geworden ist, veränderte sich das Tätigkeitsprofil entscheidend. Es entstand ein „Förderkreis zur finanziellen Unterstützung" gegründet für die Straßensozialarbeit: Karitative Organisationen, Verbände, aber auch Einzelpersonen. Der Vorstand der Göttinger Werbegemeinschaft meint z.b., daß „sozialtherapeutische Maßnahmen" besser zur Hilfe der "Stadtstreicherszene" geeignet seien als „polizeiliche Zwangsmaßnahmen": ein gemäßigterer Ton, vergleicht man ihn mit der menschenverachtenden Hetze gegen "Penner, Punker und Pennäler" wenige Jahre später, mit der die Göttinger Mittelstandsvereinigung sich ins Rampenlicht stellte. Auch schon 1984 wurde die Vernetzung von polizeilicher und sozialtherapeutischer Arbeit gefordert und staatliche Arbeitszwangsmaßnahmen für SozialhilfeempfängerInnen im größeren Rahmen als positiv gewertet. Der Begriff „Zwangsarbeit" blieb aber ausgespart.

Die grün-alternative AGIL kritisiert aber auch schon zu diesem Zeitpunkt (GT 29.11.84); das der Förderkreis das Engagement der AGIL am Projekt „Straßensozialarbeit" unterschlage.

Einer der neuen Kernbereiche der „NA/BS" wird dann die Sammlung von Wertstoffen: Papier, Alu und andere Dinge, deren Sammlung, oft von Vereinen und karitativen Verbänden, schon seit längerem betrieben wurde.

Eine Konkurrenz war also vorhanden, und der Gedanke, diese Dinge hätten einen Wert, breitete sich aus. „Als Mitarbeiter des Müllverwertungsprojekts, für das seit dem 2. Juli die ehemaligen Räume der Brockensammlung (...) am Rosdorfer Weg zur Verfügung stehen, am Morgen gegen 8.30 Uhr (...) ihre Tour begannen, waren die meisten Straßenränder schon fein säuberlich abgelesen." Das Altpapier hatte ein anderer Sammler eingeholt. Ein harter Schlag für Menschen, „(...) für die diese Arbeit ein Weg „zur Wiederherstellung ihres Arbeitsvermögens" und eine „Reintegration in den Arbeitsmarkt" werden sollte", beklagten sich die MitarbeiterInnen der neuen NA/BS enttäuscht in den Anfangsjahren.

Das Sammeln von Aluminium z.B. wird der NA/BS vom Arbeitskreis (AK) Ökologie, einem der engagiertesten AKs der AGIL, übergeben, um weitergeführt zu werden (GT 24.7.84). Anders als die Sammlung in Sammelcontainern – hier gebe es zu starke Verunreinigungen – ziehe man die Handsortierung vor. Hier berühren sich Straßensozialarbeit und Interessen der Ökologie über das Sammeln von Wertstoffen erstmalig direkt.[19] Bereits seit 1976 verweisen die meisten Altstoffsammlungen auf das Argument des Umweltschutzes über die Ressourcenschonung. Nachdem die BS zu einem Projekt der Straßensozialarbeit geworden ist, bei dem zumeist jüngere Menschen aus sozialen Brennpunkten über Altmaterial- und Wertstoffsammlungen eingebunden werden, die sie selbst durchführten und deren Erlös ihren Bedürfnissen dient, kam eine Bedrohung dieser Tätigkeit von einer sehr unerwarteten Seite.

Das GT titelte „Gefährdet Modellversuch Arbeitsplätze?" (GT, 11.12.84). Gemeint war, daß die getrennte Wertstoffsammlung, die in einem Modellprojekt des Stadtreinigungsamtes erprobt wurde, den sozialen Initiativen, die Alt-Alu oder Papier sammelten, die Existenzgrundlage zu entziehen drohte. Die Effektivität der Sammlungen von Vereinen oder der Straßensozialarbeit lag für die Projektplaner deutlich unter derjenigen der professionellen Abnehmer, die die Stadt – und beim Landkreis sah man das ähnlich – von ihren Müllmengen entlasten sollten. Zwar erwies sich langfristig der Abschied von dieser Altstoffsammlung als innovativ, was die Beschäftigungsinitiativen der BS betraf, doch war die Sorge der NA/BS zunächst sehr berechtigt: „Wir brauchen auch künftig gerade den arbeitsintensiven (...) Bereich. Nur hier, bei den relativ einfach auszuführenden Sammlungen, lassen sich die „Broadway-Jungs" [die Klientel der Straßensozialarbeit] beschäftigen."

Die „Neue Arbeit/Brockensammlung" begann zu dem zu werden, was sie heute ist: Ein integraler Bestandteil eines "anderen" Entsorgungskonzepts, welches zwischen 1983 und 1985 den Abschied von der bloßen Abfallbeseitigung einleitet und zu einer Abfallwirtschaft übergehen will.

Ziel der neuen BS war es von Beginn an, nicht auf laufende Subventionen angewiesen zu sein. Mit „Müll und Möbel" sollte ein Gewinn erzielt werden (GT 5.4.84.), aus zweierlei Gründen: Um das Projekt nicht den wechselnden öffentlichen Haushaltslagen auszusetzen und auch um die MitarbeiterInnen eine Wertschätzung ihrer Arbeit spüren zu lassen. "Wir wollen Gewinne machen, um so möglichst viele Nichtseßhafte teilzeitbeschäftigen zu können", war das sehr hoch gesteckte Ziel. Eine koordinieren-

---

19 Dazu mehr im Artikel „Die Entstehung des Verpackungsmülls" in diesem Band.

*Abb. 7: Aus alt macht neu – ein Gartengrill aus der Metallwerkstatt der Brockensammlung.*
*(Neue Arbeit / Brockensammlung)*

de Rolle wird dabei das Stadtreinigungsamt einnehmen, das die Logistik, Sperrmülltermine, etc. auf die Belange abstellt.

Der Sozialdezernent und spätere Oberstadtdirektor Schierwater erkennt zumindest an: In der Regel seien Restsubventionen für Arbeitsplätze zumindest nicht teurer, vielleicht sogar billiger als die Sozialhilfe. Bliebe zu wünschen, daß er diese Worte nie vergißt.

Die neuen Initiativen der Abfallbeseitigung – Modellversuche zur Abfallwirtschaft – übernehmen Bereiche der Wertstoffsammlung, wie sie zuvor als Einnahmequelle von Vereinen übernommen wurden. Um diesen schmalen Kuchen entsteht eine Sammelkonkurrenz.

## 12. Die "Neue Arbeit"

Die Idee, über die Straßensozialarbeit eine allgemeine Rehabilitationsinstitution in kurzer Zeit zu schaffen, war sicherlich zu hoch gegriffen, bemerkte der an der Gründung der NA/BS beteiligte Superintendent Steinmetz. Dafür war die Klientel zu groß und auch die Eingliederungsschwierigkeiten sind erheblich, weil viele Betroffene gar keine geregelte Arbeit mehr kennengelernt haben.

Dennoch war der eingeschlagene Weg richtig, wenn auch der konzeptionelle Rahmen stark den Problemlagen angepaßt werden mußte. Karitative Arbeit stand bei der alten BS stets im Vordergrund. Erst mit Straßensozialarbeit ist die Grenzlinie des Wirtschaftens angegangen und verschoben worden (z.b. Arbeitskräftefinanzierung durch das Sozialamt).

Aber auch die "NA/BS" stand auf wackligen Beinen, da die Personalstelle der Sozialarbeiterin nur eine halbherzige Förderung erhielt (11.12.87, Interview im GT). Insbesondere die Schaffung von Plan- statt ABM-Stellen für das Organisationsteam erwies sich dabei als ein aus heutiger Sicht unnötig langes Problem.

Eine der wichtigsten Änderungen, nach der Zusammenarbeit mit dem Stadtreinigungsamt, war der Umzug in die Levinstraße 1. Dort konnten für handwerkliche Tätigkeiten weitaus geeignetere Räumlichkeiten ausgebaut werden – oft ist dabei der Aus- und Umbau selbst eine der anfallenden Beschäftigungsmaßnahmen.

Was mit sechs Klienten und zwei SozialarbeiterInnen 1984 begann, konnte am 1. 6. 1994 sein auf 1700 Quadratmetern mit 52 Betreuten und 13 Betreuern sein zehnjähriges Bestehen feiern. Neue Tätigkeitsfelder, neben der Möbelaufarbeitung kam die Herstellung einer bemerkenswerten Möbelkollektion hinzu, auch eine Elektrowerkstatt sowie eine Töpferei tragen dazu bei, daß sich die Arbeit noch weit stärker von den Haushaltstöpfen der Kommunen unabhängig macht und eines Tages vielleicht kostendeckend arbeitet.

Zu Projekten wie dem der „Neue Arbeit/BS" finden sich heute im Bundesgebiet zahlreiche Parallelen: In Hamburg z.B. ein "Verein Nutzmüll e.V.". Bezugnehmend auf die wissenschaftliche Literatur gehen die InitiatorInnen ebenfalls von der Definition aus, daß "Abfall nur Rohstoff am falschen Ort ist" und der beste Müll der ist, der gar nicht entsteht. „Statt zum Sperrmüll auf den Ladentisch – Stadt und Arbeitsplatzinitiative gründen in Heidelberg ein Secondhand-Kaufhaus." (FR vom 11.10.94). Der Wunsch, ein Kaufhaus und keine Rumpelkammer zu sein, läßt durchscheinen, daß die alte Brockensammlung des Deutschen Evangelischen Frauenbundes auch durch ihr konservatives Marketing-Konzept in ihrer Entfaltung eingeschränkt war.

Die seit 1994 praktizierte Benennung „Neue Arbeit / Brockensammlung" verknüpft nun das „Markenzeichen" „Brockensammlung" mit der hoffentlich weiter erfolgreichen Strategie der

Beschäftigungsförderung durch die „Neue Arbeit". Auf diesem Weg bleibt der Einrichtung viel Erfolg zu wünschen, oder besser noch, daß sie eines Tages überflüssig sei, wenn die Gesellschaft allen Menschen eine menschenwürdige Existenz zusichern kann.

## Quellen- und Literaturverzeichnis

Da sucht man in eher als uninteressant eingestuften Quellen zur BS wie z.B. Kassenbücher und findet hochinteressante Hinweise auf politische Diskussionen zu der innerkirchlichen Frauenbewegung (besonders bis etwa 1930) und zum Verhalten nach der NS-Machtübernahme. Normalerweise liegen die Dinge ja umgekehrt: Vor lauter Verwaltungsquellen findet man selten Reflexe inhaltlicher Diskussionen. Im Archiv des Deutschen Evangelischen Frauenbundes (DEF) in Hannover fanden sich nur wenige dieser Inventar- oder Preislisten, dafür um so mehr Quellen zum politischen Standort und zur Entwicklung des DEF in Göttingen. Die hier ebenfalls vorgefundenen laufenden Berichte der OG an die Zentrale, einige Korrespondenz der OG und auch persönliche Aufzeichnungen der OG-Vorsitzenden ermöglichten wichtige Einblicke. Den MitarbeiterInnen des Archiv gilt mein Dank für ihre Hilfe. Die verwendeten Abbildungen wurden dankenswerterweise von der NA/BS zur Verfügung gestellt.

Bei den Personen Frau Moderegger (1993 die OG-Vorsitzende), Herrn Eggerich (ehemaliger Geschäftsführer der "Neue Arbeit / Brockensammlung"), Herrn Kirchhelle (heutiger Leiter der NA/BS) und Herrn Steinmetz (Superintendent in Göttingen) möchte ich mich noch einmal ausdrücklich bedanken. Frau Moderegger konnte neben ihren mündlichen Auskünften ebenfalls noch Unterlagen zur Verfügung stellen.

Weitere Grundlage dieses Artikels sind zwei Kartons mit Zeitungsausschnitten, Kassen- und Bestandsbüchlein, einigen Fotos und Rechnungen, die im Kirchenarchiv Göttingen deponiert sind. Dort ein Dank an Herrn Bielefeld.

Baumann, Ursula „Protestantismus und Frauenemanzipation in
    Deutschland 1850 – 1920" Frankfurt/New York, 1992.
Bielefeld, Karl Heinz „Göttingens evangelisch-lutherische
    Kirchengemeinden im Dritten Reich", in : Stadt Göttingen
    Kulturdezernat (Hg.) „Göttingen unterm Hakenkreuz"
    Göttingen, 1983.
Göttinger Tageblatt (GT), diverse Ausgaben, Göttingen.
Henze, Dagmar „Grenzen der Frauenemanzipation".
Kaiser, Jochen-Christoph „Frauen in der Kirche. Evangelische

Frauenverbände im Spannungsfeld von Kirche und Gesellschaft" in: Kuhn, Anette (Hg.) „Frauen in der Nachkriegszeit und im Wirtschaftswunder: 1945 – 1960" Frankfurt/M., 1980.

Koonz, Claudia „Mütter im Vaterland. Frauen im Dritten Reich" Freiburg, 1991.

Schwarz, Gudrun „Eine Frau an seiner Seite: Ehefrauen in der 'SS-Sippengemeinschaft'" Hamburg, 1997.

Stadt Göttingen Kulturdezernat „Göttingen unterm Hakenkreuz" Göttingen, 1983.

Stadtzeitung (SZ), diverse Ausgaben, Göttingen.

Vogt, Hanna „Die Göttinger Nothilfe – Eine frühe Bürgerinitiative", in: Stadt Göttingen Kulturdezernat (Hg.) „Göttingen 1945- Kriegsende und Neubeginn" Göttingen, 1985.

Weber-Reich, Traudel „Um die Lage der hiesigen notleidenden Classe zu verbessern. Der Frauenverein zu Göttingen von 1840 – 1956" Göttingen, 1993.

# Der Lappenberg
*von Matthias Glatthor*

## 1. Das Aufkommen des Müllproblems im Deutschen Reich

Im Zuge der „eigentlichen Urbanisierungsphase", die Matzerath[1] für das Deutsche Reich von etwa 1871 bis 1914 datiert, vollzog sich das Bevölkerungswachstum fast ausschließlich in den Städten: Im Reich stieg der Anteil der städtischen Bevölkerung von 36,1% (1871) auf 60,0% (1910); im Regierungsbezirk Hannover von 43,8% (1880) auf 61,1% (1910).[2] Mit der rapide steigenden Bevölkerungszahl und den daraus resultierenden Versorgungsproblemen – im Rahmen der „Grunddaseinsfunktionen" – wurden neuartige, in dieser Dimension bisher nicht vorhandene, Anforderungen an die Stadtverwaltungen gestellt; dort entstand eine zunehmende Bürokratisierung und Professionalisierung. Der Sprung von der „Hoheits- und Vermögensverwaltung" zur „Daseinsvorsorge" und „Leistungsverwaltung", die alle Bereiche der städtischen Entwicklung zu erfassen suchte, wurde in diesem Zeitraum endgültig vollzogen.[3] Dies geschah allerdings nicht von heute auf morgen, sondern meist in kleinen Schritten, die sich im Wechselspiel konkurrierender Interessengruppen vorwärtsbewegten. Insbesondere gilt das auch für die Gesetzgebung und den Erlaß von Verwaltungsvorschriften.

Bei den Maßnahmen zur „Daseinsvorsorge" hatten zunächst solche Einrichtungen einen Vorsprung, die sich finanziell selbst tragen konnten bzw. einen Gewinn für die Städte versprachen. Darunter fielen vor allem die Gaswerke, die seit den 1820er Jahren in einzelnen Großstädten gebaut wurden. Zwar bauten zumeist private Unternehmer und Gesellschaften diese „Gasanstalten", aber die Kommunen versuchten nach und nach deren Monopolstellung zu durchbrechen, indem sie die Werke aufkauften oder einfach Gaswerke auf eigene Rechnung errichten ließen.

---

1 Matzerath, Horst „Urbanisierung in Preußen 1815 – 1914" Stuttgart, 1985.
2 Nach: Hohorst G. u.a. (Hg.) „Sozialgeschichtliches Arbeitsbuch II (1870 – 1914)" München, 1975; Preußische Statistik, div. Hefte.
3 Zur Entwicklung der kommunalen Selbstverwaltung und der städtischen Dienstleistungsfunktionen siehe: Krabbe, Wolfgang R. „Die deutsche Stadt im 19. und 20. Jahrhundert" Göttingen, 1989.

Ein Motiv war nicht zuletzt die Erwartung, „auf diesem Wege der Stadtkasse eine neue Einnahmemöglichkeit zu erschließen". So gab es im Jahr 1877 im Deutschen Reich 481 Gaswerke, von denen sich 45% in städtischem Besitz befanden.[4]

Später erfolgten Investitionen der Gemeinden und Städte in Bereichen, die einen dauernden Zuschuß erforderten: Erst unter dem Eindruck der verheerenden Choleraepidemien (z.B. Hamburg 1892 mit rund 8600 Toten) diskutierte man die Notwendigkeit des Kanalisationsbaus. Das Problem der „Müllbeseitigung" trat zur Jahrhundertwende ins öffentliche Bewußtsein. Kuchenbuch schildert dies anschaulich in seiner „Stichwortgeschichte" des Begriffs „Abfall".[5] Über eine Analyse der Einträge in bedeutenden Lexika – vom Zedler (1732) bis zum Brockhaus (1986ff.) – kommt er zu dem Schluß: „Im Spiegel seiner Inhaltsentwicklung als lexikalisches Stichwort ist der industrielle Abfall nicht älter als 100 Jahre, als Produktion und Komsumtion, Stadt und Land, Erde, Wasser und Luft vereinendes Umwelt-Phänomen ist er sogar noch nicht älter als 50 Jahre."

Aus diesem Grunde erklärt sich auch die langandauernde Diskussion um die Verwendung bzw. „Behandlung" des städtischen Mülls. Der „Hausmüll" wurde seit den 1880er Jahren – als Begleitprodukt der Urbanisierung – in den Städten zum Thema und seine Beseitigung eine Forderung im Rahmen der sog. Städtesannierung. Die Forderungen nach Reformen des kommunalen Gesundheitswesens führten bereits 1873 zur Gründung des „Deutschen Vereins für öffentliche Gesundheitspflege", in dem sich Techniker, Mediziner und städtische Verwaltungsbeamte, „an der Formulierung von Grundsätzen zur Hebung des allgemeinen Gesundheitszustandes der Bevölkerung durch öffentliche Maßnahmen beteiligten."[6]

---

4 Renlecke, Jürgen „Geschichte der Urbanisierung in Deutschland" Frankfurt/M., 1985, S. 57f.
5 Kuchenbuch, Ludolf „Abfall. Eine Stichwortgeschichte" in: Soeffner, Hans-Georg (Hg.) „Soziale Welt" Sonderband 6; S. 155 – 170, Göttingen, 1988.
6 Lindemann, Carmelita „Verbrennung oder Verwertung: Müll als Problem um die Wende vom 19. zum 20. Jahrhundert" in: „Technikgeschichte" Bd. 59, S. 91 – 107, 1992.

Zur Müllbehandlung standen mehrere Möglichkeiten zur Disposition:
- Entsorgung ins Meer
- Müllverwertung:
   a) landwirtschaftliche Verwertung
   b) Sortierung, Rohstoffgewinnung
- Thermische Behandlung (= Verbrennung)
- Mülldeponie

Anfangs war das Interesse an einer landwirtschaftlichen Nutzung der städtischen Abfälle groß. In einem Rundschreiben an die Magistrate forderte der Deutsche Landwirtschaftsrat 1880 noch die Zuleitung der „Abfall-und Fäcalstoffe der größeren Städte", um deren Pflanzennährstoffe „in rationeller Form dem Boden wiederzugeben". Hinter dieser Forderung stand der Wunsch nach Autarkie von Importen künstlicher Düngemittel. Gleichzeitig kündete der Landwirtschaftsrat die Einsetzung einer ständigen Kommission an, die in Zusammenarbeit mit den betreffenden Städten, ein „System ermitteln" sollte, „welches, ohne die Städte übermäßig zu belasten, die Ausscheidungen derselben in möglichst handlicher, weniger ekelhafter Form und zu einem dem Düngewert entsprechendem Preise den Landwirten weiterer Bezirke zur Disposition stellt."[7]

Diese Hoffnung stellte sich jedoch als trügerisch heraus: Die Deutsche Landwirtschaftsgesellschaft hatte 1891 einen Sonderausschuß für Abfallstoffe ins Leben gerufen, dessen Ziel es war, „Abfallstoffe der Städte, namentlich die Fäkalien, für die Landwirtschaft zu gewinnen und nutzbar zu machen." In einem Bericht, der etwa auf das Jahr 1906 zu datieren ist, bilanziert dieser Sonderausschuß: „Hausmüll und Asche haben überhaupt keine landwirtschaftliche Bedeutung, da sie ebenso wie das Kanalwasser arm an Düngestoffen und daher nicht transportfähig sind."[8] Als Fazit empfahl der Sonderausschuß daher die Schwemmkanalisation als – „nach heutiger Erkenntnis" – bester Methode, um die Fäkalstoffe aus der Stadt zu schaffen. Mit diesen Ergebnissen war

---

7 Rundschreiben des Deutschen Landwirtschaftsrates (gegr. 1872) an die Magistrate der größeren Städte Deutschlands vom Juni 1880; zit. nach: Brüggemeier, Franz-Josef u. Rommelspacher, Thomas „Geschichte der Umwelt im 19. und 20. Jahrhundert" Hagen, 1991, S. 39ff..
8 Bundesarchiv Koblenz. R 86 – 2465; vermutlich 1906; zit. nach: ebenda S. 43ff.

die Aufgabe des Sonderausschusses obsolet geworden und er wurde konsequenterweise aufgelöst. Der Ausschuß der Düngerabteilung der Deutschen Landwirtschaftsgesellschaft wollte die Frage der Nutzbarmachung der städtischen Abfallstoffe dennoch weiter „im Auge behalten".

Für die Kommunen boten sich daher als brauchbarste Möglichkeiten die thermische Behandlung (= Müllverbrennung) und die Anlage von Mülldeponien an. In größeren Städten des Deutschen Reichs wurde zunächst – darin dem Beispiel Englands folgend – auf thermische Verfahren gesetzt. 1893 – ein Jahr nach der Choleraepidemie – begann man in Hamburg mit dem Bau einer Anlage; Anfang 1896 wurde sie in Betrieb genommen. Weitere Verbrennungsanlagen folgten in Beuthen (1904), Kiel (1906), Barmen (1908), Frankfurt/M. (1909), Fürth (1910) und Aachen (1914). Auch der schon erwähnte „Deutsche Verein für öffentliche Gesundheitspflege" trat 1894 für eine Verbrennung des Mülls ein.[9]

Dennoch blieb auch die Müllverbrennung nicht unumstritten: In Berlin entschied man sich 1896 gegen die Einrichtung einer Müllverbrennungsanlage, da zuvor durchgeführte Brennversuche unbefriedigende Ergebnisse brachten. Eine regelrechte „Diskussionswende" setzte laut Lindemann (1992) dann etwa ab 1905 ein. Nunmehr wurde „die bisher kaum diskutierte Mülldeponie als akzeptable Lösungsmöglichkeit in die Diskussion miteinbezogen". Der „Deutsche Verein für öffentliche Gesundheitspflege" stimmte auf einer Tagung einer Milderung der hygienischen Anforderungen an die Müllbeseitigung zu; man stufte das gesundheitliche Gefahrenpotential, das vom Müll ausging, inzwischen wesentlich geringer ein und damit war der Weg frei für die Anlage kostengünstiger Deponien. „Nachdem nun die hygienischen Bedenken keinen Einfluß mehr auf die Entscheidungen nahmen, setzten sich die rein wirtschaftlichen Überlegungen durch, und hier waren die Deponien unschlagbar."[10]

---

9 Vgl. Lindemann „Verbrennung", S. 99ff..
10 Vgl. Lindemann „Verbrennung" S. 102.

## 2. Die Nutzung des Lappenbergs bis zur Schließung 1971

Auch die Stadtverwaltung Göttingens entschied sich für die kostengünstigste Methode und richtete 1914 eine Deponie ein, die dann durch das 1918 gegründete Stadtreinigungsamt betrieben wurde. Da über den speziellen Entscheidungsprozeß in Göttingen weniger bekannt ist, als über den in größeren Städten bzw. in Städten von Industrieregionen, wurden im ersten Kapitel die allgemeinen Tendenzen vorangestellt, um den Diskussionsstand und die allmähliche Problematisierung des „Mülls" (der ja nicht eine Einheit darstellte) zu verdeutlichen.

Tab. 1: Bevölkerung Göttingens 1875 – 1993

| Jahr | – | Einwohnerzahl | Jahr | – | Einwohnerzahl |
|------|---|---------------|------|---|---------------|
| 1875 | – | 17.038 | 1939 | – | 51.214 |
| 1890 | – | 23.689 | 1946 | – | 68.577 |
| 1905 | – | 34.081 | 1961 | – | 80.373 |
| 1914 | – | 38.700 | 1970 | – | 108.991 |
| 1925 | – | 41.514 | 1985 | – | 136.554 |
| 1933 | – | 47.149 | 1993 | – | 133.562 |

*(Quelle: Statistisches Handbuch der Stadt Göttingen 1993/94)*

Die Bevölkerung Göttingens verdoppelte sich also zwischen 1875 und 1905 und gehörte mit 38.700 Einwohnern (1914) eher noch zu den Mittelstädten. Dennoch muß auch hier das Müllaufkommen an Qualität und Quantität derart zugenommen haben, daß Handlungsbedarf bestand. Dabei wurde die Göttinger Deponie – gemäß dem Motto „aus den Augen aus dem Sinn" – in der Stadtrandzone, nämlich auf dem Gebiet der Gemeinde Weende, angelegt. Der Stadtrand ist nach Carter durch ein „besonderes Flächennutzungsschema" gekennzeichnet: „Unzusammenhängende" Nutzungen prägen diesen Bereich; man kann ergänzen, daß gerade hier punktuelle Nutzungen – damit sind einzelne Gebäude oder Gebäudekomplexe inklusive der Grundstücke gemeint – mit großem Flächenbedarf und innovative Einrichtungen überwiegen. Außerdem werden „unbeliebte und zum Teil umweltschädigende Einrichtungen, wie Schlachthäuser, Mülldeponien, Mineralöllager des Großhandels usw. sowie gemeinnützige Einrichtungen wie Kläranlagen und Friedhöfe" an den Rand der Stadt gedrängt.[11]

Abb. 1: *Der Schein trügt – der grüne Hügel nordwestlich des Bahnhofs war über 50 Jahre lang Göttingens Mülldeponie der „Lappenberg". (M. Heinzelmann)*

Die Hausmülldeponie „Lappenberg", Im Rinschenrott gelegen, ging nach Angaben des Göttinger Erdbaulabors irgendwann zwischen 1914 und 1959 in den Besitz der Stadt über; die Gemeinde Weende selbst wurde erst 1964 nach Göttingen eingemeindet. Göttingen nutzte den „Lappenberg" bis zum 10.7.1971 als Haus- und Sperrmülldeponie; Betriebsdauer also 57 Jahre.

Dabei ist die Zeit von 1914 – 1971 allgemein eher durch eine ungeregelte Entsorgung der Abfälle gekennzeichnet; das Fehlen von Bemerkungen über die Deponie in den zentralen Akten der Stadt (z.B. in den Ratsprotokollen) in den ersten fünfzig Jahren ihres Bestehens, zeigt die „Sorglosigkeit" der Verwaltung im Umgang mit dem Müll. Zwar im eigentlichen Sinne eine Hausmülldeponie, kann davon ausgegangen werden, daß neben Hausmüll auch andere Abfälle abgelagert wurden, da Göttingen lange Zeit nur über diese eine Deponie verfügte. Zwischen 1926 und 1929 wurde im Rahmen einer Erwerbslosenarbeit „ausge-

---

11 Carter, Harold „Einführung in die Stadtgeographie" Berlin u. Stuttgart, 1980, S. 333.

brannter Müll des Müllbergs" zur Herrichtung eines Erdwalls für die Schutzanlagen Maschwiesen verwendet.[12]

Erst 1965 taucht der „Lappenberg" wieder indirekt in den Ratsprotokollen auf: In einer Anfrage der SPD-Fraktion wird der „ständig größere Anfall von Fetten" bei den Göttinger Fleischereien angesprochen. Da eine Lagerung auf dem Müllplatz verboten war, führte die unregelmäßige Entsorgung in der Abdeckerei Osterode zu hygienisch fragwürdigen Verhältnissen, ganz zu schweigen von der „starken Geruchsbelästigung". Auf die Frage der SPD, wie diesem Übel abzuhelfen sei, antwortete Stadtrat Delveaux einzig mit der Aussicht, in sechs bis acht Wochen einen zentralen Sammelplatz zu finden und für einen regelmäßigen Abtransport zu sorgen.[13]

Zwei Jahre später, in der Ratssitzung vom 10.4.1967[14], erklärte Oberbürgermeister Leßner – wiederum auf Anfrage der SPD-Fraktion – daß der Müllabladeplatz Im Rinschenrott ab dem 1.8.1967 nicht mehr benutzt würde und dafür vorläufig die Mülldeponie am Roten Berg (in Weende-Nord) den anfallenden Müll aufnehmen solle. Außerdem wurde die Verwaltung beauftragt, Verhandlungen über neue Deponiestandorte aufzunehmen. OB Leßner nannte bei dieser Gelegenheit zunächst die Deppoldshäuser- oder Nikolausberger Schlucht. Außerdem sollten mit den Nachbargemeinden, bzw. -kreisen, Gespräche über eine gemeinsame Müllkompostierungs-/verbrennungsanlage stattfinden. Gegen die geplante Schließung des „Lappenbergs" im August 1967 trat Oberstadtdirektor Biederbeck ein und forderte stattdessen nur Beratungen in den Ausschüssen über „die sich bietenden Möglichkeiten einer anderweitigen Lösung des Müllproblems". Seinem Standpunkt wurde schließlich nachgegeben, die Ausschüsse sollten ihre Ergebnisse im Juni 1967 vorlegen. Das geschah dann auch in der Sitzung vom 9.6.1967.[15]

Stadtrat Delveaux, der die Untersuchungsergebnisse mitteilte, schlug vor, den Ratsbeschluß vom April 1967 aufzuheben, „da eine Schließung des Müllabladeplatzes am Rinschenrott zum 1. August 1967 nicht durchgeführt werden könne". Die Verwaltung

---

12 Stadtarchiv: IA-11-35a, IA-11, 41, 81 sowie Stenographiche und Zeitungsberichte (Göttinger Tageblatt) über die Ratssitzung.
13 Stadtarchiv: IA 11/1965; Ratssitzung vom 10.12.1965.
14 Stadtarchiv: IA 11/1967.
15 ebenda.

und der Werksausschuß sollten sich jedoch weiterhin um einen neuen Deponiestandort „bemühen". Damit war die Frage einer Schließung der Deponie „Lappenberg" zunächst vom Tisch und aufgeschoben. Dennoch zeigt dieser Vorgang, daß sich bereits in den 60er Jahren erste Anzeichen eines „Umdenkens" in der Verwaltung bemerkbar machten: Der „Verbrauch ohne Reue" machte langsam der „schleichenden Erkenntnis" einer notwendigen Umorientierung Platz.

In der Ratssitzung vom 6.3.1970[16] wurde ein Antrag – eingebracht von der FDP-Fraktion – gestellt, in dem die Prüfung von Möglichkeiten einer modernen Müllbeseitigung auf der Basis der „neuesten wissenschaftlichen und technischen Erkenntnisse", unter Einbeziehung der jeweiligen Kosten, gefordert wurde. Gleichzeitig wies Ratsherr Lingner darauf hin, daß die Verhandlungen über einen neuen Deponiestandort außerhalb des Stadtgebietes „unmittelbar vor dem Abschluß" ständen.

Jedoch zeigte die Stadtverwaltung eine gehörige Geduld gegenüber der öffentlichen Meinung der Göttinger Bürger – gespiegelt insbesondere in Artikeln der lokalen Presse. So forderte das Göttinger Tageblatt bereits 1956 mit blumigen Worten ein Ende des Lappenberges:

„An den Rändern unserer Stadt türmen sich die Lappenberge und geben Ratten und Ungeziefer aller Art willkommenen Unterschlupf. Wir sind stolz auf unsere Zivilisation, leben so hygienisch, schlagen jeden Tbc-Bazillus mit Keulen tot, aber wir bringen es nicht fertig, den Abfall des täglichen Lebens wieder in den organischen Kreislauf der Natur einzuordnen. Statt Brutherde für Ungeziefer zu schaffen, könnte er der Fruchtbarkeit des Bodens dienen."[17]

Als Ziel dieses Kreislauf-Modells – das allerdings fatal an die Diskussion gegen Ende des 19. Jahrhunderts erinnert – forderte die Zeitung seinerzeit eine „sachgemäße Komposterzeugung aus Müll und Abwasserschlamm", vor allem um der Landwirtschaft die „lebensnotwendigen Humusstoffe" zurückzuführen. Im November 1956 warnte das Tageblatt (vom 10./11.11.1956) erneut vor dem Ungezieferherd „Lappenberg": Zur permanenten Ungezieferbekämpfung waren regelmäßige Entwesungsaktionen erfor-

---

16 Stadtarchiv: IA 11/1970.
17 Göttinger Tageblatt vom 28./29.4.1956.

derlich. Als jährlich abgelagerte Müllmenge führte es einen Wert von 50.000 m³ an. Der Leiter des städtischen Betriebsamtes, Hampe, einsichtig gegenüber Sanierungsmaßnahmen, wies andererseits darauf hin, daß eine weiter entfernt liegende neue Deponie (Peripherielage) zwangsläufig eine Erhöhung der Müllgebühren für den einzelnen Bürger nach sich ziehen würde. Ebenfalls mit dem Kostenargument schmetterte er den Bau einer Müllverbrennungsanlage ab. Für das Tageblatt blieb als günstigste Lösung daher die Einführung einer Müllkompostierung, eine Forderung, die immer wieder in Artikeln der Zeitung aufgestellt wurde, in der Verwaltung in der Regel aber auf taube Ohren stieß. Nicht zuletzt auch hier wegen der zu erwartenden finanziellen Belastung für die Stadt. Ein Vertreter des Niedersächsischen Landvolkes hatte jedenfalls ein „starkes Interesse" der Landwirtschaft an der Verkompostierung des städtischen Mülls signalisiert.[18] Außerdem zeichnete sich in den 50er Jahren bereits ein Ende der Aufnahmekapazität des „Lappenberges" ab; schon um 1956 hatte man nur noch mit einer Höchstbetriebsdauer von fünf Jahren gerechnet. Nach einer möglichen Schließung der Deponie wurde die Einrichtung einer Grünanlage an dieser Stelle in Aussicht gestellt: „Grünanlagen mit Büschen und Bäumen werden aus dem jetzigen, wohl häßlichstem Gelände von ganz Göttingen einmal ein beliebtes Ziel für Spaziergänger machen."[19]

Ein konkreter Plan für die Müllbeseitigung nach der Aufgabe des „Lappenbergs" existierte zu diesem Zeitpunkt noch nicht; gemäß des noch recht „unbefangenen" Umgangs mit dem Müll erwartete man rechtzeitig genug eine passende Lösung, d.h. einen neuen Deponiestandort oder eine andere Form der Müllbeseitigung. Von einer städtischen Politik der Müllvermeidung war noch nicht die Rede. Bis 1960 schlief das publizistische Interesse am „Lappenberg" ein, das Göttinger Tageblatt (vom 4.10.1960) erwähnte lediglich eine Katastophenschutzübung auf der Müllhalde, bei der vor allem die „Wasserförderung auf langer Wegstrecke" getestet werden sollte. Ein Jahr später stellte Landwirtschaftsrat a.D. Dr. Kosmack im Tageblatt fest, daß die Kapazität des „Lappenbergs" nahezu erschöpft und Alternativen der Müllbeseitigung dringend erforderlich seien. Favorisiert wurde im

---

18 Göttinger Tageblatt vom 10./11.11.1956.
19 Göttinger Tageblatt vom 6./7.8. 1956.

Rahmen einer „hygienischen Abfallbeseitigung" wiederum eine Kompostierungsanlage. Bei einer Musterrechnung für Städte um 100.000 Einwohner kam Kosmack auf jährliche Betriebskosten in Höhe von 80.000 – 110.000 DM. Eine Müllverbrennungsanlage – jährliche Betriebskosten: 500.000 DM – schien ihm bei der Größe Göttingens finanziell nicht sinnvoll zu sein.[20]

Eine erste Anfrage der FDP-Fraktion, bereits für die Ratssitzung vom Juni 1962, drückte dann auch die „große Sorge" über das Anwachsen der Schutthalde aus. Gerade in Bezug auf die Richtung der städtischen Wohnbebauung sei eine Alternative für den „Lappenberg" unvermeidlich; eine Alternative, die die FDP-Ratsherren dann wiederum im Bau einer Müllverbrennungsanlage sahen.[21] Wie bereits erwähnt, zog sich der Entscheidungsfindungsprozeß der Stadtverwaltung noch über viele Jahre hin. Schon zu diesem Zeitpunkt führte Stadtdirektor Dr. Claassen auf der Ratssitzung die später immer wieder diskutierten Möglichkeiten der Müllbeseitigung an: Die Anlage einer neuen Deponie, die Einrichtung einer Kompostierungsanlage oder den Bau einer Müllverbrennungsanlage. An der Lösung des „Problems" arbeitete ein Ausschuß.[22] Obwohl Handlungsbedarf bestand, tat sich in den nächsten Jahren wiederum nichts, der Müllberg wurde bis zur Entscheidung für eine Alternative munter weiter genutzt.

Der „Lappenberg" – im Volksmund liebevoll „Monte Klamotte" genannt – wurde schließlich im März 1971 stillgelegt. Im Jahr zuvor hatten mehrere Brände und ein drohender Erdrutsch eindringlich auf die notwendige Schließung der mittlerweile überfüllten Müllhalde hingewiesen. Als neuen Deponiestandort konnte die Göttinger Stadtverwaltung schließlich nach zähen Verhandlungen Meensen – also ein Ort in der erweiterten Peripherie Göttingens – gewinnen. Eine „zentralere" Lage der neuen Deponie war aufgrund der fortschreitenden Bebauung und der Bedenken oder Proteste von Bewohnern der Göttinger Stadtteile in der inneren und äußeren Stadtrandzone nicht realisierbar.[23]

---

20 Göttinger Tageblatt vom 8.12.1961.
21 Göttinger Tageblatt vom 30.5.1962.
22 Göttinger Tageblatt vom 2./3.6.1962.
23 Zu dem allg. Problem der Standortwahl vgl.: Köstering, Susanne „Der Müll muß doch heraus aus Berlin!" in: Köstering, Susanne u. Rüb, Renate (Hg.) „Müll von gestern? Eine umweltgeschichtliche Erkundung in Berlin und Umgebung 1880 – 1945" S. 32 – 42, Berlin, 1993.

## 3. Der Lappenberg als Altlast

Nach der endgültigen Stillegung der Deponie begannen die ersten Spekulationen über die zukünftige Nutzung des Geländes; der Plan der Anlage eines Naherholungsgebietes – es war sogar von Wanderwegen, Skipisten und Rodelbahnen die Rede [24] – ignorierte geflissentlich den toxischen Gefahrenherd „Deponie". 1973 setzte dann ein Umdenken ein, da zahlreiche Brandherde im Inneren des „Lappenberges" bis dahin nicht gelöscht werden konnten. Dort herrschten ständig Temperaturen von 60 bis 80 Grad, wie das Tageblatt vom 18.7.1973 berichtete. Bereits zuvor war der gesamte Müllberg mit Erde abgedeckt worden, um einerseits die Brände einzudämmen und andererseits die Geruchsbelästigung für die anliegenden Göttinger zu verringern. Eine erste Bepflanzung mit Lupinen scheiterte an der großen Hitze des Berges. Oberamtsrat Oppermann, der Leiter des Stadtreinigungsamtes ,war daher im selben Zeitungsartikel der Meinung, daß der „Lappenberg" erst nach weiteren fünf Jahren – d.h. frühestens 1978 – begrünt werden könne. Die Schutzdämme um die Schlammteiche erhöhte das Tiefbauamt 1974, denn später sollte ein Teil der Halde in diese Teiche geschoben werden, wie im Tageblatt vom 20./21.4.1974 zu lesen war. Die angrenzenden Grundstücke am Rinschenrott nutzte das Stadtreinigungsamt weiterhin als Lager, außerdem kündigte der Leiter, Herr Oppermann, an, dort einen Container-Umschlagplatz für den Straßenmüll einzurichten, von dort sollte er dann in die neue Deponie in Meensen transportiert werden, wiederum im Tageblatt, diesmal vom 7.3.1974.

Mitte der 70er Jahre hatte sich auf dem „Lappenberg" nichts geändert, der „still vor sich hin brodelnde Abfallvulkan mit vager Grünanlagenzukunft" [25] mußte weitere fünf Jahre „abkühlen" – d.h. jetzt bis 1981 – um seiner geplanten Nutzung als Naherholungsgebiet zugeführt werden zu können. Mit dieser Planung der Stadtverwaltung kam nun jedoch ein Vorhaben der Bundesbahn in Konflikt: 1976 stand endgültig fest, daß der Neubau der Schnelltrasse über Göttingen laufen sollte. Über die Einzelheiten der Streckenplanung war zwar noch nichts bekannt, aber in der Diskussion stand eine Erweiterung der Gleisanlagen in Richtung

---

24 Göttinger Tageblatt vom 5.4.1972.
25 Göttinger Tageblatt vom 9.9.1976.

# Das Zeitalter des Verbrauchs ohne Reue

*Abb. 2: Im Hintergrund der Lappenberg von Süden. Vorne eine Schrotthandlung, wie sie für diesen Bereich der Stadt typisch ist. (M. Heinzelmann)*

„Lappenberg". Letzterer hätte zu diesem Zweck teilweise abgetragen oder zumindest mit einer neuen Böschung versehen werden müssen, heißt es weiter im selben Artikel. Später wurden die Pläne der Bundesbahn dahingehend erweitert, den Müllberg teilweise abzutragen und das somit anfallende Material für einen Lärmschutzwall südlich des Göttinger Ortsteils Grone zu verwenden. Solche Äußerungen der Planungsparteien riefen aber inzwischen „Umweltschützer und besorgte Bürger" zu kritischen Anfragen auf. Der damalige Bahndezernent Norbert Klein aus Hannover zitierte als Antwort eine Analyse des Niedersächsischen Landesamtes für Bodenforschung, in der diese zu dem Ergebnis kam, daß der „relativ alte Müll erstaunlicherweise bislang gut abgebaut und mineralisiert sei. Dies lasse den Schluß zu, der zum Teil zu Humus verwandelte Müll könne an anderen Standorten neu deponiert werden".[26] Drei Jahre später – im Dezember 1983 – startete die Bundesbahn die Bauarbeiten auf dem Göttinger „Lappenberg".[27] Die breiteste Abtragung betrug 100m, die betreffenden Abschnitte des Berges wurden schichtweise entfernt und in der Bodendeponie Grone zwischengelagert. Ein zweites Gutachten des Landesamtes

26 Göttinger Tageblatt vom 25.6.1980.
27 Göttinger Tageblatt vom 30.12.1983

für Bodenforschung drückte seine Unbedenklichkeit aus; das Göttinger Tiefbauamt teilte diese Ansicht.

In der Groner „Deponie" landeten somit rund 40.000 m² mineralisierter Hausmüll und Deckschichten des „Lappenberges", laut Tageblatt vom 29.3.1984. Dabei wurde das abgetragene Material ständig von Experten untersucht. Die geologische Substanz stufte man schließlich als so hoch ein, daß sich „sogar standsichere Böschungen" daraus aufschütten lassen sollten. Am 11.7.1986 fuhr der letzte Bundesbahn-Waggon mit Abfallmaterial des geschrumpften „Lappenberges" nach Grone-Süd, er wurde begleitet von einem Festwagen mit Honoratioren der Stadt und Vertretern der Bahn. Insgesamt trug man etwa 450.000 m³ des Göttinger Müllberges für den Lärmschutzwall der Bundesbahn ab.[28] Für das Frühjahr 1987 stellte dann der Planungsingenieur der Bundesbahn, Peter Leiste, den Beginn der Rekultivierungsmaßnahmen für den restlichen „Lappenberg" in Aussicht. Eine trügerische Aussicht, wie sich dann jedoch bald herausstellte: Nach einem neuen, pessimistischen Umweltgutachten von 1987 wurde erst 1991 eine Machbarkeitsstudie zur Sanierung des Areals in Auftrag gegeben. Bis Mitte 1993 hatte die Göttinger Stadtverwaltung bereits 294.000 DM in Untersuchungen über ihre „Altlast" gesteckt, allein im Haushalt 1993 kamen dann nocheinmal 450.000 DM hinzu.[29] Das Hamburger IMS, das von 1991 bis 1993 (nach anderer Quelle bis 1992) die erwähnte Machbarkeitsstudie durchgeführt hatte, stellte seine Ergebnisse im Mai 1993 vor: Bei ihrer Analyse ermittelten die Hamburger: Schwermetalle, Mineralöle, leichtflüchtige Chlorkohlenwasserstoffe, Phenol und PCB. Laut Anlage zur Verordnung zur Bestimmung von Abfällen nach § 2 Abs.2 des Abfallgesetzes waren dies „besonders überwachungsbedürftige Abfälle". Das Gesetz gab jedoch keine Richtlinien zur Behandlung, sondern forderte lediglich „zusätzliche Anforderungen", die durch spezielle Rechtsverordnungen näher bestimmt werden sollten. Das vorgeschlagene „effektivste Saniermittel", die komplette Abtragung und Umlagerung der „Altlast" würde nach IMS-Kalkulation über 250 Mio. DM kosten – für die Stadt Göttingen eine nahezu utopische Summe. Kostengünstiger wäre die „Sicherung", d.h. Vollabdeckung und Schlammbehand-

---

28 Göttinger Tageblatt vom 12./13.7.1986.
29 Göttinger Tageblatt vom 4.5.1993.

lung des „Lappenberges" mit etwa 50 Mio. DM. Dadurch könnte man die Müllhalde „quasi austrocknen". Letztere Methode würde allerdings für die nächsten 50 Jahre regelmäßige Betriebskosten nach sich ziehen.[30] Der Traum vom Naherholungsgebiet „Lappenberg" war damit für geraume Zeit ausgeträumt.

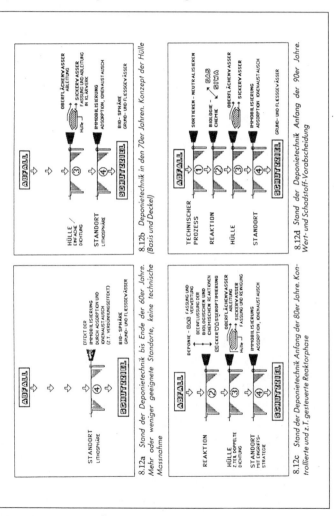

Abb. 3: Deponietechnik – Übersicht über die Phasen der Entwicklung.
*(Förster, Ulrich "Umweltschutztechnik" Berlin, 1993, S. 375)*
30 ebenda.

Die Reste der Haldendeponie „Lappenberg" gliederten sich Ende der 80er Jahre in folgende Teilbereiche:

- Die östliche Randfläche, von der Bundesbahn abgetragen und überbaut (Fläche: 25.863m$^2$; im Besitz der Bundesbahn).
- Den „großen Müllberg" im Zentralbereich, der in erster Linie als Hausmülldeponie diente.
- Den „kleinen Müllberg" im Südosten (mit Zufahrtsstraße zum „großen Müllberg").
- Die Schlammteiche 1 und 2 (Tiefe bis zu 6.7m), vor allem für Klärschlämme der städtischen Kläranlage ausgehoben. Hier wurden aber auch Industrieschlämme unbekannter Menge und Zusammensetzung abgelagert.

Eine Basisabdichtung des „Lappenberges" – heute fester Bestandteil einer geordneten Deponie[31] – fehlt. Das Volumen der Müllhalde beträgt insgesamt rund 1,8 Mio m$^3$.

## 4. Die Zukunft

Die Betriebszeit der Göttinger Deponie „Lappenberg" (1914 – 1971) fiel somit in die an anderer Stelle als „Verbrauch ohne Reue" definierte Phase der Müll-Geschichte, eine Phase, die allgemein durch „Sorglosigkeit" und „Unbedenklichkeit" im Umgang mit Müll gekennzeichnet ist. Nur so lassen sich auch die aus heutiger Sicht blauäugigen Pläne der damaligen Stadtverwaltung erklären, aus der geschlossenen Deponie binnen kurzer Zeit ein Naherholungsgebiet zu modellieren. Wie wir gesehen haben, spricht die „innere" Beschaffenheit des „Monte Klamotte" solchen Vorhaben inzwischen Hohn. In der Endphase der Nutzung des „Lappenberges" ging es den Verantwortlichen in der Stadtverwaltung hauptsächlich darum, Zeit zu gewinnen um eine alternative Müllentsorgung – sei es eine neue Deponie, die Müllverbrennung oder eine Kompostierungsanlage – zu organisieren. Ein Konzept zur Müllvermeidung wurde zu dieser Zeit noch nicht diskutiert, obwohl man schon die Gefahren einer „sorglosen" Müllbehandlung ahnte. Nicht umsonst zog sich die Suche nach einem

---

31 Vgl. Förstner, Ulrich „Umweltschutztechnik" Berlin u.a., 1993, S. 373ff..

neuen Deponie-Standort über Jahre hin. Vor der Zusage der Gemeinde Meensen schieden u.a. Gelliehausen und Benniehausen nach Protesten der Bewohner aus.[32] Eine Müllverbrennungsanlage lehnte der damalige Oberstadtdirektor Busch aus Kostengründen ab, wie im selben Tageblattartikel dargelegt wurde.

Das gesetzliche Instrumentarium auf Bundes- und Landesebene wurde erst nach der endgültigen Schließung des „Lappenberges" ausgeweitet:
- Das Abfallbeseitigungsgesetz vom 7.6.1972 beinhaltet erstmals eine bundesweit einheitliche Regelung; die Abfallgesetze der Bundesländer fungieren als Ausführungsgesetze.
- das Bundes-Immissionsschutzgesetz von 1974 enthielt bereits ein Verwertungsgebot.
- das Abfallwirtschaftsprogramm 75 der Bundesregierung plädierte für eine Verringerung und gesteigerte Verwertung von Abfällen. Die Idee des Rohstoffkreislaufes sollte gefördert werden.
- das Abfallgesetz vom 27.8.1986 führte bereits im Titel die Hauptanliegen „Vermeidung" und „Entsorgung".
- das Kreislaufwirtschafts- und Abfallgesetz vom 27.9.1994 (Inkrafttreten am 7.10.1996) – eine Novellierung des Abfallgesetzes von 1986 – änderte die Prioritäten in der Abfallwirtschaft: Erstrangig ist nun die Abfallvermeidung, wobei Verwertung nicht als Vermeidung eingestuft wird, das Gesetz will also bereits vor der Entstehung von „Abfall" greifen.[33]

Beachtet werden muß allerdings noch der Einfluß der entsprechenden Ländergesetzgebungen, des Europarechtes, des Basler Übereinkommens sowie des Satzungsrechtes der entsorgungspflichtigen Kommunen.

Dennoch zeigt die Entwicklung der Gesetzgebung – die natürlich erhebliche Probleme aufwirft (s. Anmerkung) – den deutlichen Übergang zu einer Politik der Abfallvermeidung. Unter dem Einfluß dieses „Bewußtseinswandels" ließ die Stadt Göttingen im Herbst 1984 ein Abfallentsorgungskonzept mit dem Ziel der

---

32 Göttinger Tageblatt vom 22.7.1970.
33 Zur gesetzlichen Entwicklung vgl. Weidemann, Clemens „Einführung" in: „Abfallgesetz" Becktexte dtv, München, 1994, S. VII – XXII. Weidemann kritisiert die Umsetzungsmöglichkeiten des undurchsichtigen Gesetzes vom Sept. 1994, die die Kreislaufwirtschaft einseitig auf die private Wirtschaft baut und so die öffentliche Kontrolle erschwert.

Deponieraumeinsparung erstellen. Das Mittel zum Zweck war auch hier die Abfallvermeidung, ergänzt durch die „optimale Wiederverwertung geeigneter Hausmüllbestandteile".[34] Auf der Basis eines Pilotprojektes zur Einführung der Biotonne rechnete man damit, daß zwischen 1984 und 1994 der Anteil der Abfälle, die bisher auf Deponien geschüttet wurden, von 81% auf 25% gesenkt werden könnte. Im gleichen Zeitraum ging man von einer Erhöhung der jährlichen Recyclingquote von 9% auf 71% aus. Beim Kompostanteil nahm man dabei eine Steigerung von bisher Null auf 30% an.[35] Für letzteres wäre allerdings der Bau eines Kompostwerkes erforderlich – eine Forderung die seit den 50er Jahren immer wieder im Raum stand, und inzwischen in die Realität umgesetzt wurde.

Mit der veränderten gesetzlichen Situation änderten sich auch die Möglichkeiten im Umgang mit dem jetzt zur Altlast gewordenen „Lappenberg". Im Abfallgesetz von 1986 regelt §10 die Stillegung von „Abfallentsorgungsanlagen": Neben der unverzüglichen Meldung der beabsichtigten Stillegung sind Rekultivierungsmaßnahmen auf Kosten des Inhabers erforderlich; „Beeinträchtigungen des Wohls der Allgemeinheit (sind) zu verhüten". Das Kreislaufwirtschaftsgesetz von 1994 verlangt zusätzlich „Unterlagen über Art, Umfang und Betriebsweise" (§36). Auch Anlagen, die „besonders überwachungsbedürftige Abfälle" lagern, müssen sich den oben genannten Regeln beugen.

Damit ergibt sich für stillgelegte Deponien – darunter natürlich der „Lappenberg" – eine Verpflichtung zur „geordneten" Nachsorge. Klaus Stief unterscheidet in seiner Abhandlung zwischen einer Nachbetriebsphase und einer Nachsorgephase. In der ersten Phase ist der Deponiekörper noch nicht stabilisiert, die auftretenden Schwankungen machen ständige Kontrollen erforderlich. Gegebenenfalls muß die Deponieabdichtung erneuert werden. Die folgende Nachsorgephase ist von unbestimmter Dauer, rechnet man bei den potentiellen Gefahren einer stillgelegten Deponie in größeren Zeitabschnitten, da die kurzfristigen Veränderungen reduziert werden konnten. Potentielle Gefahren beziehen sich

---

34 Vgl. Bieker, Marion „Getrenntsammlung und Kompostierung von organischen Hausmüllbestandteilen in Stadt und Landkreis Göttingen" in: Bürgeraktion 'Das bessere Müllkonzept Bayern e.V.' (Hg.) „Müll vermeiden, verwerten, vergessen? S. 47 – 60, Ulm, 1991.
35 ebenda S.48.

dabei vor allem auf die zahlreichen Fragezeichen die bleiben, etwa wie lange die künstlichen Barrieren halten und ob mit einer späteren Schadstoffreisetzung zu rechnen ist, wenn die Dichtungssysteme nicht immer wieder kontrolliert und saniert werden.[36]

In der Bundesrepublik landet immer noch rund 80% des diffusen Hausmülls auf den Deponien. Damit wird das Schadstoffproblem in der Regel auf künftige Generationen verlagert. Zudem wird eine Hausmülldeponie heute als eine Art Bioreaktor eingestuft, „in dem biologische, chemische und physikalische Prozesse weitgehend unkontrollierbar ablaufen."[37] Dabei hat austretendes Deponiegas einen Anteil von 40 bis 60% an brennbarem Methan. Dazu kommen die krebsverursachenden Stoffe Benzol und Vinylchlorid sowie Geruchsbelästigungen durch Schwefelverbindungen und Ammoniak. Die Entstehung von Deponiegas endet natürlich nicht mit der Schließung einer Deponie sondern reicht bis in die Nachsorgephase.

Immerhin hat sich die Zahl der Hausmülldeponien in Westdeutschland, die 1970 noch bei über 50.000 Anlagen lag,[38] nach Inkrafttreten des Abfallbeseitigungsgesetzes von 1972 auf 4.415 im Jahr 1975 und schließlich 332 geordnete Deponien reduziert.[39] In neuen Abfallbeseitigungsplänen der Länder geht man von 350 bis 400 zentralen Großdeponien für die Zukunft aus.

Als Fazit der Geschichte des „Lappenberges" bleibt festzuhalten, daß das Gefahrenpotential des Haus- und Industriemülls nur durch eine geordnete, mehrfach gesicherte Deponie oder besser eine strikte Politik der „Müllvermeidung" zu reduzieren ist. Dazu wäre allerdings eine konsequente „ökologische Umorientierung der Industriegesellschaft" notwendig: Im Rahmen einer „vorsorgenden Umweltpolitik" sollte einerseits eine Vermeidung der Zunahme von Umweltschäden durchgesetzt, die Anhebung des Umweltbewußtseins gefördert und der Wissenstransfer über Umweltschäden und deren Behandlung dynamisiert werden sowie andererseits die Beteiligung aller Betroffenen an umweltpolitischen Entscheidungsprozessen und eine konkrete Reduzierung des Ressourceneinsatzes je Produktionseinheit (spezifischer

---

36 Vgl. Stief, Klaus „Ablagern von Abfällen" in: Walprecht, Dieter (Hg.) „Abfall und Abfallentsorgung" S. 103 – 127, Köln u.a., 1989.
37 Förstner, Ulrich „Umweltschutztechnik" Berlin u.a., 1993, S. 388.
38 ebenda S. 273.
39 Cord-Landwehr, Claus „Einführung in die Abfallwirtschaft" Stuttgart, 1994, S. 183.

Umweltverbrauch) und der Emissionswerte (spezifische Umweltbelastung) in der Industrie erreicht werden.[40] Mittel zum Zweck sind dann die vieldiskutierten, umweltrelevanten Steuer- und Abgabensysteme (d.h. auch eine Preisanhebung für Umweltverbrauch und -belastung), die im Idealfall umweltschonende Investitionen von einzelnen Unternehmen initiieren können und die Rolle der „Umweltprobleme" im öffentlichen Bewußtsein, sprich bei den Verbrauchern, stärken. Denn: „Umweltschutz-Argumente sind schließlich auch werbewirksame Marketing-Instrumente." Kösters zählte 1995 immerhin mehr als vier Millionen Menschen in umweltschutzbezogenen Verbänden.[41]

## Quellen- und Literaturverzeichnis

Bieker, Marion „Getrenntsammlung und Kompostierung von organischen Hausmüllbestandteilen in Stadt und Landkreis Göttingen" in: Bürgeraktion 'Das bessere Müllkonzept Bayern e.V.' (Hg.) „Müll vermeiden, verwerten, vergessen?" Ulm, 1991.
Brüggemeier, Franz-Josef / Rommelspacher, Thomas „Geschichte der Umwelt im 19. und 20. Jahrhundert" Hagen, 1991.
Bundesarchiv Koblenz
Carter, Harold „Einführung in die Stadtgeographie" Berlin u. Stuttgart, 1980.
Cord-Landwehr, Claus „Einführung in die Abfallwirtschaft" Stuttgart, 1994.
Förstner, Ulrich „Umweltschutztechnik" Berlin u.a., 1993.
Göttinger Tageblatt (GT), diverse Ausgaben, Göttingen.
Hohorst, G. u.a. (Hg.) „Sozialgeschichtliches Arbeitsbuch II (1870-1914)" München, 1975.
Köstering, Susanne „Der Müll muß doch heraus aus Berlin!" in: Köstering, Susanne / Rüb, Renate (Hg.) „Müll von gestern? Eine umweltgeschichtliche Erkundung in Berlin und Umgebung 1880 – 1945" Berlin, 1993.
Kösters, Winfried „Unternehmerisches Umweltverhalten in Abhängigkeit von externen Einflüssen" in: Aus Politik und Zeitgeschichte, B7/96.

---

40 Simonis, Udo E. „Ökologische Umorientierung der Industriegesellschaft" in: Aus Politik und Zeitgeschichte, B7/96, S. 3 – 13.
41 Kösters, Winfried „Unternehmerisches Umweltverhalten in Abhängigkeit von externen Einflüssen" in: Aus Politik und Zeitgeschichte, B7/96, S. 30 – 37.

Krabbe, Wolfgang R. „Die deutsche Stadt im 19. und 20. Jahrhundert" Göttingen, 1989.

Kuchenbuch, Ludolf „Abfall. Eine Stichwortgeschichte" in: Soeffner, Hans-Georg (Hg.) „Soziale Welt" Sonderband 6, Göttingen, 1988.

Lindemann, Carmelita „Verbrennung oder Verwertung: Müll als Problem um die Wende vom 19. zum 20. Jahrhundert" in: „Technikgeschichte" Bd. 59, 1992.

Matzerath, Horst „Urbanisierung in Preußen 1815 – 1914" Stuttgart, 1985.

Preußische Statistik, diverse Hefte.

Renlecke, Jürgen „Geschichte der Urbanisierung in Deutschland" Frankfurt/M., 1985.

Simonis, Udo E. „Ökologische Umorientierung der Industriegesellschaft" in: Aus Politik und Zeitgeschichte, B7/96.

Stadtarchiv Göttingen

Stief, Klaus „Ablagern von Abfällen" in: Walprecht, Dieter (Hg.) „Abfall und Abfallentsorgung" Köln u.a., 1989.

Weidemann, Clemens „Einführung" in: Becktexte dtv, München, 1994.

## Müllgebühren und Abfallmenge – ein Zusammenhang?

*von Thomas Pusch*

Jede historische Betrachtung über die Entwicklung der Abfallmenge verbietet sich leider, da im Zuge der Entsorgungskonzeption "nur raus aus der Stadt" die Müllmenge eine so untergeordnete Rolle spielte, daß sie nicht gemessen oder auch nur geschätzt wurde. Erst seit den 80er Jahren werden hier Messungen vorgenommen. Zuvor vorgenommene Schätzungen weisen enorme Fehlerpotentiale auf oder sind gar unlogisch aufgebaut.[1] Versuche, über gefahrene Kilometer und Auslastung zu Schätzungen zu gelangen würden bestenfalls Anhaltspunkte, aber keine aussagekräftigen Mengenschätzungen zulassen.

In der aktuellen Planung von Stadtreinigungsämtern und Entsorgern besteht seit Jahren die Gewißheit, daß es zwischen dem zur Verfügung gestellten Tonnenvolumen, heute in der Regel 110 l, 220 l oder der 1,1 m$^3$-Container und der Abfallmenge einen proportionalen Zusammenhang gibt.[2] Variieren heute noch die Interpretationen, ob sich dies nur auf das Volumen oder auch auf die Gewichtsanteile bezieht, so ist man sich doch sicher, daß mit der Verkleinerung der zur Verfügung gestellten Mülltonnen die Müllmenge sinkt. Die Neigung, noch halbleere Tonnen mit Blech- und Glasverpackungen zu füllen, statt diese in die Sammelbehälter zu entsorgen, ist abhängig von Wohnviertel, Kopfzahl der Haushalte oder sozialer Schicht.[3]

Da weniger Müll weniger Kosten verursacht, ist man durchaus bereit – in Grenzen – den Haushalten dafür auch weniger an Gebühren in Rechnung zu stellen. Nur wer glaubhaft machen kann, daß bei ihm oder ihr nichts in die Tonne wandert, geht leer aus: Die generelle Pflicht zum Anschuß an die kommunale Entsorgung besteht weiter.

---

1 Im Beitrag von Pörtge/Mehlhase ist dies begründet. Karl-Heinz Pörtge/ Michael Mehlhase, Die Entwicklung der Müll- und Abfallbeseitigung im südlichen Niedersachsen seit 1970, in: Göttinger Jahrbuch (1989), 37 Jg., S. 175 – 189.

2 Zu den aktuellen Planungen der Stadtreinigung Göttingen siehe auch den entsprechenden Aufsatz in diesem Band.

3 Die Versuche zur Göttinger Komposttonne haben dies bestätigt, ohne das hier einkommensstärkeren OstviertelbewohnerInnen automatisch ein Öko-Zeugnis ausgestellt werden kann. Eine Bilanz, welche soziale Schicht in welchen Wohnviertel mehr $CO_2$ produziert oder Energie verbraucht, könnte ganz anders aussehen.

Zwischen der Erhebung eines "Dreckgeldes" im 15. Jahrhundert und der Art und Höhe der heutigen Müllgebühren besteht so gut wie kein Zusammenhang mehr. Ersteres war die Gebühr für einen, sagen wir "Spediteur", letzteres ist ein komplexer Modus, der sich aus den Entsorgungsnotwendigkeiten und den Möglichkeiten der Erhebung ergibt. Die Frage der politischen Durchsetzungsfähigkeit ist hierbei zentral.

Bis zum Reichskommunalabgabengesetz von 1895 war es den Kommunen ohnehin nur möglich, die Gebühren an den anfallenden Kosten der verrichteten Dienstleistung zu orientieren. Das neue Gesetz erlaubte es den Kommunen aber Gebühren auch planend zu erheben, d.h. die Anschaffung neuer Geräte oder Einrichtungen in die Gebühren einzubeziehen und so für Investitionen Sorge zu tragen: Grundlage für das Prinzip der "Kommunalen Daseinsfürsorge" und des "Munizipial-Sozialismus", der die Lebensrisiken- und vorsorge nicht allein bei den Individuen beläßt. Ver- und Entsorgung, Kindergärten und Schwimmbäder, E-Werke und Straßenbahnen sind die sichtbaren Ergebnisse dieses Prinzips.[4]

Aber auch diese Art der Gebührenerhebung bedurfte einer jährlichen Neufestsetzung. Der Investitionsspielraum wurde bewußt klein gehalten, da Mandatsträger und Verwaltungsspitze nicht an einer sozialen Ausgewogenheit orientiert waren, sondern klassen- und schichtspezifische Interessen durchsetzten. Die Interessen der Arbeiterbewegung waren bis 1918 in preußischen Kommunalvertretungen nur sehr marginal vertreten.

Eine Betrachtung der Entwicklung der Müllgebühren kann zunächst auf die bis 1953 praktizierte Erhebung der Müllgebühren analog zu den Mieten verweisen. Was zu Beginn der Entsorgung in kommunaler Regie mit etwa 0,50 Mark pro angefangenen Hundert Mark (Jahres)-Mietwert begann, und bis 1931 auf RM 1,56 erhöht wurde, senkte sich mit der Einführung der staubfreien und motorisierten Müllabfuhr im Jahre 1934 auf RM 1,18 (1935): immerhin eine Senkung um 1/3. Die Müllgebühren sind also durch die Rationalisierung der Abfuhr erheblich gesenkt worden. Dieser Einschnitt untermauert, daß Entsorgungskosten zunächst nur die Abfuhrkosten waren, bestenfalls noch die Betreuung der Müllkippe beinhalteten aber überhaupt nicht die Folgekosten.

4 Hierzu siehe die Literaturhinweise von Haubner und Krabbe

An einem zweiten Tarif zeigt sich dies umsomehr: Am Kubikmeterpreis. Die Abfuhr aus öffentlichen Gebäuden (und später werden dann auch gewerbliche Verursacher genannt) wird mit einem Preis von zunächst M 1,85 pro m$^3$ (1914) auf RM 5,10 (1932) erhöht, um dann 1935 auf RM 3,60 wieder gesenkt zu werden.

Als Begründung für die erste Gebührenerhöhung nach 1935 müssen dann gestiegene Lohnkosten herhalten. In den Ratsprotokollen wird vermerkt, daß zwar die Preisüberwachungskommission noch keine Zustimmung gegeben habe, angesichts der früher höheren Gebühren eine Erhöhung aber innerhalb des gesetzlichen Rahmens vertretbar sei.

Im Krieg und der direkten Nachkriegszeit spielten Müllgebühren keine Rolle, aber nach der Währungsreform war es wieder denkbar, Gebühren und Kosten in einen Zusammenhang zu stellen. Zunächst mußte der Rat noch die Zustimmung des Wirtschaftsrates abwarten, doch dann werden für April bis September 1949 DM 1,18 und Oktober bis März 1950 DM 2,24 festgesetzt. Der m$^3$-Tarif für öffentliche Zwecke und gewerbliche Betriebe "(...) welche die städtische Müllabfuhr über das gewöhnliche Maß in Anspruch nehmen" beträgt zunächst DM 3,60 pro m$^3$ und dann DM 5,90. Wer seine gewerblichen Abfälle selbst abfährt, was viele größeren Unternehmen praktiziert haben dürften, zahlt folglich keine Entsorgungskosten. Dennoch verdanken wir gerade ihnen unsere heutigen Probleme mit Altablagerungen.

Die Erhöhung von 1951 weist dann erstmals auf ein Problem hin, das später zur gänzlichen Umstellung der Gebühren führt: für Neubauten sollen Prozentabschläge von der veranschlagten Miete vorgenommen werden. Der ursprüngliche Begriff "Friedensmiete" beschreibt auch ganz gut, daß zwischen den einzelnen "Friedenszeiten" auch weniger friedliche Zeiten lagen. 1953 erfolgt dann die Umstellung der zunächst jährlichen, später vierteljährlichen, Müllgebühren in Abhängigkeit der Tonnengröße, wie wir es kennen.

Von der Bemessung an der "Friedensmiete" wird abgerückt, da die Mietpreise und der Zustand der Wohnungen zwischen Alt- und Neubauten zu sehr schwankt, um Miete als einen Vergleichsmaßstab heranzuziehen.

"Bei der Kanalbenutzung und der Müllabfuhr ist für die Inanspruchnahme (...) die Belegungsstärke der Häuser entscheidend.

Sehr oft sind Gebäude mit hohem Mietwert verhältnismäßig schwächer belegt als Gebäude mit geringem Mietwert", heißt es in den Ratsprotokollen. Da der Grundsatz, daß sich Leistung und Gegenleistung entsprechen müssen, einzuhalten ist, wird bei den Kanalbenutzungsgebühren die Wasserverbrauchsmenge und bei den Müllabfuhrgebühren die abgefahrenen Tonnen (Mengen) zu Grunde gelegt.

"Für die Berechnung der abgefahrenen Müllmenge soll von der Zahl und Größe der auf den Grundstücken aufgestellten und erforderlichen Mülltonnen ausgegangen werden." Da dieser Schritt eine Kalkulation ins Blaue war und die steigende Müllmenge durch moderne Verpackungsstoffe ein übriges tat, wurde ein Fehlbetrag in den Jahren bis 1956 erwirtschaftet. Der Kauf neuer Müllwagen erfordert dann eine neue Gebührenfestsetzung. Was nun geschieht kann als Jahrhundertfehler angesehen werden. "Bezüglich der zuletzt genannten Gebühren hat das Betriebsamt festgestellt, daß die bisherige Gebühr von 24,50 DM für die kleine Tonne im Vergleich zu der Gebühr von 45,- DM für die große Tonne in keiner Weise dem tatsächlichen Arbeitsaufwand entspricht. Dieser Tatsache wurde auch bereits beim Abschluß des Müllabfuhrvertrages mit den Gemeinden Bovenden und Geismar Rechnung getragen."

Der Preis für die kleine Tonne wird nun auf DM 40,- und für die große Tonne auf DM 48,- festgesetzt. Was in der Praxis der Rationalisierung durch die hydraulische Schüttung einleuchtet, daß nämlich die Bewegung und das Hantieren von kleiner und großer Tonne trotz um 100% unterschiedlichen Volumens die gleiche Arbeit macht und die gleiche Zeit in Anspruch nimmt, setzt eine fatale Bewegung in Gang. Bei einem Preisunterschied von nur DM 8,- werden viele Hausbesitzer gleich die große Tonne geordert haben. Wenn die erst einmal vor der Tür steht, ist die Neigung, sie voll zu machen, weil ja noch Platz in ihr ist, sicher größer. Beim angenommenen Zusammenhang von Gefäßvolumen und Abfallmenge beginnt hier eine Entwicklung zur Belohnung von „mehr-Müll", weil man meint, einen besseren Gegenwert für seine Gebühren zu bekommen. Wen mag da trösten, daß man sich im Vergleich mit anderen Städten am unteren Rand der Gebührenskala bewegt. Die Gebührenveränderungen der nächsten fünf Jahre nivellieren dann den Unterschied zwischen großer und kleiner Tonne weiter. Allerdings dürfte durch diese Maßnahme wenigstens das „wilde" Ablagern von Hausmüll eingeschränkt worden sein.

Ab diesem Zeitraum ist der (geschätzte) Zuwachs der Abfallmenge nicht mehr bevölkerungsproportional sondern exponentiell und nur noch proportional zur Bevölkerungsdichte.

Die Gebühren werden in den folgenden Jahren fast jährlich in moderatem Umfang erhöht. Einzig die Erhöhung für das Rechnungsjahr 1971 fällt heraus. Die Schließung des Lappenbergs und die nun zeit- und kostenaufwendige Verbringung ins über 20 km entfernte Meensen macht sich mit einer Erhöhung um gut 20% bemerkbar.

Eine Diskussion um die Rücklagenbildung für zukünftige Entsorgungslösungen 1973 erbringt nochmals eine Steigerung um 16%, das war der Verwaltungsvorschlag, statt 22,6% der Ratsvorlage. Im Zuge dieser Diskussion wird ein allererstesmal das Wort "Müllverhinderung" ins Spiel gebracht, und zwar vom rechtsradikalen Dr. Dr. Horst Göttig.

Was nun eintritt, ist die Herausstellung des Tarifes für die nur 1x wöchentliche Abfuhr, keineswegs aber zum halben Preis. Die Parallelität von ein- und zweimaliger wöchentlicher Abfuhr hat 1973 sein Ende: Der Tarif erhöht sich proportional zur Abfuhrhäufigkeit. Zwar haben kleinere MüllproduzentInnen nun stärker die Möglichkeit, sich bei der Wahl von Tonnen und Abfuhrhäufigkeit, einzuordnen, doch – wenn auch durch die verschiedenen Tarife eine pro l-Gebühr schwer zu errechnen bleibt – so kann festgehalten werden, daß die pro-l- Gebühr allein für die 1x wöchentliche Abfuhr des 1,1 m$^3$ Behälters sich von 1966 (DM 0,39 /l) auf 1975 (DM 0,77 /l) um bald 100% erhöht hat (ohne Inflationsbereinigung).

Die Kosten der 110 l Tonne bei 2x Leerung haben sich von 1953 (DM 0,44 /l) auf 1975 (DM 1,71) erhöht: eine Vervierfachung.

Wenn man sich den 110 l-Tonnen Durchschnitt von 1953 und den 1,1 m$^3$ Durchschnitt von 1966 ansieht, wird überdeutlich, daß die Kosten wohl allein von der Rationalisierung der Leerung abhängen.

Da sich nach 1974 der Rat nicht mehr selbst mit der Gebührenerhebung befaßt, soll die Übersicht hier enden.

Könnte heute die Umstellung der Müllgebühren auf einen Proporz zur Miete ein abfallvermeidender Ansatz sein? Nein, zwar wäre eine Argumentation, daß Einkommensstärkere mehr Müll machen noch begründbar[5], doch zwei Faktoren sprechen dagegen:

| Müllgebühren in von/Hundert der Friedensmiete in Reichsmark | | | | | |
|---|---|---|---|---|---|
| 1914 | 0,61 | 1924 | 0.76 | 1928 | 1,52 |
| 1919 | 1,55 | 1924 | 0.96 | 1929 | 1,58 |
| 1919 | 2,05 | 1925 | 1,32 | 1931 | 1,56 |
| 1919 | 4,10 | 1926 | 1,32 | 1935 | 1,18 |
| 1920 | 5,60 | 1927 | 1,08 | 1949 | 1,18 |
| 1921 | 5,60 | (neue Definition) | | 1949 | 2,24 |
| 1922 | 16,40 | 1927 | 1,20 | 1951 | 2,96 |

| Müllgebühren 1953 – 74 in D-Mark (Tonnen mit 2 x wöchentlicher Abfuhr, 1,1 m$^3$ 1 x wöchentlich) | | |
|---|---|---|
| **1953** | **1962-64** | **1973-74** |
| 110 l   45,- | 110 l   79,- | (weitere Tarifdif- |
| 60 l   24,50,- | 60 l   69,- | ferenzierung) |
| | **1965** | 1x Woche |
| **1956** | 110 l   85,- | 110 l   78,2 |
| 110 l   48,- | 60 l   75,- | (also nicht 50% der |
| 60 l   40,- | | 2maligen Abfuhr) |
| | **1966-68** | 60 l   69,25 |
| **1958** | 110 l   95,- | 1,1 m3   703,75 |
| 110 l   55,- | 60 l   84,- | |
| 60 l   46,- | 1,1 m$^3$   427,50 | **1975** |
| | | (1x wöchentlich) |
| **1960** | **1969** | 110 l   94,- |
| 110 l   65,- | 110 l   101,- | 60 l   84,- |
| 60 l   56,- | 60 l   89,50 | 220 l   170,- |
| | 1,1 m$^3$   455,50 | 1,1 m3   846,- |
| **1961** | | bei mehrmaliger |
| 110 l   68,- | **1970** | Abfuhr mal x. |
| 60 l   58,- | 110 l   121,- | |
| | 60 l   107,- | |
| | 1,1 m$^3$   544,- | |

Ab einer bestimmten Wohnungsgröße sinkt der Quadratmeterpreis wieder (ein Appartment von 20 m$^2$ kostet etwa DM 400,-, eine Ostviertelvilla mit 250 m$^2$ aber keineswegs DM 5.000,- Miete im Monat. Außerdem sind insbesondere Familien, also KäuferInnen größerer Verpackungseinheiten, bei einer Berechnung nach

---

5 Nach einer Untersuchung aus Frankfurt in den 20er Jahren zeigte sich, daß in einem Villenviertel 278 l pro Woche anfielen, in einer Etagenwohnung mit Arbeiterbevölkerung aber nur 31 l. (pro Wohnung). (Münch S.115)

Miethöhe benachteiligt, – umgekehrt gelten insb. Singles als abfallintensiv. Viele einkommensstarke AkademikerInnen neigen heute zu einem umweltbewußten Konsumverhalten, viele einkommensschwache Familien in zusammengewürfelten Wohnmilieus, z.B. Grone-Süd oder Holtensener Berg, sind weniger abfallbewußt in ihrem Einkauf und geben auch weniger von ihrem Einkommen für Konsum- und Nahrungsmittel aus, bzw. das Verhältnis von Mietausgaben und Konsumausgaben ist anders als in den typischen Ostviertelecken.

War denn die Umstellung von Anteil an der „Friedensmiete" auf Gebühr pro Kopf sozial ausgewogen? Auch nicht! Der enorme Zuwachs der Bevölkerungsdichte nach 1946 durch den Zuzug von Vertriebenen und Flüchtlingen führte zwar wahrscheinlich mittelfristig zu einer Steigerung der Abfallmenge pro Kopf, zunächst ist aber nicht zu übersehen, daß die meisten keineswegs über eine Kaufkraft verfügten, die sie überhaupt in die Lage versetzte, Müll zu machen. Das öfter berichtete Durchwühlen von Abfalltonnen und Müllbergen verdeutlicht dies. Mit dieser Gebührenerhebung sind bisher stärker zum Aufkommen der Gebühren Herangezogene aus dem lokalen „Establishment" nun entlastet – zu Lasten anderer.

Die aktuelle Diskussion geht in Richtung einer Müllmengenmessung nach Gewicht bei der Tonnenentleerung. Ob der Mülltonne mit Chipkarte die Zukunft gehört und wir demnächst zur Jahresabrechnung von Gas, Wasser und Strom auch die für Müll bekommen, bleibt fraglich.

## Exkurs: Müllgebühren und Inflation

Am Beispiel der Festsetzung der Müllgebühren zeigen sich auch eindrucksvoll die Auswirkungen der Hyperinflation der Jahre 1922 und 1923.

Ist zunächst nur eine deutliche, dann häufigere Erhöhung festzustellen, wird 15.8.1919 ergänzt: "Die Gebühren werden sich ändern, sobald die Löhne sich ändern." Ab dem Dezember 1922 ist der Magistrat dann ermächtigt, die laufende Erhöhung in Anlehnung an die Selbstkosten vorzunehmen. Im März 1923 wird dann kein Nominalbetrag mehr genannt, sondern nur noch "in Prozent von Miete", "Wert in Zentner Roggen" oder Gehältern.

Die Festsetzung der Müllabfuhrgebühren am 25.5.1923:
"Gebührensatz im Vormonat geteilt durch 2 mal voraussichtlicher

Tabelle Müllgebühren für 1cbm (Quelle Ratsprotokolle, keine Inflationsbereinigung):

| | | | |
|---|---|---|---|
| 1914 1,85 | 1922 66,- | 1929 5,2 | 1965 16 |
| 1916 2,1 | 1924 3,5 | 1931 5,1 | 1966 17,5 |
| 1919 5,3 | 1925 4,5 | 1935 3,6 | 1969 18,5 |
| 1919 7,8 | 1926 4,5 | 1949 3,6 | 1970 22,- |
| 1919 7,8 | 1927 4,5 | 1949 5,9 | 1973 28,5 |
| 1919 15,60 | 1927 4,8 | 1951 7,78 | 1974 34,- |
| 1920 21,- | 1928 5,- | 1964 15,- | |

Durchschnittslohn des ungelernten Arbeiters im Gebührenmonat durch Durchschnittsstundenlohn des ungelernten Arbeiters im Vormonat plus Gebührensatz im Vormonat durch zwei mal KW elektrische Energie im Gebührenmonat durch KW elektrische Energie im Vormonat".
Wer hats begriffen?

## Quellen- und Literaturverzeichnis

Göttinger Tageblatt (GT), diverse Ausgaben, Göttingen.
Haubner, Karl „Die Stadt Göttingen im Eisenbahn- und Industriezeitalter. Geographische Betrachtungen der Entwicklung einer Mittelstadt im Zeitraum 1860 – 1960" Hildesheim, 1964.
Krabbe, Wolfgang R. „Kommunalpolitik und Industrialisierung. Die Entfaltung der städtischen Leistungsverwaltung im 19. Jahrhundert und frühen 20. Jahrhundert – Fallstudien zu Dortmund und Münster" Stuttgart, 1985.
Mehlhase, Michael „Die Entwicklung der Müll- und Abfallbeseitigung im südlichen Niedersachsen seit 1972" Diplomarbeit am Geographischen Institut der Universität Göttingen, unveröff. Göttingen, 1987.
Pörtge, Karl-Heinz „Die Müll- und Abfallbeseitigung in Südniedersachsen" Diplomarbeit am Geographischen Institut der Universität Göttingen, Göttingen, 1972.
Pörtge, Karl-Heinz/Mehlhase, Michael „Die Entwicklung der Müll- und Abfallbeseitigung im südlichen Niedersachsen seit 1970" in: Göttinger Jahrbuch 37 Jg., 1989.
Ratsprotokolle der Stadt Göttingen.
Stadt Göttingen (Hg.) „Komposttonne Göttingen; Schlußbericht; 3 Jahre Erfahrungen" Göttingen, 1988.

## Nationalsozialismus, Krieg und Müll – Gewinnt man mit Müll Kriege?

*von Thomas Pusch und Martin Heinzelmann*

Die Nationalsozialisten haben nicht die Macht übernommen um die Müllabfuhr zu reformieren, geschweige denn um Autobahnen zu bauen oder das Kindergeld einzuführen. Ziel nationalsozialistischer Politik war stets die Unterwerfung anderer Länder und die Vernichtung von Millionen von Menschen. Die politischen Ziele des NS, allen voran die Absicht, durch den Überfall der Nachbarstaaten die eigene Machtsphäre auszubauen, wären auch ohne eine Regulierung kommunaler oder sozialer Sektoren umgesetzt worden. Aber: Es zeigt sich im Detail, wie zielstrebig auch ganz nebensächliche Aspekte in die Kriegsplanung mit einbezogen wurden, wie selbst die Abfuhr unseres Abfalls zur Reichssache erklärt wurde.

An diesem Beispiel zeigt sich gut, daß sich Müll letztlich immer nur aus den Stoffen zusammensetzt für die sich niemand mehr interessiert, die keinen Tauschwert mehr besitzen. Durch das Bestreben der Nationalsozialisten, wirtschaftlich von anderen Ländern möglichst weitgehend unabhängig zu sein, gewannen die bisherigen Abfallstoffe wieder an Bedeutung und mit ihnen erfuhr die gesamte Branche eine Aufwertung. Es waren die Erfahrungen mit der britischen Seeblockade im 1.Weltkrieg, die diesen Planungen zugrunde lagen. Seinerzeit war die deutsche Wirtschaft davon unvorbereitet getroffen worden, dies galt es nun unbedingt zu vermeiden. Sowohl Industrie als auch Landwirtschaft sollten kriegsbereit gemacht werden. Ihre Bestrebungen, möglichst alle Materialien zu erfassen, zu sammeln und in ihrem Sinne nutzbar zu machen setzten unmittelbar mit der sogenannten „Machtergreifung" 1933 ein, sie gipfelten in dem nur noch als pathologisch zu bezeichnenden Sammlungs- und Verwertungswahn der Konzentrationslager. Jeder kennt die Bilder von den monströsen Bergen aus Schuhen, Kleidung, Brillen oder gar Haaren, die den Ermordeten abgenommen wurden. Dabei darf nicht vergessen werden, daß trotz aller Anstrengungen die so gesammelten Materialien lediglich einen verschwindend geringen Anteil am Gesamtmaß der in den gewaltigen Schlachten verschleuderten Gütermenge ausmachten. Allerdings spielten bei der Mobilisierung der Bevölkerung für die Sammlung von Altstoffen immer auch noch andere Motive eine Rolle, wie in den folgenden Kapiteln gezeigt wird.

Abb. 1: *Eiserne Erinnerungsmedaille für Edelmetallspende während des 1. Weltkriegs. (Vor- und Rückseite) (M. Heinzelmann)*

In diesem Aufsatz werden verschiedene Aspekte der nationalsozialistischen Abfallpolitik, thematisch geordnet, in fünf Kapiteln behandelt. Ziel ist dabei, die Zusammenhänge zwischen lokalgeschichtlichen Ereignissen und der „großen" Politik aufzuzeigen. Einschränkend muß allerdings bemerkt werden, daß die Quellenlage für beide Seiten dieses Zusammenhanges nicht immer befriedigend gewesen ist.

Vielleicht ist es älteren Mitbürgern oder Mitbürgerinnen noch in Erinnerung, daß in Göttingen die motorisierte Müllabfuhr von den Nationalsozialisten eingeführt wurde. Im ersten Abschnitt werden die Gründe für diese Innovation näher erläutert.

Mit der Essenstonne sollte eine kommunale Nahrungsmittelreserve in Form einer Schweinemast angelegt werden, um damit einer ernährungspolitischen Abhängigkeit im nächsten Krieg, gerade bei den begehrten und stimmungsbeeinflussenden Fetten und Eiweißen, entgegenzuwirken: Es sollte nie wieder streikende Rüstungsarbeiter aus Hunger geben wie 1916-18. In Göttingen überlebte die Schweinemast als kommunaler Betrieb sogar das Kriegsende.

Ein kurzer allgemeiner Überblick über Organisationsstruktur und Durchführung vor allem der Altmetallsammlung erlaubt eine Einordnung der anschließenden Abschnitte.

Vor dem Krieg befand sich der Rohproduktenhandel überwiegend in der Hand jüdischer Geschäftsleute. Auch in Göttingen war den Nationalsozialisten ihre Enteignung und Vertreibung nicht nur aus ideeologischen Gründen wichtig.

Den Abschluß bietet eine Darstellung der Sammlungsdurchführung während des Krieges. Hierzu wurden vor allen Dingen Kinder und Jugendliche, auch unter der Obhut der Schulen, herangezogen.

## 1. Einführung der staubfreien und motorisierten Müllabfuhr

Seit den letzten Innovationen auf dem Gebiet der Abfallentsorung, nach der Abwasserreinigungsanlage 1901/3, der Einführung der kommunalen Müllabfuhr 1904 und der Bildung des Stadtreinigungsamtes 1918 vergingen fünfzehn Jahre, als sich der nächste, bis 1984 praktisch einzige Schritt der Weiterentwicklung vollzog: Die Einführung der sogenannten "staubfreien und motorisierten Müllabfuhr" 1933 auch in Göttingen.

Wie kam es nun zu dieser relativ kostenintensiven und Arbeitskräfte freisetzenden Maßnahme ausgerechnet in einer Zeit, in der Investitionen für die Rüstungsindustrie Priorität besaßen und die Beseitigung der hohen Arbeitslosigkeit ein vordringliches Ziel der Nationalsozialisten war? Anderenorts wurde in Arbeitsbeschaffungsmaßnahmen investiert, so z.B. in die Rekultivierung der städtischen Kiesgruben – dem heutigen Kiessee – , oder Reichsweit in den Bau von Autobahnen.

Schon 1923, während der Inflation, führte die Unmöglichkeit der Kostenberechnung und die Zahlungsunfähigkeit vieler HausbesitzerInnen (und MieterInnen) vorrübergehend zu einer Einstellung der Müllabfuhr. Dieser Einschnitt war wohl auch Anlaß, abermals über das System der Müllentsorgung nachzudenken.

So entwickelte sich zum Beispiel ein reger Schriftverkehr zwischen der Stadt Göttingen und der Firma Herbertz, Köln, die für eine Müllverbrennungsanlage mit einer Kapazität von 150.000 kg Müll/24 h Reklame machte.[1] Wie wir wissen, ohne nachhaltigen Erfolg.

1 Vgl. Steinmetz S.28

So blieb bis zur Machtübernahme der Nationalsozialisten das alte Verfahren bestehen. Der Fahrzeugpark der Müllabfuhr bestand aus zwei Elektroschleppern mit Anhängern dem sogenannten „Balkanzug", sowie drei bis vier Müllwagen im Pferdebetrieb. Das Personal setzte sich aus den Fahrern sowie drei Müllaufladern zusammen. Die Tonnen wurden von Hand in die oben offenen Wagen entleert. Die Staubentwicklung war bei diesem Verfahren natürlich ganz erheblich. Beide Fahrzeugarten fuhren täglich 4 mal und besaßen jeweils ein Fassungsvermögen von m³. Die Stadt hatte an Unkosten für diese Abfuhr jährlich 128.198,- RM zu entrichten. Wenn der Müll ca. 15 Jahre gelagert hatte, wurde er, vermischt mit Fäkalien, als Dünger verkauft und kostete pro m³ = 3,- RM.[2] Die Abfuhr des Mülls war also eine ausgesprochen unhygienische und für die Müllarbeiter höchst kraftraubende Tätigkeit.

Die Forderung der NSDAP, hier Abhilfe zu schaffen, war deshalb in allen Kreisen sehr populär, zumal auch eine Reduzierung der Kosten für die Müllabfuhr in Aussicht gestellt wurde. Diejenigen, die meinten, daß die etwa 100.000 RM für die Neuanschaffungen besser anders investiert werden könnten, insbesondere in soziale Projekte wären sowieso nicht als potentielle Wähler zu gewinnen gewesen. Eine auf Etaträson bedachte, eher bürgerlich-national-konservative Elite war, sofern nicht eh schon zu den Nazis übergelaufen, in Zugzwang. Sie hätten eine so populäre Maßnahme nicht verhindern wollen.

Die Einführung einer größeren Hygiene stand für die Nazis im Kontext einer allgemeinen Mobilisierung der Bevölkerung unter dem Schlagwort der Volksgesundheit, wozu auch die Abwehr von potentiellen Krankheitsherden zählte. In diesen Jahren dominierte also noch der Hygieneaspekt bei der Müllbeseitigung und weniger die Nutzbarmachung von Altstoffen.[3] Insgeheim war zudem eine Rationalisierung von kommunalen Dienstleistungen mittelfristig geboten, um größere Ressourcen für den geplanten Ausbau des großindustrieellen Sektors – und damit der Wiederaufrüstung – bereitstellen zu können.

Ein weiteres Argument für die Modernisierung des seit 1904 bestehenden Systems war die bereits in vielen anderen Städten,

---

2 ebenda S.29

3 Zudem bestand die Möglichkeit, durch den Pflichtanschluß der Haushalte an die neue Müllabfuhr, über eine bessere Kontrolle der Bevölkerung zu verfügen. Dies galt besonders für die als potentiell gefährlich angesehenen Viertel der Arbeiterbewegung.

## Das Ende des „Balkanzuges"
### Die Umstellung der städtischen Müllabfuhr

Die Mülleimer werden in die staubsichere Einfüllöffnung entleert.

Am 3. April wird, zunächst wenigstens in der Innenstadt, eine bekannte Erscheinung aus dem Göttinger Straßenbilde verschwinden. Der vom Volksmunde „Balkanzug" getaufte Schleppzug der städtischen Müllabfuhr wird durch einen Großraummüllwagen mit staubfreier Einschüttung aus hygienischen Einheitstonnen ersetzt. Die alten städtischen Kollegien haben im November vorigen Jahres einem Magistratsantrag zugestimmt, der zunächst eine Summe von 87 000 Mark für die Umstellung der Müllabfuhr bewilligt. Dafür wurden ein Großraummüllwagen mit zehn Kubikmeter Rauminhalt und 2000 eiserne, verzinkte Mülltonnen beschafft, die dieser Tage an die Haushaltungen verteilt wurden. Sie fassen je 90 und 110 Liter. Für die Benutzer erstehen daraus keine Kosten, aber sie bleiben Eigentum der Stadt und werden von dieser auch unterhalten.

Außer den hygienischen Vorzügen, wovon wir uns gelegentlich einer Pressebesichtigung überzeugen konnten, bringt das neue System eine nicht unerhebliche finanzielle Ersparnis. Die Betriebskosten werden sich in Zukunft auf 103 000 statt wie bisher auf 117 000 Mark jährlich stellen und die Gebühren können um 18 Pfg. auf je 100 Mark Miete, also von 1.50 auf 1.32 Mark gesenkt werden. Den Stepfisern hat Senator Bachs i. Zt. versichert, daß er sich verpflichte, die Differenz aus der eigenen Tasche zu bezahlen, falls seine Versprechungen nicht in Erfüllung gingen. Nun, wir werden ja sehen ...

Jedenfalls hat das neue System unbestreitbar ganz erhebliche Vorzüge gegenüber der bisherigen Methode der Müllabfuhr. Die Eimer sind so konstruiert, daß sie auf den Millimeter genau in die am hinteren Ende des kesselförmigen Abfuhrwagens befindliche Einfüllöffnung passen, so daß kein Stäubchen daneben fliegen und sich im Geruchsorgan der Vorübergehenden

schleudernderweise niederlassen kann. Wenn man an die Staubwolken denkt, die jetzt selbst bei windstillem Wetter bei der Entleerung der Mülleimer die Umgebung verpesten, so muß man das neue System loben, bevor es noch in unseren Straßen in Tätigkeit getreten ist. In dem Müllwagen befindet sich eine drehbare Schnecke, die vom Motor des Wagens in Bewegung gesetzt wird und den Müll im Inneren des Kessels verteilt, wie ein höflicher Autobusschaffner im Massenbetrieb seine Fahrgäste unterbringt: „Immer weitergehen, meine Herrschaften, es ist noch Platz genug, da!" Nur ausgediente Kinderwagen, Herde, Nachtgeschirre und sonstige umfangreiche und nützliche gewesene Dinge, die treu gedient ihre Zeit, sind, wie bisher, von der Beförderung ausgeschlossen. Sie werden auf Benachrichtigung gesondert abgeholt.

Wenn der Wagen gefüllt ist, wird er zur Müllhalde draußen hinter der Maschmühle gefahren, um hier entleert zu werden. Das geschieht so, daß die Förderschnecke sich nun rückwärts dreht und den Inhalt gewissermaßen aus dem Kessel hinausschraubt. Die Entleerung geschieht in verhältnismäßig kurzer Zeit, so daß der Wagen zu einer zweiten Fahrt bereit ist.

Diese Müllhalde ist übrigens eine Sehenswürdigkeit. Die wenigsten Göttinger werden sie kennen obgleich sie sozusagen aus den Spuren ihrer Erdentage aufgebaut ist. Sie ist am besten zu vergleichen mit den riesigen Schutthalden einer großen Zeche. Ein Geruch von unvorstellbarer Penetranz kündigt sie schon von weitem an, aber von ihrem Gipfelgrat, der ständig wie ein Vulkan raucht und qualmt, hat man einen Rundblick über das Lenetal wie vom Veluv über die Bucht von Neapel.

Mit den Jahren „verbrennt" der Müll, wie die Fachleute sagen, er verrottet unter dem Einfluß von Regen und Sonne und der chemischen Vorgänge des Bodens und wird zu einem feinen Aschengrus, der im Frühjahr zur Ausbefferung der durchlöcherten Wege verwendet wird. Nur die durchlöcherten Eimer usw. lösen sich nicht in ihre Bestandteile auf. Sie erblicken nach Jahren wieder das Licht der Sonne, wenn die Amphoren, die man nach zweitausend Jahren aus der Lava ausgräbt, die einst Pompeji begrub. Nur mit dem Unterschied, daß sich kein Museum findet, das diese Zeugen vergangener Tage unter gläsernen Vitrinen der ergriffenen Nachwelt vorführt.

Wenn nun in den nächsten Tagen der Betrieb mit dem neuen Müllwagen in Gang gesetzt wird, so wird es zunächst, wie das bei allen Neuerungen der Fall ist, nicht ohne kleine Zwischenfälle und Hemmungen abgehen. Die Sache muß sich zunächst einmal einspielen, und daher bitten die städtischen Müllmänner um freundliche Nachsicht. Nur nicht gleich meckern, wenn einmal irgend etwas nicht klappt! Sollte sich herausstellen, daß die Zahl der Mülleimer für ein Grundstück nicht ausreicht, so benachrichtige man das Betriebsamt, das sofort für eine entsprechende Ergänzung der Gefäße sorgen wird.

bl.

In wenigen Minuten wird der Inhalt des Wagens automatisch auf die Müllhalde geworfen.

*Abb.2: Am 3. April 33 wird in Göttingen die motorisierte, staubfreie Müllabfuhr eingeführt. (Göttinger Tageblatt)*

wie z. B. Hamburg, Potsdam, Hannover, Braunschweig oder Kassel erfolgreich eingeführte staubfreie Müllabfuhr. Hier sollte Göttingen nicht länger nachstehen.

Dieses uns auch heute noch geläufige Verfahren wird als „Umleersystem" bezeichnet und bedeutet nichts anderes, als daß eine genormte metallene Mülltonne hydraulisch in einen nun motorisierten Transportwagen, Typ Kuka, gefüllt wird. Die Tonnen gehören dabei der Stadt und der Clou liegt darin, daß die Öffnung im Wagen genau der Norm der Tonne entspricht. Im Wagen verdichtet eine Schnecke den Müll und sorgt für eine gleichmäßige Ausnutzung des vorhandenen Transportvolumens – ein zuvor nur sehr unvollständig zu bewerkstelligendes Unterfangen. Da man damit rechnete, daß in einer acht-stündigen Schicht in vier Fahrten etwa 40 m$^3$ abgefahren werden können, glaubte man, mit zwei derartigen Wagen auszukommen.

Diese Neuanschaffung sollte nun nicht wie viele andere kommunale Investitionsvorhaben durch eine Anleihe finanziert werden, sondern durch einen zwecks Umstellung der Müllabfuhr angesparten Fond. Hier zeigt sich, was eine Gebührenerhebung, die zukünftige Investitionen mit einkalkuliert und nicht bloß exakt die Kosten abdeckt, leisten kann. Für die Anschaffung von zunächst einem Wagen und dem Bau einer entsprechenden Garage, dem Kauf von 1800 Mülltonnen sowie der Anlage eines Bohlenweges auf dem Müllplatz – ein LKW dieses Gewichts würde dort sonst im Boden stecken bleiben – wird dann der Fond in Höhe von 130.000,- RM teilweise freigegeben. Durch Ratenzahlung und sinkende Betriebskosten (um gut 12% pro Jahr) war das Finanzierungsrisiko relativ gering und eine Senkung der Abfuhrgebühren wurde ermöglicht.[4] So beschloß der Rat letztlich einstimmig die Billigung der erheblichen Ausgaben aus städtischen Rücklagen. Die alten Wagen und Tonnen blieben ebenfalls weiterhin in Benutzung, so daß auch hier nichts überflüssig wurde.

Am 30. März 1933 – nur zwei Monate nach der sogenannten „Machtergreifung" – wurde dann die Umstellung der Müllabfuhr, zunächst für die Innenstadt, ab dem 3. April bekannt gegeben. Die Neuerung im Müllabfuhrwesen steht im Kontext aller weiteren Erfolgsmeldungen nach der NS-Machtübernahme und den Auswirkungen vor Ort. Ein Rausch der Ereignisse...

---

4 Siehe auch den Aufsatz „Müllgebühren und Abfallmenge" in diesem Band.

## 2. Essenstonne und Schweinemast

Die Einführung der Essenstonne, einer heute nur noch aus Großküchen bekannten Entsorgungsweise für Essenreste, kann durchaus als Vorläuferin der Komposttonne der 80er Jahre angesehen werden. Beiden ist der Gedanke der Weiterverwertung organischer Abfallstoffe gemeinsam, wenn auch unter äußerst unterschiedlichen Rahmenbedingungen.

Bei der Aufarbeitung der Ereignisse des 1.Weltkrieges stand für die Nationalsozialisten der Aspekt des Vermeidens von „Fehlern" bei der Führung von zukünftigen Angriffskriegen im Vordergrund. Dabei war die Erfahrung des sogenannte Hungerwinters von 1916/17 dieser Generation noch deutlich in Erinnerung. Er wurde als eine der Hauptursachen für das Erlahmen des „Wehrwillens" und damit der

*Abb. 3: Titelseite des erwähnten Buches von Darré – im Original ist die Beschriftung in rot gehalten.*

Niederlage ausgemacht. Denn gemäß der von ihnen als Tatsache angesehenen Dolchstoßlegende war die Armee unbesiegt geblieben. Die Versorgung der Bevölkerung besaß deshalb eine große Priorität. Insgesamt wollte man die Zivilbevölkerung den Krieg möglichst wenig spüren lassen. So war z.B. die Arbeitsbelastung für Frauen noch 1942 in Deutschland weitaus geringer als in England, geschweige denn in der Sowjetunion.[5] Um diese auch im Falle einer Seeblockade wie im 1.Weltkrieg sicherzustellen, galt es daher, sämtliche Ressourcen des Landes möglichst vollständig einzusetzen.

Stellvertretend sei an dieser Stelle das Buch „Der Schweinemord" (1937) von R. Walther Darré, dem damaligen Reichsminister für Ernährung und Landwirtschaft, erwähnt. Hier zeigt er detailliert – aus seiner Sicht – auf, welche Fehler zu der katastrophalen Ernährungslage im Weltkrieg geführt haben. Es verwundert nicht, daß sich die von ihm gezogenen Lehren auf die Mobilisierung von Ressourcen konzentrieren und nicht auf den Verzicht von Kriegen. Ohne das er auf so konkrete Maßnahmen wie die Essenstonne eingeht – er fordert Kompetenzerweiterungen in den Organisationen des Reichsnährstandes – wird doch deutlich, daß das Engagement der Kommunen und damit der Aufbau einer kommunalen Schweinemast eine Folge auch dieser „Analyse" ist.

Damit griffen die Nationalsozialisten eine Idee auf, die bereits in den zwanziger Jahren gelegentlich praktiziert wurde und entwickelten sie in großem Stil weiter. Unter der Obhut der nationalsozialistischen Volkswohlfahrt (NSV) waren die Kommunen verpflichtet, geeignete Gebäude bereitzustellen. Privaten Händlern wurde die ökonomische Grundlage entzogen oder sie mußten sich der neuen Organisation anschließen. Um eine möglichst vollständige Sammlung sicherzustellen, waren die einzelnen Haushalte verpflichtet, ihre Küchenabfälle getrennt zu erfassen, dafür erhielten sie einen speziellen NSV-Eimer. Informationsblätter und Artikel in den gleichgeschalteten Zeitungen sorgten für den notwendigen Bekanntheitsgrad. Mit Beginn des Krieges war die Polizei ermächtigt, die Einhaltung der entsprechenden Sammelvorschriften zu kontrollieren.[6]

So bestand auch in Göttingen während der gesamten NS-Zeit eine Schweinemästerei auf dem Stadtgut in Niedernjesa. Sie war

---

5 Vgl. Weinberg, Gerhard L. S.509f.
6 Vgl. Huchting, Friedrich S.268f.

von der NSV organisiert worden, stand aber faktisch unter der Verwaltung der Stadt. Daß dieser Betrieb die in ihn gestellten Erwartungen durchaus erfüllte[7], läßt sich aus der Tatsache schließen, daß er auch nach Kriegsende, wieder ganz unter der Regie der Stadt – also auch zu derem finanziellen Nutzen – weitergeführt wurde. Es waren lediglich Flensburg, Lüneburg und Göttingen, die ihre Schweinemästereien weiter beibehielten. Es ist wahrscheinlich, daß sich diese drei Städte – im Gegensatz zu den vielen anderen – wegen ihrer zahlreichen Flüchtlinge dazu entschlossen. Mit der Währungsreform kam dann auch für diese Betriebe der Umschwung; Kraftfutter, Streumittel und Brennstoff zum Dämpfen standen wieder in ausreichender Menge billig zur Verfügung. Neben dem ab 1950 abnehmenden Ertrag rückte deshalb die Entlastung der Müllabfuhr durch die Herausnahme von organischen Stoffen und damit eine Prävention gegen z.B. Ratten in den Vordergrund. Letztlich scheiterte aber auch dieser Versuch, die Abfallverwertung wirtschaftlich zu gestalten.[8]

## 3. Altmetallsammlung im „Dritten Reich"

Nicht nur auf dem Sektor der Ernährung sondern auch auf dem Gebiet der Industrie zogen die Nationalsozialisten ihre Folgerungen aus dem verlorenen 1.Weltkrieg. Diese betrafen zum einen die Tatsache, daß Deutschland weder über die Devisen, die Arbeitskräfte noch über die Rohstoffe verfügte, um einen Weltkrieg wirtschaftlich führen zu können und zum anderen die Erkenntnis, daß seinerzeit auf Grund von Inkompetenz und gravierenden Organisationsmängeln die Kräfte nicht vollständig ausgeschöpft wurden.[9]

Auf dem Sektor der Rohstoffe verfügte das Deutsche Reich lediglich bei der Kohle über ausreichende Reserven, alle anderen

---

7 Daß der Zivilbevölkerung während der Kriegsdauer Hungersnöte wie im 1.Weltkrieg weitgehend erspart blieben hat allerdings andere Gründe. Hier ist die hemmungslose Auspünderung der eroberten Länder auf Kosten der dort ansässigen Bevölkerung zu nennen. Erst als diese Möglichkeit wegfiel – vor allen Dingen in den Jahren nach dem Krieg – machte sich spürbar Nahrungsmittelmangel breit.
8 Vgl. Münch, Peter „Stadthygiene im 19. und 20. Jahrhundert. Die Wasserversorgung, Abwasser- und Abfallbeseitigung unter besonderer Berücksichtigung Münchens" S. 117f. Göttingen, 1993.
9 Vgl. Michalka, Wolfgang in Michalka, Wolfgang (Hg.) 1994, S.486ff..

Materialien mußten eingespart, ersetzt, eingeführt oder gegebenenfalls erobert werden.[10] So hatte man bereits im 1.Weltkrieg mit Ersatzstoffen gute Erfahrungen gemacht. Ohne die „rechtzeitige" Erfindung der künstlichen Synthese von Sprengstoffen hätte das Kaiserreich schon nach einem Jahr aus Munitionsmangel die Waffen strecken müssen. Denn vordem war Salpeter aus Chile – das wegen der Blockade nicht mehr zu erreichen war – für die Munitionsherstellung unverzichtbar gewesen. Neben vielfältigen Ersatzprodukten auf dem Nahrungsmittelsektor ist uns heute noch „Buna", ein künstliches Gummi, das im „Dritten Reich" in großer Menge hergestellt wurde, bekannt. Primat besaß allerdings die Einsparung von Rohstoffen, um die Einfuhren auf ein Minimum zu reduzieren. Neben allerdings langwierigen Umstellungen schon im Herstellungsprozess ist hier die Erfassung von Altmaterialen zu nennen. Folgerichtig wurden die neuen Machthaber auch auf diesem Gebiet schon früh aktiv. Bei den intensiven Altmaterialsammlungen in der Zeit des Nationalsozialismus ging es also zuerst um die Rohstoffe; Mobilisierung der Bevölkerung, Hygiene, Umweltschutz und Kontrollaspekte dienten der Propaganda oder waren durchaus erwünschte Nebeneffekte.

Unmittelbar nach der „Machtergreifung" begannen die Anstrengungen zur Mobilisierung der Wirtschaft. 1936 schließlich wurde Hermann Göring neben seinen zahlreichen Staats- und Parteiämtern noch zum Beauftragten für den Vierjahresplan, zwecks Koordinierung der Wirtschaft, ernannt. Im Juni 1937 stellt er in einer Grundsatzrede hierzu fest: "Die Zeit des 1.Weltkrieges war der große Lehrmeister für uns auch für die Nutzung der Rohstoffe im Altmaterial und in den Altstoffen. ... Da der Umfang der Altstoffverwertung auch heute noch in hohem Maße davon abhängt, in welcher Weise die Sammeltätigkeit organisiert und durchgeführt wird, so bedeuten die im Weltkrieg erlangten Kenntnisse eine Erfahrungsreserve, auf die immer wieder zurückgegriffen werden kann." Das Ziel des ersten Vierjahresplan war unmißverständlich: Die deutsche Wirtschaft mußte in vier Jahren kriegsfähig gemacht werden. Deshalb kam es schon bald zu ersten Eingriffen des Staates in das Wirtschaftsleben, mit dem Ziel die Rüstungsproduktion zu steigern. Das Endergebnis war allerdings

---

10 Ausführlich zur Rohstoffsituation Deutschlands im 2.Weltkrieg: vgl. Weinberg, Gerhard L. S.429ff.

nicht die propagierte und erhoffte Effizienzsteigerung, sondern ein Organisations- und Kompetenzchaos wie es auch für andere Bereiche der nationalsozialistischen Herrschaft typisch war.[11] Zu wirklich bedeutenden Produktionssteigerungen kam es erst ab 1943, als Albert Speer die Leitung fast der gesamten Rüstung übernahm und neu organisierte.

Abb.4: *Glanzvolle Präsentation der Ergebnisse der Metallspendenaktion 1940 in Göttingen. (Museum Göttingen)*

In den Jahren vor dem Krieg bemühte man sich also auch verstärkt um die Erfassung von Altmaterialien. Da sich der überwiegende Teil des Rohproduktenhandels in der Hand jüdischer Geschäftsleute befand, stand man vor einem Dilemma, denn als Experten waren sie vorerst unverzichtbar. Die Enteignung und Vertreibung dieser Menschen konnte erst 1937 als abgeschlossen angesehen werden. Deshalb verfuhr man zweigleisig; neben von der „Partei" durchgeführten Sammelaktionen begann der gezielte Aufbau eines neuen mittelständischen Rohstoffgewerbes.[12]

---

11 Ausführlich zu den Konflikten zwischen Privatwirtschaft, Wehrmacht und NS-Gremien vgl. Müller, Rolf Dieter in: Michalka, Wolfgang (Hg.) 1989, S.349ff.
12 Vgl. Huchting, Friedrich S.260ff.

Überwog in den 20er Jahren noch die tragikomische Gestalt des Lumpensammlers, so hieß es einen Tag nach dem Überfall auf Polen in der lokalen Presse: "Alle Volksgenossen müssen nach Wegen suchen, die Entstehung von Abfällen zu vermeiden. ... Die Abfälle, die sich trotzdem als unvermeidbar erweisen, gilt es nicht als etwas wertloses abzutun, ... sondern sie als wertvolles Gut auf dem raschesten Wege einer Wiederverwertung zuzuführen. Nur durch einen derartig totalen Einsatz ... kann es gelingen, in der heutigen, rohstoffhungrigen Zeit das Ziel einer möglichst rationellen Stoffwirtschaft zu erreichen und damit praktisch nicht mehr und nicht weniger als die Lebensgrundlage unseres Volkes zu sichern."

Die hier so vehement propagierte Rohstoffsammlung verlor allerdings in den ersten Jahren des Krieges, zumindest aus Sicht der Führung, wieder an Bedeutung. Die rasche Eroberung zahlreicher Ländern schien das Rohstoffproblem eleganter zu lösen, die Sammlungen wurden aber weiter durchgeführt, auch wenn die Erträge bereits spürbar zurückgingen.

Erst mit der Ankündigung des „Totalen Krieges" als Reaktion auf den Verlust der zuvor eroberten Gebiete, den zurückgehenden Lieferungen neutraler Länder sowie den zunehmenden Bombardierungen der Städte und Betriebe rückte das Rohstoffproblem wieder in den Mittelpunkt der Betrachtungen. Es waren in den letzten Kriegsjahren dann hauptsächlich Rationalisierungs- und Sparmaßnahmen in der Produktion, die für den starken Anstieg der Güterfertigung, bei fast gleichbleibendem Rohstoffverbrauch, verantwortlich zu machen sind. Zudem fehlten durch die zunehmende Zerstörung der Städte sowohl das Personal – selbst die Hitlerjungen wurden verstärkt zu Aufräumarbeiten herangezogen – als auch die Infrastruktur um die Sammlungen wie gewohnt weiter durchzuführen. Hieran änderte der ebenfalls praktizierte Einsatz von Zwangsarbeitern und Kriegsgefangenen bei der Altmaterialsortierung nichts mehr.

## 4. Die „Arisierung" des Rohproduktenhandels

Die "Arisierung" von Betrieben und Geschäften gehört dank der Initiative eines Einzelnen, gegen zahlreich Widerstände vor Ort, zu einem erforschten Kapitel der lokalen NS-Geschichte.[13] Während der Weimarer Republik und damit auch zum Zeitpunkt der „Machtergreifung" befand sich der Göttinger Rohproduktenhandel – so die damalige Bezeichnung – fast ausschließlich in der Hand jüdischer Geschäftsinhaber.[14] Dabei handelte es sich sowohl um den Ankauf von Altmaterialien zum Weiterverkauf an die Industrie als auch um Geschäfte, die man heute als Second-hand-Läden bezeichnen würde. Es handelt sich also nicht im eigentlichen Sinne um Müll sondern um Materialien denen noch ein gewisser Wert beigemessen wurde. Diese Betriebe lagen seinerzeit, im Gegensatz zu heute, im Bereich der Innenstadt.

Wie bereits gesagt, war die Mobilisierung der Ressourcen des Reiches ein wichtiges Anliegen der neuen Führung. So kamen sie auch in Göttingen in den ersten Jahren einerseits nicht um die alteingesessenen Betriebe mit ihrem eingespielten Personal herum, andererseits waren dessen Besitzer ihnen ständig ein Dorn im Auge. In der Regel blieben sie bis Mitte der 30er Jahre in der Hand ihrer alten Besitzer bestehen.

Zuerst führte die NS-Verwaltung verschiedene Aktionen – die auch zur Bildung einer sogenannten „Volksgemeinschaft" beitragen sollten – zwecks Sammlung von Altmaterialien durch. Die hier u.a. propagierte "Entrümpelung der Landschaft" stieß dabei auf das Interesse des Naturschutzes im NS, die Kampagne "Entrümpelung der Dachböden" war auch eine Maßnahme des kriegsvorbereitenden Luftschutzes, der nach Möglichkeit brennbare Materialien von Dachböden entfernt sehen wollte und eine besseren Zugang zu Löschzwecken wünschte.[15] Letztlich war eine Verwertung der so gesammelten Materialien ohne professionelle Betriebe aber ausgeschlossen. Parallel zu den ständigen Schika-

---

13 Gemeint ist Bruns-Wüstefeld, Alex „Lohnende Geschäfte: Die 'Entjudung" der Wirtschaft am Beispiel Göttingens" Hannover, 1997. Die Angaben in diesem Kapitel entstammen im wesentlichen diesem Buch.
14 Dies galt ebenso für die meisten anderen Städte. Vgl. Huchting, Friedrich S. 260f.
15 Gerade diese Aktion legt allerdings den Verdacht nahe, daß sie auch zur Kontrolle der Bevölkerung und zur Verunsicherung von politischen Gegnern dienen sollte. Ein Beweis dafür kann leider nicht erbracht werden.

nierungen der jüdischen Geschäftsinhaber entstanden deshalb allmählich neue Rohproduktenbetriebe in deutscher Hand. Ihr Entstehen war ganz im Sinne der Machthaber und sie konnten sich durch die Vernichtung der Konkurrenz rasch ausbreiten.

„Beispielhaft für den 'Austausch' in dieser traditonell jüdischen Domäne ist der Aufstieg des Heinrich Resebeck. Zunächst nur Hausierer (ab 1927) und Pflichtsammler, der die Firma Markus Wagner beliefert, wechselt er den Abnehmer, als dies 'unangenehm' wird (1935/36). Im Mai 1937 läßt er sich mit einem kleinen Rohproduktenhandel nieder und erweitert den Betrieb bereits einen Monat später um eine Automobilverschrottung. Die früher für Wagner tätigen Sammler werden von ihm zum Teil übernommen. Resebeck hat seine Zulassung als Altmaterialgroßhändler mit Unterstützung der Partei erhalten, der er seit 1926 angehört. Seitdem ist er gleichfalls in der SA tätig. Auf Anordnung der Militärregierung wird er 1947 aus dem Beruf ausgeschlossen, ist jedoch schon 1948 unter der Firma August Resebeck wieder da. 1949 reiht man ihn in die Kategorie IV ein."[16]

Bis 1938 war dann die Enteignung und Vertreibung der jüdischen Geschäftsinhaber im wesentlichen abgeschlossen. Daran hat sich bis heute praktisch nichts geändert. Wer mehr über das Schicksal der damals vertriebenen Göttinger Geschäftsleute und ihrer Angehörigen wissen möchte, sei hiermit an die bereits zitierte Untersuchung von Bruns-Wüstefeld verwiesen.

## 5. Altstoffsammlung in Göttingen

Die Altstoffsammlung durch gewerbliche Händler und die mit großem propagandistischem Pomp begleiteten Aktionen wurden mit Beginn des Krieges weiter intensiviert. Dazu kamen notwendige Umstellungen durch die Abwanderung von Arbeitern in die Rüstungsindustrie bzw. Einzug in die Wehrmacht. Außerdem mußten die Händler mit zunehmender Dauer des Krieges ihre Sammelfahrten aus Benzinmangel weitestgehend reduzieren. Deshalb wurden für die eigentliche Tätigkeit des Sammelns zunehmend Kinder und Jugendliche herangezogen, die Materialien wurden dann bei den professionellen Händlern abgegeben, sortiert und soweit möglich der Industrie zugeführt.

16 Bruns-Wüstefeld, Alex S.226 Fußnote Nr.133.

Das Zeitalter des Verbrauchs ohne Reue 144

*Abb. 5: Göttinger SchülerInnen bei der Knochensammlung 1937. Die Inschrift auf dem Plakat lautet: „Sonntag fielen ab / beim Kochen / für den Dienstag / manche Knochen!" (Museum Göttingen)*

In seinem Aufsatz „Lumpen, Eisen, Knochen und Papier" gibt Dr. Hans-Georg Schmeling einen Überblick über die Ereignisse in Göttingen. Die folgenden Informationen entstammen im wesentlichen diesem Bericht.

Bereits 1940 wurden die Schulen in die halbgewerbliche bis halbstaatliche Aufgabe der Altstoffsammlung eingebunden. Um die Schüler und Schülerinnen zu möglichst intensiver Sammeltätigkeit zu veranlassen wurde ein Punktesystem eingeführt. So gab es z.B. für 1 kg Lumpen 5 Punkte, für 1 kg Knochen 3 Punkte, für 1 kg Buntmetalle 3 Punkte, usw., die Ergebnisse wurden vom Lehrpersonal überprüft. Besonders erfolgreiche Sammler und Sammlerinnen wurde von der Schulleitung ausgezeichnet und in der Presse erwähnt. Da neben den Schulen auch noch die Parteiorganisationen wie Hitlerjugend oder Bund Deutscher Mädchen – mit denselben Jungen und Mädchen – Altmaterialien sammelten, gab es auf diesem Sektor eine starke Konkurrenz und die Resultate blieben bald hinter den Erwartungen zurück. Zudem muß in Mangelzeiten wie einem Krieg allgemein von einem geringeren Aufkommen an Altstoffen ausgegangen werden. In dieser Situation kann es nicht verwundern, daß es auch zum Diebstahl von

Materialien kam. So wurden Gullideckel von Schülern entwendet und abgegeben um die erforderliche Mindestpunktzahl zu erreichen. Zwei dreizehnjährige Schüler wurden als Täter ermittelt.[17]

Den SchülerInnen wurde für die gesammelten Stoffgruppen auch ein Verwendungszweck genannt, wohl um eine höhere Motivation zu erreichen. So wurden folgende Verwendungen angegeben:
- aus Altpapier: Dachpappe, Verpackungsmaterial für Munition, Neupapier,
- aus Knochen: Glyzerin (Bremsflüssigkeit für Geschütze, Heizbad für Feldküchen, Gefrierschutzmittel, Seife, Leim oder Öl z.B. für Torpedorohre),
- aus Lumpen: Uniformen und Decken für die Wehrmacht, zivile Bekleidung
- aus Schrott und Altmetallen: Waffen und Munition, auch Maschinen und Fahrzeuge.

*Abb.6: Spendenaufruf von Hermann Göring am 26.3.1940 im Göttinger Tageblatt. (Göttinger Tageblatt)*

---

17 Von derartigen Pannen berichtet auch Huchting, Friedrich S.267

Insgesamt kann man die „freiwilligen" Altstoffsammlungen als ein Vehikel betrachten mit dessen Hilfe auch noch folgende andere Zwecke im Sinne des Regimes angestrebt wurden.

1. Das Engagement sowohl von SammlerInnen als auch GeberInnen bei den Sammelaktionen war auch ein Gradmesser der Loyalität.
2. Die auf der Suche nach Altmaterialien praktisch überall herumlaufenden Jungen und Mädchen stellten ein zusätzliches Überwachungsinstrument dar, denkt man z.B. an versteckte Personen.
3. Mit der Beteiligung an den Sammelaktionen konnte bei SammlerInnen ein Gefühl des wichtigen, persönlichen Einsatzes für den „Endsieg" erzeugt werden, etwa im Sinne vom „Kampf der gesamten Volksgemeinschaft".

Vor einem Trugschluß soll aber hier gewarnt werden. Die NS-Altstoffsammlung hat an sich keinen wesentlichen Teil zur Abfallmengenreduzierung geleistet. Die gesammelten Stoffe wären auch ohne die verordnete Abgabe und unentgeldliche Sammlung zumeist an die Rohproduktenhändler gegangen: Nur dann zum finanziellen Nutzen der AbgeberInnen!

## Quellen- und Literaturverzeichnis

Bruns-Wüstefeld, Alex „Lohnende Geschäfte: die „Entjudung" der Wirtschaft am Beispiel Göttingens" Hannover, 1997.

Fröndhoff, Clemens „Schweinemast aus städtischen Küchenabfällen" in: „Der Städtetag" S. 328ff., 1950.

Göttinger Tageblatt (GT) diverse Ausgaben, Göttingen.

Huchting, Friedrich „Abfallwirtschaft im 'Dritten Reich'" in: „Technikgeschichte" Bd. 48, S. 252 – 273, 1981.

Huchting, Friedrich „Prüfung alter Verwertungstechnologien aus Mangel- und Krisenzeiten" Umweltbundesamt Berlin (Hg.): Forschungsbericht 103 01 104, 1980.

Kühn, Helga-Maria (Hg.) „Göttingen im ‚Dritten Reich'. Dokumente aus dem Stadtarchiv" Heft 1, Göttingen, 1994.

Michalka, Wolfgang „Kriegsrohstoffbewirtschaftung. Walter Rathenau und die >kommende Wirtschaft<" in: Michalka, Wolfgang (Hg.) „Der Erste Weltkrieg: Wirkung – Wahrnehmung – Analyse" München, 1994.

Müller, Rolf-Dieter „Die Mobilisierung der Wirtschaft für den Krieg – eine Aufgabe der Armee? Wehrmacht und Wirtschaft 1933 – 1942" in: Michalka, Wolfgang (Hg.) „Der Zweite Weltkrieg: Analysen – Grundzüge – Forschungsbilanz" München, 1989.

Münch, Peter „Stadthygiene im 19. und 20. Jahrhundert. Die Wasserversorgung, Abwasser- und Abfallbeseitigung unter besonderer Berücksichtigung Münchens" Göttingen, 1993.

Ratsprotokolle der Stadt Göttingen.

Schmeling, Hans-Georg „Vor 50 Jahren: Lumpen, Eisen, Knochen und Papier (Altstoffsammlung im nationalsozialistischen Göttingen)" in: „Göttinger Jahresblätter" 8.Jg. S. 105 – 109, Göttingen, 1985.

Steinmetz, Wolfgang „Die Müllabfuhr und Müllbeseitigung im Regierungsbezirk Hildesheim unter besonderer Berücksichtigung des Landkreises Göttingen" Diss. Göttingen, 1964.

Weinberg, Gerhard L. „Eine Welt in Waffen: die globale Geschichte des Zweiten Weltkriegs" Stuttgart, 1995.

# Rüstungsaltlasten:
# Der Flughafen und das Börltal
*von Martin Heinzelmann*

Moderne Kriege und die damit verbundene Rüstungsindustrie hinterlassen in großem Umfang Spuren, die noch nach Jahrzehnten in der Umwelt vorhanden sind. Diese Spuren – in ihren unterschiedlichsten Formen unter dem Begriff Rüstungsaltlasten zusammengefaßt – stellen auch so viele Jahre nach ihrer Entstehung eine Bedrohung für die Menschen dar. Auf dem Territorium der Bundesrepublik Deutschland handelt es sich dabei überwiegend um Hinterlassenschaften des Zweiten Weltkrieges, allerdings sollten die Anlagen von Bundeswehr und ehemaliger Nationaler Volksarmee, sowie Umweltbelastungen der heutigen Rüstungsproduktion nicht außer acht gelassen werden. Als Rüstungsaltlasten gelten in erster Linie alle Spreng- und Explosivkörper sowie ihre Rückstände, ferner werden die Abfälle, die bei ihrer Produktion entstehen, dazu gezählt. Des weiteren sind Öle, Farben, Schwermetalle und dergleichen aus militärischen Anlagen oder Rückstände von Rüstungsindustrien als zu beseitigende Altlasten anzusehen. Allerdings ist nicht jedes ehemals militärisch genutzte Gelände dann tatsächlich auch verseucht. Erst eine Rekonstruktion der historischen Begebenheiten, zusammen mit einer exakten Untersuchung der ermittelten Verdachtsflächen, kann Klarheit über Art und Ausmaß der Belastung erbringen.[1]

Das Auffinden von Rüstungsaltlasten ist häufig mit großen Schwierigkeiten verbunden, da einerseits aus Geheimhaltungsgründen schon bei ihrer Entstehung nur relativ wenig Unterlagen angelegt und andererseits augenfällige Überreste fast immer zumindest oberflächlich bereits beseitigt wurden. Außerdem ist die Sanierung von belasteten Flächen durch Spezialfirmen in der Regel mit relativ hohen Kosten verbunden, so daß sich Bund, Länder oder Kommunen bisweilen schwer tun, solchen Arbeiten zuzustimmen.

Neben dem Vorhandensein von belasteten Flächen machen auch andere Hinterlassenschaften des letzten Krieges gelegentlich

---

1 Zur allgemeinen Problematik von Rüstungsaltlasten vgl.: „Expertengespräch Rüstungsaltlasten" Umweltministerium Niedersachsen (Hg.) 1989.

ziemlich lautstark von sich reden, und zwar in Form von völlig überraschend explodierenden alten Bomben, wie erst vor wenigen Jahren auf dem Schützenplatz geschehen, der zu diesem Zeitpunkt glücklicherweise gerade menschenleer war. Derartige Meldungen von Munitionsfunden finden sich immer wieder bereits bei einem oberflächlichen Durchsehen älterer Ausgaben des Göttinger Tageblattes. Das Auffinden von Blindgängern in Deutschland und anderswo ist natürlich an und für sich keine Sensation, es gehört ebenfalls zu den nicht beseitigten Altlasten des letzten Krieges. Die Menschen haben sich daran gewöhnen müssen, und andere Städte sind weit schlimmer betroffen als Göttingen. Aber es gibt solche Funde eben auch in dieser Stadt, und deshalb stimmt an der so oft gehörten Geschichte, daß Göttingen Lazarettstadt gewesen sei und deshalb völlig unzerstört geblieben sei, doch nicht alles. Bei dem Bombenfund auf dem Schützenplatz dürfte es sich um die Hinterlassenschaft eines größeren Angriffs auf das Bahnhofsgebiet gehandelt haben.[2] Zwar sind einzelne Blindgänger oder Streumunition erheblich schwieriger zu lokalisieren als belastete Flächen, aber dennoch dürfte die Auswertung amerikanischer Aufnahmen sowie eine Befragung von Zeitzeugen die von derartigen Blindgängern ausgehende Gefahr minimieren helfen.

Zwar ist die Stadt Göttingen tatsächlich vom Krieg weitgehend verschont geblieben, aber dennoch ist auch sie von eventuellen Altlasten und dem Problem ihrer Beseitigung betroffen. Im Folgenden wird anhand zweier Beispiele der Frage nachgegangen, inwieweit diese Annahme tatsächlich zutrifft und welche Maßnahmen die Stadt zwecks einer Gefahrenabschätzung eingeleitet hat.

Wie fast alle anderen Städte in Deutschland diente Göttingen auch während der NS-Zeit als Militärstandort und zahlreiche der meist kleineren Betriebe in der Stadt produzierten oder forschten in unterschiedlichen Bereichen für die Rüstung. Im weiteren Ortsgebiet befanden sich verschiedene militärische Anlagen, die zum Teil erst in diesen Jahren neu errichtet worden waren. Neben der bekannten – und noch bis vor wenigen Jahren militärisch genutzten – Zietenkaserne am Lohberg gab es eine Kaserne in der Geismarlandstraße und einen weiteren Neubau in Weende. Nen-

---

2 Genauere Angaben zu den einzelnen Angriffen auf Göttingen finden sich in: „Göttinger Chronik" Kempen, Wilhelm van 1953 ab S. 76 und „Wie Göttingen vor der Zerstörung bewahrt wurde" Hubatsch, Walter 1961 in: Göttinger Jahrbuch 1961 S. 87 – 138.

nenswerte Rüstungsaltlasten dürften auf diesen Flächen allerdings wenig wahrscheinlich sein.[3]

Als Verdachtsfläche ist vor allen Dingen ein Militärflughafen relevant, der sich auf dem Gelände des heutigen Industriegebietes, also nördlich von Grone, befand. Auf die Geschichte speziell dieses Areals wird in einem ersten Abschnitt ausführlich eingegangen, da es sich um eine insgesamt vergleichsweise ausgedehnte Anlage handelte und deren weitere Nutzung nach dem Krieg geradezu typisch für den Umgang mit derartigen Flächen ist. Zu den Einrichtungen dieses Flughafens gehörte auch ein großes Materiallager im Börltal, auf der gegenüberliegenden Seite der Autobahn A7. Diese heute praktisch völlig verschwundene Anlage wird im zweiten Abschnitt dann ebenfalls näher betrachtet.

## 1. Der ehemalige Göttinger Militärflughafen

Die Geschichte des Göttinger Flugplatzes ist untrennbar verknüpft mit der Geschichte der Stadt während des sogenannten Dritten Reiches, und bei der Aufarbeitung dieser zwölf Jahre tun sich die Städte bekanntlich schwer. Aus diesem Grunde ist es auch nicht verwunderlich, daß eine zusammenfassende Darstellung der unterschiedlichen Einzelereignisse dieser Zeit bisher nicht vorliegt.

Wer wissen möchte, wo denn genau der Göttinger Flugplatz, mit seinen diversen Einrichtungen und Gebäuden (siehe auch Skizze), gelegen hat und wie es auf diesem Gelände heute – also fast fünfzig Jahre nach seinem Ende – aussieht, muß von der Königsallee in Richtung Industriegebiet fahren. Schon bald zweigt nach links die Grätzelstraße ab, und genau an dieser Stelle befand sich seinerzeit die Hauptwache, also der Eingangsbereich des Flugplatzgeländes. Sie wurde noch am Abend des 7. April 1945, des Tages vor der Einnahme Göttingens durch die Amerikaner, zusammen mit einigen anderen Gebäuden des Flughafens von den abziehenden deutschen Truppen teilweise gesprengt.[4] Natürlich ist von Schlagbäumen oder Schilder-

---

3 Sämtliche militärischen Gebäude in Göttingen inklusive ihrer Nutzungsgeschichte werden in: „Die strenge Form – Zur Geschichte der Militärbauten in Göttingen" Interessengemeinschaft Garnisonsstadt e.V. (Hg.) 1992 beschrieben.
4 Vgl. Hubatsch, Walter 1961, S.108

*Abb.1: Die Wetterfahne auf der Albert-Schweitzer-Schule, der ehemaligen Hauptwache – das Hakenkreuz wurde entfernt. (M. Heinzelmann)*

häuschen an dieser Stelle nichts mehr zu entdecken, auf der breiten Straße fahren von Zeit zu Zeit Pkws und Lkws wie auf jeder anderen Straße auch, dennoch sind hier, wie auch auf anderen Teilen des Geländes, noch zahlreiche Gebäude des ehemaligen Flughafens zu finden, sie haben in neuer Funktion die Zeiten überdauert. Gleich zur Linken auf dem Dach eines Hauses der heutigen Albert-Schweitzer-Schule befindet sich ein kleiner Uhrenturm, dessen Spitze von einer Wetterfahne gekrönt wird. Der stilisierte Vogel dort oben ist das alte Emblem der Luftwaffe, lediglich das Hakenkreuz wurde entfernt (siehe Bild). Andere Gebäude der heutigen Schule gehörten früher ebenfalls zum Flugplatz, und das erste größere Haus rechts der Straße, welches unter anderem als Diskothek und Kino genutzt wird, ist das ehemalige Offizierskasino mit Blick aus großen Fenstern auf das dahinter liegende Rollfeld. Sinnigerweise führt dieses Kino heute den Namen „Casino", ob aus Zufall oder Absicht, läßt sich allerdings nicht sagen.

Wie eingangs bereits erwähnt, der Göttinger Flugplatz war nicht ganz klein, und zu einer voll ausgestatteten Anlage gehören und gehörten eine Vielzahl der unterschiedlichsten Gebäude, so zum Beispiel die Hangars für die Flugzeuge, Wohnhäuser für das Wartungspersonal und die Wachmannschaften, Hallen für Instandsetzungsarbeiten, Spezialgebäude zur Flugsicherung und Lager für den notwendigen Nachschub.[5] Von der Größe der einstigen Anlage zeugt die noch fast unverändert vorhandene ehemalige Annahme- und Versandhalle, heute ist dort die sogenannte Brockensammlung (siehe auch den entsprechenden Aufsatz in diesem Buch) untergebracht.

Zusätzlich zu den rein militärischen Bauten wurde ein großer Teil der Wohnhäuser zwischen Königsallee und Königsstieg in den Jahren vor dem Krieg zur Unterbringung der zahlreichen auf dem Flugplatz beschäftigten Zivilarbeiter erbaut. So hieß zum Beispiel die heutige Karl-Marx-Straße früher Göringstraße.[6]

Das Rollfeld selber war mit zwei Start- bzw. Landebahnen, die eine Nutzung bei jeder Wetterlage gestatteten, äußerst großzügig angelegt. Die nördliche Begrenzung bildete der Elliehäuser Weg, nach Westen markieren die heutige Otto-Brenner-Straße sowie in der Verlängerung die Martin-Luther-Straße, bis zur Abzweigung Industrie- bzw. Grätzelstraße im Süden, die Ausdehnung des gesamten Geländes. Sämtliche Gebäude der Anlage befanden sich an der Ost- und Südseite, also in Anlehnung an die bereits bebauten Gebiete von Göttingen und Grone. Diese Konzeption erklärt auch den Knick der Autobahn A7 nach Westen, die teilweise schon in dieser Zeit entstand. Mit somit über 100 ha war diese Anlage das größte der verschiedenen militärischen Objekte in und um Göttingen.

Die Entstehungsgeschichte des ehemaligen Flugplatzes läßt sich folgendermaßen kurz umreißen: Mit zunehmender Bedeutung von Flugzeugen für die Kriegsführung schon während des ersten Weltkrieges trat das Kriegsministerium an die Stadt Göttingen bezüglich der Errichtung eines Flughafens schon 1918

---

5 Eine detaillierte Karte mit der Lage sämtlicher Gebäude des ehemaligen Flughafens sowie eine kurze Geschichte findet sich in: „Luftzeugamt und Fliegerhorst" Holzmann, Martin in: „Die Strenge Form – Zur Geschichte der Militärbauten in Göttingen" S.36 – 39. Die meisten Angaben sind diesem Artikel entnommen.
6 Dabei handelt es sich vor allen Dingen um die Siedlung Egelsberg, die 1935 eingeweiht wurde, vgl.: S.77 „Göttinger Chronik" Kempen, Wilhelm von 1953, Göttingen. Ausführlich über das Bauwesen in dieser Zeit auch: „Öffentliches Bauwesen 1933-1945" Brinkmann, Jens-Uwe S.125 – 141 in: „Göttingen unterm Hakenkreuz" Stadt Göttingen Kulturdezernat (Hg.) 1983.

heran. Auch die damalige Universitätsverwaltung befürwortete das Projekt ausdrücklich wegen der zu erwartenden Förderung der flugwissenschaftlichen Arbeit an der „Aerodynamischen Versuchsanstalt" (vormals „Modellversuchsanstalt"), der heutigen „Deutsche Forschungsanstalt für Luft- und Raumfahrt e.V.".[7] Nach Ende der Verhandlungen kam es am 28.02.1918 zu einem Vertrag zwischen der Stadt Göttingen und der Garnisonsverwaltung zwecks Errichtung eines Fliegerhorstes auf den Wiesen nördlich des Dorfes Grone, das seinerzeit eine eigenständige Gemeinde war. Der bald darauf eintretende Waffenstillstand beendete den Krieg und damit auch dieses Projekt. Die Proteste der Stadt Göttingen gegen die Aufgabe des Flugplatzbaus blieben erfolglos.

In den Jahren der Weimarer Republik wurde das Gelände neben seiner ursprünglichen Nutzung als Weideland noch als Segelflugplatz verwendet. Erst durch die massive Aufrüstung der deutschen Wehrmacht, nach der Machtübernahme der Nationalsozialisten, also seit 1933, wurde der Auf- und Ausbau des Geländes wieder zügig vorangetrieben. Aufgrund von derartig arbeitsintensiven Projekten sank der vormals hohe Anteil von Arbeitslosen in Göttingen und Umgebung schnell ab. Diese neuen Arbeitsplätze sorgten zusammen mit unterschiedlichen gesellschaftlichen Aktivitäten der Militärs für eine große Akzeptanz des neuen Flugplatzes, trotz der damit verbundenen Lärmbelästigung, in der ansässigen Bevölkerung. Die zum Teil noch heute vorhandenen Hochbauten der Anlage inklusive des Gleisanschlusses entstanden alle in diesen Jahren vor dem Krieg. Im Jahr 1936 sollen hier an die 600 Soldaten und über 1000 Zivilangestellte beschäftigt gewesen sein. Insgesamt stellten Aufbau und Betrieb des Flughafens für die industriearme Region Göttingen einen nicht zu unterschätzenden Wirtschaftsfaktor dar, entsprechend eng waren die Kontakte zwischen Garnison und Stadtverwaltung.

Während des gesamten zweiten Weltkrieges wurde der Flugplatz unter dem Tarnnamen „Helenental" genutzt. Aufgrund der sehr weit entfernten Fronten in den ersten Jahren des Krieges gab

---

7 Ausführlich zur Verflechtung von Forschung, Industrie und Militär vgl.: „Luftfahrtforschung: Die Aerodynamische Versuchsanstalt in Göttingen" Cordula Tollmien S.64 – 79 in: „Wissenschaft im Krieg – Krieg in der Wissenschaft" Tschirner, Martina / Göbel, Heinz-Werner (Hg.) 1990, Marburg. Tatsächlich erhielt die Aerodynamische Versuchsanstalt eine eigene Halle auf dem Flughafengelände. Nach dem Krieg bezog die neue Filmgesellschaft diese Halle als Atelier.

es keine feste Stationierung von Einsatzverbänden der Luftwaffe. Zum Zwecke von Ausrüstung, sowie Nachschub und Ausbildung war die Anlage allerdings während des ganzen Krieges in vollem Umfang in Betrieb. Zu dieser ursprünglichen Funktion kamen in den letzten Kriegsjahren noch spektakuläre Notlandungen beschädigter deutscher Flieger hinzu. Deshalb und aufgrund der Anziehungskraft der Anlage für Bombenangriffe wurden 1943 in Grone noch zusätzliche Luftschutzbunker gebaut.[8] Im weiteren Verlauf des Krieges wurde der Flughafen zwar noch mehrfach aus der Luft getroffen, ein großer Bombenangriff blieb aber aus. Dieser glückliche Umstand dürfte lediglich auf die nahezu völlige Bedeutungslosigkeit der deutschen Luftwaffe gegen Ende des Krieges zurückzuführen sein. Die größeren Luftangriffe auf Göttingen richteten

*Abb.2: Bildunterschrift: „Die Flugzeughallen des Göttinger Flughafens, die (im vorigen Jahr) gesprengt werden sollten (die Sprengung konnte verhindert werden), werden augenblicklich demontiert. Die Gerippe, die noch stehen, finden als Nutzeisen Verwendung, während die Dachbedeckungen als Belag von Garagen, Lauben usw. zu neuem Leben ersteht. Eine einzige Halle liefert allein 80 000 Mauersteine für den Wohnungsbau. Auf diese Weise werden die Hallen, die ursprünglich nur verschrottet werden sollten, unmittelbar dem Prozess des Wiederaufbaus dienbar gemacht." (Museum Göttingen)*

8 Darüber berichtet: Kage, August 1973, S.162.

sich praktisch ausschließlich auf den Bahnhof, dabei kam es auch im angrenzenden Stadtgebiet wiederholt zu Opfern unter der Zivilbevölkerung sowie hier untergebrachten sogenannten Fremdarbeitern. Wie den Berichten über die Einnahme Göttingens durch die Amerikaner zu entnehmen ist, war der Flugplatz zu diesem Zeitpunkt nur noch äußerst schwach besetzt, nennenswerte Ansammlungen an Flugabwehr scheint es ebenfalls nicht gegeben zu haben. Beim hastigen Abzug der letzten deutschen Truppen kam es noch zu den bereits erwähnten Zerstörungen an einzelnen Gebäuden durch Sprengungen.[9]

Zu Beginn der Nachkriegszeit lag das riesige Gelände im Nordwesten der Stadt mit seinen teilweise beschädigten Häusern und Werkhallen verlassen da. In diesen Jahren war es des öfteren das Ziel von mutigen Bewohnern der Stadt auf der Suche nach Heizmaterial und anderen noch zu verwendenden Gütern. Die Einwohnerzahl Göttingens, die schon während des Krieges ständig angestiegen war, erlebte nun einerseits einen starken Zuwachs an ehemaligen Kriegsgefangenen und Zwangsarbeitern und war andererseits aufgrund ihrer relativ geringen Kriegsschäden das Ziel vieler Flüchtlinge. In den folgenden Jahren kamen noch zahlreiche Vertriebene und Aussiedler hinzu.[10] Die Schaffung von Wohnraum und Arbeitsplätzen war deshalb dringend geboten, wobei selbstredend das Militär als Arbeitgeber nicht mehr in Frage kam. So wurden die ersten Flughafengebäude, soweit sie noch intakt waren, schon bald provisorisch genutzt. 1946 zog dort eine Bettenfabrik ein, und dem Zirkus Apollo diente eine Flugzeughalle als Winterquartier.[11] Überregional bekannt wurde die ebenfalls in diesem Jahr dort aufgenommene Arbeit der neu gegründeten Filmaufbau GmbH Göttingen. Bekannte Filme wie „Liebe 47", „Hunde, wollt ihr ewig leben" oder „Rosen für den

---

9 In: Hubatsch, Walter 1961 „Wie Göttingen vor der Zerstörung bewahrt wurde" aus: Göttinger Jahrbuch 1961, S.87 – 138, wird der Flughafen lediglich am Rande erwähnt, dies belegt seine nur noch geringe Bedeutung. Die Angaben über das Kriegsende in Göttingen entstammen im wesentlichen diesem Artikel. Eine gekürzte Fassung befindet sich auch in: „Göttingen 1945 -Kriegsende und Neubeginn", Stadt Göttingen Kulturdezernat (Hg.) 1985, S.27 – 46.
10 Kempen, Wilhelm van berichtet in der „Göttinger Chronik" von 1953 auf S.83 von über 10.000 Flüchtlingen im Herbst 1945, bei etwa 50.000 Einwohnern. Ausführlich dazu: „Die überfüllte Stadt" Schmeling, Hans-Georg in: „Göttingen 1945 – Kriegsende und Neubeginn", Stadt Göttingen Kulturdezernat (Hg.) 1985, S.105 – 136.
11 Vgl. Kage, August 1973, S.176.

Staatsanwalt" sowie viele andere wurden hier bis Anfang der sechziger Jahre gedreht. Als Ateliergebäude diente seinerzeit die ehemalige Halle der Aerodynamischen Versuchsanstalt am Elliehäuser Weg, die stark umgebaut noch heute vorhanden ist.[12]

Verstärkte Industrieansiedlungen setzten mit Beginn der Währungsreform ein, dabei ist in erster Linie die Gründung eines Plattenwerkes der späteren Deutschen Novopan Gesellschaft, die 1950 in zwei ehemaligen Hangars erfolgte, zu nennen.[13] Wegen der damit neu geschaffenen Arbeitsplätze zuerst willkommen geheißen, ist die öffentliche Meinung über das Werk seit langem gespalten. Unmittelbar am Ortsrand von Grone gelegen, führten Staub und Abgase schon bald zu Belästigungen der Anwohner. Der Streit vor allen Dingen über Richtwerte in bezug auf die Abgabe von Formaldehyd zieht sich bis in die Gegenwart.[14] Heute sind dort Überreste ehemaliger Militärbauten nur noch schwer zu erkennen, denn die Hallen wurden laufend erweitert und umgebaut. Lediglich an der Ecke von Industrie- und Martin-Luther-Straße findet sich im Gebüsch versteckt das Ende eines alten Schießstandes. Aus heutiger Sicht ist der grundsätzliche Fehler bezüglich dieser Fabrik leicht zu erkennen: Vermutlich aus Kostengründen wurde die Anlage viel zu nah an bewohnten Flächen in Betrieb genommen; dies gilt in gewisser Weise natürlich schon für den Bau des Flughafens selbst.

Mit dem Einsetzen des sogenannten Wirtschaftswunders erwiesen sich die vorhandenen Industriestandorte im Stadtgebiet als nicht mehr ausreichend, die großzügige Schaffung von neuen Gewerbeflächen zur Ansiedlung wurde deshalb das Gebot der fünfziger Jahre. Wie bereits erwähnt, herrschte im Raum Göttingen kein Mangel an qualifizierten Arbeitskräften. Dazu bot sich außerhalb der Innenstadt, aber dennoch verkehrsgünstig gelegen, das ehemalige Flughafengelände zur Nutzung an, denn relativ unzerstört geblieben waren die infrastrukturellen Anlagen der Militärs, wie Straßen, Schienen, Gebäude und Stromversorgung, um nur einige Beispiele zu nennen. Die Weiterverwendung von zuerst durch das Militär erschlossenen Landschaften als Industriestandort war in diesen Jahren eine in vielen Städten geübte Praxis. So

---

12 Ausführlich zur Göttinger Filmgeschichte: „Filmstadt Göttingen: Bilder für eine neue Welt?" Meier, Gustav 1996, Göttingen.
13 Vgl. Kage, August 1973, S.176.
14 Vgl. Göttinger Tageblatt

Abb.3: Eine Teilansicht der umstrittenen Firma Novopan heute.
(M. Heinzelmann)

endete die vorübergehende Verwendung des alten Rollfeldes als Kleingartenanlage und Segelflugplatz schon bald wieder. Allerdings erfolgte – nach dem bisherigen Kenntnisstand – eine gründliche Sanierung des Geländes in Hinblick auf Munitions,- Treibstoff- oder Schwermetallreste nicht. Diese Aufgabe verblieb allem Anschein nach im alleinigem Ermessen der neuen Grundstückseigentümer, die von diesem Erbe oft nichts wußten oder wissen wollen.

Durch die Gebietsreform von 1964 wurde das bisher selbständige Dorf Grone, gegen den Willen der Mehrheit seiner Bewohner, zu einem Göttinger Ortsteil.[15] Durch diesen Akt der Verwaltung kamen die bisher geteilten Besitzrechte am Flughafengelände

---

15 Zur Eingliederung in die Stadt Göttingen vgl. Kage, August 1973, S.199 – 202. Seinerzeit sprachen sich 80 % der Einwohner Grones in einer Abstimmung dagegen aus.

unter die alleinige Aufsicht der Stadt Göttingen, eine weitere Vereinfachung für die neue Nutzung. Auf dem bisher unbebauten Rollfeld wurden neue Straßen gezogen und das Land vollständig ausgenutzt. Heute ist das Industriegebiet längst über die Ausdehnung des ehemaligen Flughafens hinausgewachsen.

Das rasche Wachstum der neuen Gewerbefläche bedeutete auch ein vorzeitiges Ende aller Bemühungen, Göttingen wieder einen Flugplatz zu verschaffen. Derartige Überlegungen geisterten seit Anfang der fünfziger Jahre immer wieder durch die lokale Presse und schienen des öfteren kurz vor einem erfolgreichen Abschluß zu stehen. Allerdings scheiterte letztlich auch der Versuch, eine entsprechende Ersatzfläche für den zu schaffenden neuen Flugplatz zu finden.[16]

Wer den Bericht des Niedersächsischen Umweltministeriums über Rüstungsaltlasten (Ausgabe 1992) liest, muß sich allerdings fragen, warum das Gelände des ehemaligen Flugplatzes Göttingen nicht, wie alte Flugplatzanlagen in anderen Städten auch, zumindest als Verdachtsfläche aufgeführt wird.[17] Anhaltspunkte für Altlasten wären schon bei einem oberflächlichen Studium der entsprechenden Literatur gegeben. Neben den Funden von abgeworfenen Fliegerbomben sind auch immer wieder kleinere Mengen von offensichtlich auf den Betrieb des Flugplatzes zurückzuführenden Geschossen aufgetaucht. Die bisherige Praxis, auf Zufallsfunde bei Bauarbeiten oder ähnlichem lediglich zu reagieren, bleibt dabei immer ein Spiel mit dem Risiko. Denn bei dem Betrieb einer Anlage von den Ausmaßen eines Militärflugplatzes mit dazugehörigen Wartungs- und Instandsetzungsbetrieben muß notwendigerweise auch mit großen Mengen an Munition, Treib- und Schmierstoffen, Farben und Lacken sowie diversen anderen Materialien gearbeitet worden sein. Zwar sind derzeit lediglich ungenaue Angaben über Art, Umfang und Lagerstätten bekannt, aber vor allem im Hinblick auf die Nähe des Flüßchens Grone – einem Leinezufluß – wäre zumindest eine Sondierung des gesamten Geländes zwecks Gefahrenabschätzung geboten.

Um diesen Gefahren beggegnen zu können, hat die Stadt Göttingen selber 1991 ein erstes Gutachten zum Flughafen-

---

16 Vgl. Göttinger Tageblatt
17 Umweltministerium Niedersachsen (Hg.) 1992. „Gefährdungsabschätzung von Rüstungsaltlasten in Niedersachsen", hier findet sich eine Auflistung von Verdachtsflächen in ganz Niedersachsen, mit einer Einschätzung des Gefahrenpotentials.

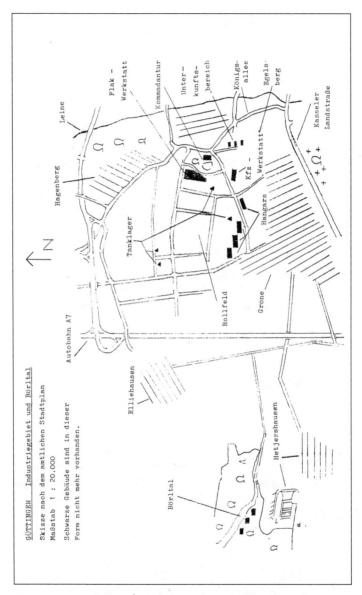

*Abb.4: Die Kartenskizze zeigt die Lage des ehemaligen Flughafens und des Lagers im Börltal. Karten des Geländes finden sich in: Holzmann, Martin S.37, Kage, August S.120, Ries, Karl S.141 und älteren amtlichen Stadtplänen. (M. Heinzelmann)*

gelände erstellt. Darin wird die Fläche unmittelbar an der Grone, heute Firma Lünemann und Betriebshof der Stadtwerke, seinerzeit sowohl als Tankstelle und Kfz-Werkstatt als auch zur Ausschlachtung und Verschrottung von alten und beschädigten Flugzeugen verwendet, daher der Gleisanschluß, als Verdachtsfläche aufgeführt. Was sich an dieser Stelle alles im Erdreich versteckt befindet, ist unbekannt. Den gleichen Status haben die Gebäude westlich der Levinstraße, denn dort befand sich eine Werkstatt für Flugabwehrgeschütze. Als noch näher zu untersuchen gelten auch die Flächen der unterirdischen Lagerstätten für Treibstoff. Diese sind östlich und südlich des ehemaligen Rollfeldes ausgewiesen. Eine amerikanische Karte vermerkt entsprechende Einrichtungen allerdings auch noch an der Nordwestecke des Rollfeldes.[18] Die genaue Analyse der aufgeführten Verdachtsflächen steht zur Zeit noch aus.

Selbstverständlich sind Sanierungen von Altlasten immer mit hohen Kosten verbunden, aber ein Abwarten in der Hoffnung, daß sich das Problem mit der Zeit von selbst löst, bedeutet auf lange Sicht immer eine Gefährdung von Menschen und führt, aufgrund der Komplexität von Zerfallsprozessen, zu größeren Schwierigkeiten und damit höheren Kosten bei der Beseitigung.[19]

## 2. Das Börltal

Ortswechsel; untrennbar verbunden mit der Geschichte des ehemaligen Göttinger Flugplatzes ist das sogenannte Börltal, westlich der Stadt in der Nähe der Ortschaft Hetjershausen. Jenseits der Autobahn gelegen, ist es über einen dem Verlauf des Flötegrabens folgenden Feldweg zu erreichen. Schon nach wenigen hundert Metern durch Wiesen und Felder passiert man rechter Hand einen vielfrequentierten Freizeitschießstand, um dann in ein sanft

---

18 In Ries, Karl 1993 befindet sich eine ausführliche Sammlung der Skizzen die die amerikanische Aufklärung während des Krieges von deutschen Flughäfen anfertigte. Für Göttingen, siehe dort S. 141, stimmt sie in allen wesentlichen Punkten mit der tatsächlichen Anlage überein.
19 Eine ausführliche Diskussion dieser Problematik findet sich in „Expertengespräch Rüstungsaltlasten" Umweltministerium Niedersachsen (Hg.) 1989. Am Beispiel von Munitionsfabriken und Lagerstätten im Harz wird dieser Aspekt in: „Rüstungsindustrie in Südniedersachsen während der NS-Zeit" Arbeitsgemeinschaft Südniedersächsischer Heimatfreunde e.V. 1993 genauer dargestellt.

ansteigendes, dicht mit Bäumen und Sträuchern bewachsenes Tal zu gelangen. Am Eingang des eigentlichen Tales steht ein einsames Haus mit kleinen Stallungen und Wirtschaftsgebäuden, hier finden sich Hühner und Schafe, eine Idylle. Das Wohnhaus und die angrenzenden Gebäude wurden in den Nachkriegsjahren von einem Umsiedler, der hier heute noch wohnt, errichtet. Der Weg ins Börltal führt mitten durch sein Anwesen hindurch und ist für den Kraftfahrzeugverkehr gesperrt. Hinter dieser Schranke beginnt das heutige Naturschutzgebiet Börltal, worauf ein entsprechendes Schild hinweist.

Abb.5: Hinweisschild am Feldweg zum Schießstand und dem Börltal.
(M. Heinzelmann)

Ruhe und scheinbar unberührte Natur umgeben den Besucher dieses abgelegenen Tales. Das war nicht immer so, denn die versteckte Lage zwischen dicht bewaldeten Hängen, in der Nähe des Flughafens, ließ diesen Ort auch für das Militär interessant erscheinen.

Auf dem Gelände des ehemaligen Flugplatzes befand sich von Beginn an auch das Luftzeugamt Göttingen (LZA)[20], das heißt eine Nachschub- und Versorgungsbasis der Luftwaffe. Das Göttinger LZA war, besonders vor und zu Beginn des Zweiten Welt-

20 Die folgenden Angaben zu Aufbau, Gliederung und Geschichte des LZA entstammen ebenfalls dem Artikel „Luftzeugamt und Fliegerhorst" S. 39 von Holzmann, Martin aus: „Die strenge Form -Zur Geschichte der Militärbauten in Göttingen".

krieges, eines der größten und wichtigsten in Deutschland, so wurde auch ein Teil des Nachschubs für die auf Seiten Francos im spanischen Bürgerkrieg eingesetzten deutschen Truppen, die sogenannte Legion Condor, von hier aus abgewickelt.

Das LZA gliederte sich in drei Hauptgruppen, die überwiegend auf dem Gelände des eigentlichen Flugplatzes, wie bereits beschrieben, untergebracht waren. Insbesondere handelt es sich dabei um eine Flugzeugwerft zur Instandsetzung bzw. Verschrottung von Flugzeugen, Reparaturhallen für fliegerische und allgemeine Geräte der Luftwaffe, eine Werkstatt für Flugabwehrgeschütze sowie eine angegliederte Nachschubschule der Luftwaffe zu Ausbildungszwecken. Eine Munitionsanstalt in Lenglern stand in enger Verbindung mit diesen Einrichtungen. Somit war das LZA einer der größten Arbeitgeber der Region. Hier im Börltal befand sich seinerzeit, aus Furcht vor Luftangriffen, das getarnte Außenlager dieses LZA. In den letzten Kriegsjahren wurde sogar noch extra eine eigene Autobahnauffahrt vom und zum Flughafen errichtet, um im Falle eines Bombenangriffes die abgestellten Flugzeuge schnell zwischen den Bäumen des Tals verstecken zu können. Tatsächlich blieb die gesamte Anlage während des Krieges unentdeckt und ist deshalb auch nicht angegriffen worden.

Für den oberflächlichen Betrachter sind keine Spuren dieser Aktivitäten mehr zu entdecken. An den beiden aufsteigenden Rändern des Tales stehen dichte Buchenwälder, und die Mitte ist mit jüngeren Gehölzen üppig begrünt. Ein holperiger Feldweg führt in einer großen Schleife durch das Gebiet, vereinzelte Bänke laden zum Verweilen ein. Kaum vorstellbar, daß gerade hier einmal zwölf große Hallen voller Nachschub- und Ausrüstungsgüter gestanden haben, auch eine Lehrlingswerkstatt zur Ausbildung befand sich hier. Wer weiß, worauf in diesem Wald zu achten ist, wird auch fündig. Somit dürfte eine nur spärlich überwachsene Betondecke den Überrest eines ehemaligen Gebäudes darstellen. Derartiges läßt sich verschiedentlich abseits des Weges sehen. Dazu finden sich überall kleine Erhebungen, bestehend aus Bauschutt, der in den Nachkriegsjahren, zwecks Verfüllung von gesprengten Bunkern, im Börltal abgelagert wurde. Diese Maßnahmen waren notwendig geworden, da die später immer wieder auftauchenden Munitionsfunde eine nicht mehr zu ignorierende Gefahr für die Bevölkerung bildeten.

Die Britische Armee, zu deren Besatzungszone der Landkreis Göttingen gehörte, besetzte später die mit Ende des Zweiten Weltkrieges verlassenen Anlagen. Wie es hier unmittelbar zu Kriegsende ausgesehen hat beschreibt ein Augenzeuge, der damals bei der neuen Filmgesellschaft angestellt war.

„Otto K. aus Knutbühren war Helfer bei der Atelierabteilung für Spezialeffekte und Statist: Für „Stalingrad" haben wir die Bomben gebastelt. Ich weiß noch, da komme ich einmal drin vor. Da mußte ich aus dem Fenster springen und da kriege ich einen verplättet, als Soldat. Wir hatten unsere Uniformmäntel hier von '45, als unsere Flakjungens dann abgingen. Wir hatten ja die halbe Ausrüstung bei uns auf der Scheune hier. Wir hatten ja alles, Panzerfaust, Munition jede Menge, und wie denn so Jungens sind – wir konnten ja alles gebrauchen. Brandbomben aus'm Börl. Wir sind dann hin, Rucksack auf'm Rücken, immer 'n Stift rein in die Brandbomben, Isolierband rum und dann rein in den Rucksack. Wenn der Stift drin ist, geht se ja nicht los. Wir hatten sogar 'n Maschinengewehr und alles. Das wurde geheimgehalten, hat gar kein Mensch was von gesagt. Das haben wir dann so hingeschleppt, nahmen es nachher auch wieder mit. – Wie wir „Stalingrad" gefilmt haben, wurde hier im Börltal als Hintergrund, als Kulisse genommen. Da sind doch die Hallen gewesen. Die Ruinen standen aber noch. Das waren unheimliche Hallen. Das war ganz raffiniert gemacht. Das paßte da auch richtig zu."[21]

Kurzzeitig dienten die Bunker des Börltals dann den Briten als zentrale Sammelstelle für Munitionsfunde aus dem gesamten Umkreis. Die bereits vorhandenen Sprengstoffe sowie die aus der Umgebung neu antransportierten wurden dann in der Abgelegenheit des Tals unschädlich gemacht. Wie sich später herausstellen sollte, waren diese Arbeiten nur teilweise erfolgreich. Ähnlich wie an anderen vergleichbaren Orten stand in den unmittelbaren Nachkriegsjahren allein die Vernichtung von Munition, zum Zwecke der Demilitarisierung, im Vordergrund. Das heißt, sowohl der Vollständigkeit der Vernichtung als auch Umweltaspekten wurde keine oder nur geringe Aufmerksamkeit geschenkt. Bevor die

---

21 Zitiert aus: Filmstadt Göttingen: Bilder für eine neue Welt? Meier, Gustav 1996. Mit „Stalingrad" sind die Dreharbeiten für den Film „Hunde, wollt ihr ewig leben" von 1959 gemeint. Das sich nach dem Krieg Einheimische Kohle, Holz, Kleidung und Gebrauchsgegenstände sowohl vom Flugplatz als auch aus dem Börltal holten bestätigt auch Kage, August 1973 auf S. 164.

Briten das Gelände wieder verließen, sprengten sie noch die vorhandenen Hallen und Bunker, um sie ebenfalls unbrauchbar zu machen.[22] Damit kehrte vorerst wieder Ruhe im Börltal ein.

Erst viele Jahre später, zu Anfang der sechziger Jahre, machte es wieder von sich reden. Das einsame Gelände war von den Anhängern eines FKK-Vereins entdeckt und als Erholungsgebiet genutzt worden. Schon bald kam die Vergangenheit in Form von ersten Munitionsfunden ans Tageslicht, das Börltal mußte aus Sicherheitsgründen weiträumig für die Öffentlichkeit gesperrt werden und entsprechende Warnschilder wurden aufgestellt. Erst 1975 wurde das gesamte Gebiet durch den niedersächsischen Kampfmittelräumdienst eingehend und unter hohen Kosten untersucht, um jegliche Gefährdung für die Bevölkerung auszuschließen. Im Rahmen dieser Aktion wurden gefundene Bomben und Granaten entschärft und auch alle noch vorhandenen Bunker zerstört bzw. mit Bauschutt und Erde zugeschüttet. Dabei wurde die Arbeit durch die unsystematischen Sprengungen der Nachkriegszeit und durch das Fehlen von detaillierten Plänen erheblich erschwert. Die relativ große Menge an Munition und die Typenvielfalt belegten weiter, daß es sich hier um ein Lager von nicht unbeträchtlicher Größen gehandelt haben muß. Im Frühjahr 1976 wurde das Börltal schließlich in Form eines Naherholungsgebietes wieder einem breiten Publikum geöffnet.

Trotz dieses relativ hohen Aufwandes machten die Überreste des Krieges bereits 1982 erneut von sich reden. Wanderer fanden eine noch scharfe Flakgranate, außerdem konnten mehrere Jugendliche, in militärischen Tarnanzügen, dabei beobachtet werden, wie sie in wieder freigelegten Bunkern kletterten. Auf Anfragen nach ihrem Treiben gaben sie sich als Mitglieder eines Alpenvereins aus, der einen Zusammenhang allerdings später dementierte. Offensichtlich waren hier Angehörige einer sogenannten Wehrsportgruppe bei der Waffensuche oder einer ihrer Übungen gestört worden; ob sie in den Anlagen wirklich etwas fanden, ist unklar geblieben.

Einige Monate später wurde das Börltal dann erneut, diesmal ergebnislos, nach Munition abgesucht und die durch Erdabsackungen zutage getretenen Bunkerreste wieder zugeschüttet.

---

22 Diese und die folgenden Informationen stammen aus verschiedenen Artikeln des Göttinger Tageblattes.

Dennoch legt der angesprochene Fund den Schluß nahe, daß an versteckten Stellen immer noch Munition oder andere Rückstände im Erdreich verborgen liegen könnten. Zu diesem Ergebnis kommt auch die Studie des Niedersächsischen Umweltministeriums von 1992 über die Gefährdungsabschätzung bei Rüstungsaltlasten. Dort wird das Börltal wegen der anhaltenden Munitionsfunde aufgrund einer Vorrecherche als Rüstungsaltlast aufgeführt. Besonders bedenklich ist dabei die Lage in einem Trinkwasserschutzgebiet, denn neben der unmittelbaren Explosionsgefahr besteht bei Sprengstoffen immer die Möglichkeit einer schleichenden Vergiftung durch austretende Inhaltsstoffe. Somit stellt die Ausweisung des Börltals ausgerechnet als Naturschutzgebiet eine, wenn auch sehr kostengünstige, Verharmlosung dar. Zumindest wären Hinweise angebracht, um eine Gefährdung von z.B. spielenden Kindern zu minimieren. Deshalb wäre eine gründliche Sanierung der Region dringend geboten, besonders im Hinblick darauf, daß durch Korrosion einerseits die Bergung von Munition zunehmend erschwert wird und andererseits die Möglichkeit von Schadstoffemissionen zunimmt. Die bisher verfolgte Politik, das sprichwörtliche Gras über die Angelegenheit wachsen zu lassen, bedeutet auch im Fall des Börltals eine langsame Steigerung des Gefahrenpotentials für die Bevölkerung.

Seit dem letzten Granatenfund ist es ruhig geblieben, es bleibt zu hoffen, daß es möglichst bald zu einer vollständigen Sanierung kommt und daß das abgelegene Tal sich nicht zu einem Tummelplatz für neonazistische Gruppen entwickelt.

## Quellen- und Literaturverzeichnis

Arbeitsgemeinschaft Südniedersächsischer Heimatfreunde e.V. (Hg.) „Rüstungsindustrie in Südniedersachsen während der NS-Zeit" Mannheim, 1993.

Göttinger Tageblatt (GT), diverse Ausgaben, Göttingen.

Holzmann, Martin „Luftzeugamt und Fliegerhorst" in: Interessengemeinschaft Garnisonsstadt e.V. (Hg.) „Die strenge Form – Zur Geschichte der Militärbauten in Göttingen" Göttingen, 1992.

Hubatsch, Walter „Wie Göttingen vor der Zerstörung bewahrt wurde" in: Göttinger Jahrbuch Göttingen, 1961.

Kage, August „Aus der Geschichte von Grone, Göttingen" 1973.

Kage, August „Grone in Bild und Wort" ohne Jahr.

Kempen, Wilhelm van „Göttinger Chronik" Göttingen, 1953.

Meier, Gustav „Filmstadt Göttingen: Bilder für eine neue Welt? Zur Geschichte der Göttinger Spielfilmproduktion 1945 bis 1961" Hannover, 1996.

Ries, Karl „Fliegerhorste und Einsatzhäfen der Luftwaffe. Planskizzen 33-45" Stuttgart, 1993.

Stadt Göttingen Kulturdezernat (Hg.) „Göttingen unterm Hakenkreuz" Göttingen, 1983.

Stadt Göttingen Kulturdezernat (Hg.) „Göttingen 1945 – Kriegsende und Neubeginn" Göttingen, 1985.

Tollmien, Cordula „Luftfahrtforschung: Die Aerodynamische Versuchsanstalt in Göttingen" S. 64 – 79, in: Tschirner, Martina und Göbel, Heinz-Werner (Hg.) „Wissenschaft im Krieg – Krieg in der Wissenschaft" Marburg, 1990.

Umweltministerium Niedersachsen (Hg.) „Expertengespräch Rüstungsaltlasten" Hannover, 1989.

Umweltministerium Niedersachsen (Hg.) „Gefährdungsabschätzung von Rüstungsaltlasten in Niedersachsen" Hannover, 1992.

# Straße des Mülls – Der Maschmühlenweg im 20. Jahrhundert
*von Christiane Artus*

## 1. Beschreibung des Gebiets

„Wer möchte da schon wohnen!" Der Maschmühlenweg, dessen eines Ende der Bahnhof, das andere die Kläranlage am Rinschenrott und die Mülldeponie Lappenberg markieren, gehört bekanntlich nicht zu den beliebtesten Wohnlagen Göttingens. Und dennoch wohnten in dem Gebiet zwischen Godehardstraße, Leine, Rinschenrott und Bahngleisen zu manchen Zeiten ebenso viele oder sogar mehr Menschen als in anderen Stadtteilen.

Diese Gegend galt vom 19. Jahrhundert bis in die 70er Jahre der Bundesrepublik – z. T. bis heute – als anrüchig im wahrsten Sinne des Wortes: Weil sich der Gestank zu sehr über die Stadt verteilte, hatte man ab 1883 hier den zentralen Schlachthof eingerichtet und ein Jahr später die Kanalisation aufgerüstet".[1] Hinzu kamen 20 Jahre später neben der Kadaververnichtungsanstalt die erste Göttinger Kläranlage am heutigen Rinschenrott (1903) und kurz danach die Einrichtung des Müllabladeplatzes (Lappenberg) neben der Fäkalienanstalt am Maschmühlenweg 63 (später Nr. 199 und Nr. 248). Dazu gesellten sich bald andere Entsorgungsbetriebe: In der Weimarer Republik siedelte sich das Städtische Betriebsamt im Maschmühlenweg 27a mit allen Müll-, Reinigungs- und Verwertungsbetrieben neben anderen Gewerbebetrieben (Werkstätten, Sägewerk, Pergamentfabrik, Zementwerk etc.) an. Nach dem Zweiten Weltkrieg kam der Autoschrottplatz und ein Altmetall- bzw. Schrotthändler hinzu (heute zeitgemäß zur Recyclingfirma umbenannt). Die Kläranlage wurde in den sechziger Jahren noch weiter ausgebaut, den Lappenberg ergänzten weitere Mülldeponien außerhalb Göttingens und den Schlachthof verlegte man 1971 nach Rosdorf.

Nun ist die Zentralisierung der Transport-, Versorgungs- und Entsorgungswege in einer Stadt nichts Ungewöhnliches. Und es ist auch für eine Stadt relativ normal, daß sich Gewerbe und

---

1 Siehe auch Karsten Büttner/Matthias Manthey, Das Rückgrat und ein wenig drunter. Nördliches Stadtgebiet, in: Göttingen zu Fuß, 13 Stadtteilrundgänge, Hamburg 1992, S. 81-93.

Industrie günstigerweise außerhalb der Innenstadt, irgendwo zwischen Bahnhof und Autobahn befinden. Aber wer, um auf die Eingangsfrage zurückzukommen, möchte in so einer Gegend wohnen? Erst wenn man diese Frage etwas modifiziert, wird das Problem deutlich: Wer muß hier wohnen? Die Vermutung liegt nahe, daß es sich hier zum großen Teil nicht um selbstgewählte Domizile handelt. Es waren vom Anfang des Jahrhunderts bis in unsere Zeit (Ende des Untersuchungszeitraums: ca. 1980) vor allem sozial Schwache, Minderheiten und Ausgegrenzte, die hier lebten und leben. Die konkreten Lebensverhältnisse dieser Menschen zu beschreiben ist ein Ziel dieses Beitrags. Desweiteren geht es um die Entwicklung der „Notwohnkultur" in Göttingen und um die Frage, wie die Stadt und ihre Bewohner generell mit Obdachlosigkeit und nicht-bürgerlichen Wohnverhältnissen – z.B. auch Wohnwagenkolonien – umgingen. Neben Auszügen aus Ratsprotokollen zwischen 1909 und 1976 bilden zahlreiche Zeitungsartikel (Göttinger Tageblatt = GT, Stadtzeitung = SZ) nach 1945 die Basis für den Artikel.

## 2. Notwohnungen und Elendsquartiere in Göttingen

### 2.1. Die erste Jahrhunderthälfte: Arbeit, Not und Zwangsarbeit

In der Weimarer Republik entstanden am Maschmühlenweg sogenannte Schlichtbauten für Arbeiter, nachdem in der Nr. 44/44a schon 1891 ein Arbeiterwohnhaus errichtet worden war. Unter der Hausnummer 10 befand sich – von 1921 bis 1933 – das Gewerkschaftshaus „Volksheim" mit Veranstaltungsräumen, Bibliothek und Kneipe. Außerdem baute man hier in dieser Zeit Notwohnungen für exmittierte Mieter und Mieterinnen, also für diejenigen, die man aus ihren bisherigen Wohnungen wegen Mietrückständen herausgeklagt hatte. Die zunächst aufgestellten Baracken und Eisenbahnwagen erregten schon 1925 den Unmut einiger Anwohner, die „Schädigungen und Beunruhigungen" fürchteten. Man diskutierte deshalb im Stadtrat, ob es nicht sinnvoller sei, die „unsozialen Elemente" über die Stadt zu verteilen, um eine gefährliche Zusammenrottung zu verhindern (Ratsprotokoll vom

10.7.1925). Daraufhin wurde beschlossen, hier nur zwei Eisenbahnwagen und sechs feste Häuser mit insgesamt zwölf Wohnungen aufzustellen. Doch nicht nur am Maschmühlenweg, sondern auch in der Bunsenstraße und im Ebertal (zwischen Wörthstraße und Görlitzer Straße, Nähe Steinsgraben) existierten damals Notwohnungen und Baracken. 1919 war das Kriegsgefangenenlager im Ebertal, wo bis zu 10.000 Menschen untergebracht waren, geräumt worden. Anschließend hatte man die stabilen Baracken aufgrund der akuten Wohnungsnot in die Siedlung Ebertal verwandelt – sie bestand bis 1962. Am Maschmühlenweg kam in den zwanziger Jahren vor allem die infrastrukturelle Bautätigkeit voran, um die Anbindung an Industrie- und Entsorgungsbetriebe zu verbessern. 1929 verkaufte die Stadt die Grundstücke 57-79, 125 und 139 an die Städtische Wohnungsfürsorgegesellschaft, die hier entsprechende Häuser für Arbeiter und sozial Schwache errichtete.

Aus den „unsozialen Elementen" wurden in der Nazizeit die „Asozialen". 1935 bezeichnete man die Elendsquartiere zwar für unumgänglich, da nicht genügend preiswerter Wohnraum zur Verfügung stand, suchte aber nach sinnvolleren Lösungen. Mitte der 30er Jahre befanden sich von den 930 städtischen Mietwohnungen der Stadt 38% im Ebertal und 14% am Maschmühlenweg und am Greitweg. Bei einer angenommenen Belegung von 4 Personen pro Wohnung sind dies immerhin 3.720 Menschen. Stadtrat Ehelebe beklagte sich 1937, daß die Mietrückstände der als böswillig eingestuften „Asozialen" große Probleme bereiteten. Die Stadt sei in einer Zwangslage, denn „sie muß diejenigen Menschen aufnehmen, die kein Privatmann haben will" (Ratsprotokoll vom 25.11.1937). Als Lösung wurden abschreckende Maßnahmen wie Trennung der Familien, Einweisung der Männer in Obdachlosenheime und Zwangsarbeit vorgeschlagen, um die Menschen zusätzlich zu beschäftigen. Ein leuchtendes Beispiel böte laut Stadtsyndicus Schwetge die „Asozialen-Kolonie" in Celle, wo die Menschen zusammen mit „Zigeunern" auf einem öden Gelände untergebracht würden.

Aufschlußreich für die Haltung gegenüber den hier wohnenden Menschen sind auch die Beschwerden des Herrn Georg Achilles, seines Zeichens Ratsherr und Mitglied des städtischen Wohlfahrtsausschusses zwischen 1938 und 1941: Als Anlieger des Maschmühlenwegs wünschte er sich hier lieber Industriebetriebe als den

„Schandfleck" und „häßlichen Anblick" der Notunterkünfte, schließlich sei es ohnehin „keine Freude, unter den Zigeunern und dem Pöbel zu wohnen" (Ratsprotokoll vom 26.6.1941). Seine Aufregung fand allerdings im Stadtrat kein allzu großes Gehör. Doch es ist anzunehmen, daß für einige der Menschen, über die sich Achilles beschwerte, in den folgenden vier Jahren die Deportation erfolgte, so daß sich der Rat nicht mehr um diese Probleme kümmern mußte.

Ein weiteres bitteres Kapitel im Maschmühlviertel bildet die Geschichte der displaced persons: Von den 1942 bis 1945 über 3.000 Zwangsarbeitern und -arbeiterinnen sowie unzähligen Kriegsgefangenen in Göttingen war eine große Zahl hier untergebracht und eingesetzt – z.B. am Maschmühlenweg 50 (Holzwerk Vohl & Söhne) und 54 (Firma Keim).[2] Im Lager Maschpark und im Lager Schützenpark mußten knapp tausend sowjetische Männer und Frauen leben. Die meisten von ihnen arbeiteten im Bahnausbesserungswerk, wo sie nicht nur furchtbaren Arbeitsbedingungen, sondern auch mehreren Bombenangriffen zwischen Januar und April 1945 ungeschützt ausgeliefert waren. Fast zwei Jahrzehnte später explodierte am Maschpark noch ein Blindgänger, 1973 noch wurde das Gelände im Zuge der Sportplatzbebauung nach Bomben abgesucht.

## 2.2. Die zweite Jahrhunderthälfte: Aufbau, Abriß und Umverteilung

Nach der Befreiung im Mai 1945 wurde auch und besonders das unzerstörte Göttingen von einer Flüchtlingswelle erfaßt – u.a. bedingt durch die Nähe zum Lager Friedland. Trotz Zuzugssperre im September 1945 nahm die Zahl der Flüchtlinge zunächst ständig zu, so daß die Bevölkerungszahl 1946 auf knapp 90.000 anstieg (1939: ca. 49.000). Dies brachte natürlich erhebliche organisatorische Probleme mit sich. Man versuchte aber nicht nur rein praktisch mit dem Aufstellen von Baracken, Nissenhütten und Behelfsheimen sowie der Unterbringung von Menschen in der ehemaligen Wörthkaserne der Situation Herr zu werden, sondern

---

2 Zum Thema Zwangsarbeit siehe: EXTRABLATT für Göttingen und Umgebung zum Tag der Befreiung, hrsg. von der Geschichtswerkstatt Göttingen e.V., S. 8f.

auch administrativ durch die Reduktion der Wohnraumfläche pro Kopf auf 3,25 qm.[3]

Übrigens fand der Stadtrat es schon 1950 wichtig genug, sich über die Unterbringung herausgeklagter Mieter (Noch-nicht-Obdachlose) Gedanken zu machen:. Eine „schnellstmögliche Errichtung weiterer Barackenwohnungen" hielt der Wohnungsausschuß, quasi aus erzieherischen Gründen, für unbedingt notwendig, da die säumigen Mieter andernfalls glauben könnten, ihre Zahlungsunfähigkeit bliebe folgenlos (Ratsprotokoll, 15.5.1950).

Wie überall in Deutschland waren auch in Göttingen die Nachkriegsverhältnisse chaotisch, zunächst sogar stadtweit, denn auch im vornehmeren Ostviertel wurden Familien zwangsevakuiert und Häuser von der britischen Besatzungsmacht requiriert. Die „besseren" Stadtteile haben allerdings nur kurze Zeit gebraucht, um ihre gutbürgerliche Normalität wiederzuerlangen. In welchen Gegenden aber dauerte der „Wiederaufbau" im Sinne einer Normalisierung erheblich länger und warum? Wo lagen die „Problemzonen" der Stadt und wie entwickelten sie sich?

**Beispiel Ebertal:**
Eines der Gebiete, das man schon vor dem Krieg für Notwohnungen ausgewiesen hatte und in dem nach 1945 vornehmlich Zugezogene einquartiert wurden, war z.B. das Ebertal. Hier hatten die Bewohner und Bewohnerinnen aus der Not eine Tugend gemacht und die Nahrungsmittelengpässe der Nachkriegszeit in Eigeninitiative zu überbrücken versucht: Durch Kleinviehhaltung und vereinzelt sogar auch Pferde- und Kuhhaltung. Nun befürchtete das Staatliche Gesundheitsamt 1955 eine ernsthafte hygienische Gefährdung der – so wörtlich – „Volksgesundheit", zumal die „offizielle Wohnsiedlung" immer näher rücke (GT, 23.2.1955). Interessanterweise argumentierte man auch mit der fehlenden Kanalisation eines Teils der Siedlung, beantragte aber keineswegs den Bau einer solchen, sondern die Beseitigung der „Wilden Ställe im Ebertal" (GT, 2.3.1955). Nur zwei Monate später „hat die Hygiene auf ganzer Front gesiegt" und es werden nicht nur die Ställe, sondern auch alle restlichen Schuppen des „romantischen"

---

3 Vgl. dazu: Wiebke Fesefeld (verh. v. Thadden), Der Wiederbeginn des kommunalen Lebens in Göttingen. Die Stadt in den Jahren 1945-1948, Göttingen 1962, S. 70ff, sowie Göttingen 1945, Kriegsende und Neubeginn, hrsg. von der Stadt Göttingen, Göttingen, 1987

Geländes mit dem „levantinischen Charme" abgerissen. Damit hatte das Ebertal zwar zunächst seinen Behelfscharakter und einen Teil seiner Ländlichkeit verloren, es dauerte allerdings noch weitere sieben Jahre, bis das Gebiet komplett saniert und dem modernen Einheitsbau der 60er Jahre (sozial-funktional, aber langweilig) Platz machen mußte.

**Beispiel Obdachlosenheim:**
Von 1946 bis 1963 gab es in der Geiststraße ein städtisches Obdachlosenasyl. Über die „fällige" Auflösung des Heims, das „in einer Zeit der Vollbeschäftigung" kaum mehr notwendig sei, berichtet ein Artikel im Februar 1963.[4] Von den Menschen, die hier bislang für 1,50 DM genächtigt hatten, gibt es nur für acht Rentner eine zukünftige Unterbringung: Ein Altersheim in der Angerstraße. Bei den anderen, den „Dauerpennern", die manchmal Gelegenheitsarbeit ausführen und den „Tippelbrüdern", die lediglich „Türklinken putzen", sprich betteln, helfen Kirchen und Sozialamt nur insofern, als daß sie Arbeit vermitteln. Von Plänen für ein neues Quartier schreibt der GT-Autor nichts.

Doch die gab es. Seit 1964 bemühte sich die Heilsarmee in einem Haus in der Neustadt um die Versorgung hilfesuchender Männer. Die Sanierung der Neustadt machte ein neues Heim notwendig – die Heilsarmee fand es 1970 in der Unteren Masch 10. Doch gegen dieses „Pennerheim" (GT, 24.3.1970) hagelte es Proteste der AnwohnerInnen. Man habe schließlich auch schon erfolgreich für die Verlagerung der Prostitution aus der Innenstadt gekämpft und werde diese „gerade Linie" weiterverfolgen.[5] So ein Heim sei für die Kinder und Jugendlichen schädlich, die Nähe zum Untersuchungsgefängnis sei für die Resozialisierung „psychologisch unklug" und die Landeszentralbank befürchte eine Gefährdung ihrer Geldboten (Leserbrief von Karl Heinz Winkler, GT 28.3.1970). Die besorgten NachbarInnen hatten sogar 20.000 DM als zinsloses Darlehen gesammelt, um einen Neubau „an geeigneter Stelle" mitzufinanzieren. Erstaunlicherweise setzte sich aber die Heilsarmee durch, das Männerheim konnte 1971 ein-

---

4 "Obdachlose werden obdachlos", GT, 13.2.1963
5 Vgl. dazu die süffisant-peinlichen Artikel zur Prostitution in Göttingen: „Des Dichters Straße – Umschlagplatz der Liebe", GT, 21.5. 1966 und „Aktion 'Saubere Goetheallee': Prostituierte werden verbannt", GT, 31.7.1968. Siehe auch: Göttingen zu Fuß, S. 46.

geweiht werden und die Anlieger mußten fortan täglich um ihre Kinder und ihr Portemonnaie fürchten...

**Beispiel Wörthkaserne:**
„Göttingens größter Slum" (Zitat GT) indessen wird knapp 30 Jahre nach Kriegsende beseitigt: Die Wörthkaserne. Nachdem die Stadt 1958 beschlossen hatte, hier Räumungsschuldner unterzubringen und für die dort bisher wohnenden Ausländer Wohnungen zu bauen, war die Kaserne noch lange Zeit gut belegt gewesen. Im März 1973 fällt „die letzte Wand" der 1882 gebauten Kaserne (benannt übrigens nach der Schlacht bei Wörth im Jahre 1870). Bis zum Sommer 1971 hatten hier noch 228 Personen (= 56 Familien) gelebt, Ende 1972 die letzten ehemaligen Bewohner ihre Möbel abgeholt. Die Familien wurden inzwischen auf selbstgesuchte Unterkünfte, städtische Altbau – und Sozialwohnungen sowie auf einen neu errichteten Schlichtbau am Neuen Weg 2

*Abb. 1: Die letzten Bewohner haben am Mittwoch die Wörthkaserne geräumt. Autowracks auf dem Hof und verwahrloste Räume erinnern nur noch daran, daß hier einmal über 220 Personen gewohnt haben. (Göttinger Tageblatt 16.11.72)*

(Ecke Maschmühlenweg) verteilt.[6] Zunächst begann man auf dem Areal der Wörthkaserne mit Planierarbeiten für einen Parkplatz, später sollten hier überwiegend Sozialwohnungen entstehen, tatsächlich wurde allerdings ein Altenheim gebaut. 1978 benannte man das Areal übrigens „Saathoffplatz" , um dem Militärpfarrer und Chronisten Albrecht Saathoff eine letzte Ehre zu erweisen.[7]

**Beispiel Herzberger Landstraße:**
Nicht nur die Wörthkaserne, auch das Behelfsheim an der Herzberger Landstraße war 1973 dem Erdboden gleichgemacht worden. Was danach mit dem Grundstück geschah, bestätigt die These der Verbindung zwischen Müll und Notunterkünften: Nachdem der Plan für den Bau von Sozialwohnungen zu Gunsten des Fiorilloweges fallengelassen worden war, sollte das Areal eigentlich in den Grüngürtel am Hainberg integriert werden. Doch statt dessen entstand hier eine wilde Müllkippe, die ein Jahr später – wegen Zuständigkeitsquerelen der Ämter – immer noch nicht beseitigt ist. Interessant ist auch hier wieder das Argument der Optik: Die „schauerliche Oase" aus Schutt, Schrott und verrosteten Vehikeln störe vor allem den Betrachter (GT, 16.3.1974).

## 2.3. Baracken und Notunterkünfte im Maschmühlviertel

Wie sah es im selben Zeitraum im Maschmühlviertel aus? Zunächst wurden Ende 1952 die Notwohnungen am Maschmühlenweg nach einjähriger Verzögerung mit einer Sanierung bedacht. Dabei bediente sich der Stadtrat teilweise derselben Argumentation wie Herr Achilles 1941: Der Anblick der Häuser sei eine Schande und könnte vor allem Besuchern unangenehm auffallen. Immerhin aber hielt man einen Anstrich der Häuser nicht nur aus städtebaulichen, sondern auch aus menschlichen Gründen für geboten, da hier vor allem Kinder wohnten, die „schuldlos in einer gefährlichen und schlechten Gegend aufwachsen" müßten.

---

6 Aus dieser Aufzählung geht hervor, daß der Neubau am Neuen Weg noch nicht mal Sozialwohnungsstandard hat, siehe auch Kapitel 2.4.
7 Der zu den hitlertreuen „Deutschen Christen" gehörige Saathoff hat z.B. als Herausgeber des Göttinger Gemeindeblatts lange Jahre offene Nazipropaganda verbreitet. Im Mai 1995 wurde der Platz bei einer Aktion symbolisch umbenannt in „Chaika-Grossmann-Platz". Dokumentiert in: Calcül, Zeitschrift für Wissen und Besserwissen, hrsg. von der Basisgruppe Geschichte, Nr. 1/2 Juli 1995, S. 3-13

Sicherlich ist das ordnungsgemäße Verlegen von Stromleitungen und ein Fassadenanstrich ein Schritt in die richtige Richtung, doch für eine wirkliche Aufbesserung der Lebensverhältnisse waren diese Maßnahmen – wie sich später zeigte – allenfalls ein Tropfen auf den heißen Stein.

Auch die gewerbliche Bautätigkeit und der Ausbau der Zufahrtswege nahm ab Ende der 50er Jahre wieder deutlich zu. Doch die Modernisierung fand nicht in allen Bereichen gleichermaßen zügig bzw. befriedigend statt: In den 60er Jahren führte der Gestank der Kläranlage zu wiederholten massiven Beschwerden der AnwohnerInnen. Deshalb wurde 1964 eine Erweiterung der Leistungsfähigkeit auf 130.000 Einwohner beschlossen, für die man drei Jahre Bauzeit veranschlagte. Zwei Jahre später berichtet das GT mit einer gewissen industrieromantischen Verklärung über die baldige Vollendung der Abwasserreinigungsanlage am Rinschenrott („Das größte Göttinger Ei", GT, 13.9.1966). Doch es sollte noch drei weitere Jahre dauern, bis der Ausbau der Kläranlage so weit gediehen war, daß die Geruchsbelästigungen endlich aufhörten.

Weit schlimmer aber waren manche Wohnverhältnisse im Maschmühlviertel in dieser Zeit: 1965 berichtet das GT über die unwürdigen Zustände einer Barackensiedlung an der Carl-Zeiss-Straße (damals nur eine winzige Querstraße von der Godehardstraße, gegenüber dem Schützenplatz). Hier müßten sich bis zu neun Personen – zwei Erwachsene, sieben Kinder – zwei Zimmer teilen, was besonders für die Kinder, die „unverschuldet in diesem Viertel landeten" nicht zumutbar sei.[8] Der Artikelautor spart nicht mit politischer Analyse: Zum einen paßten die Elendsbaracken nicht in das Bild moderner Wohnviertel mit dem „Luxus dieser Zeit", zum anderen böte diese Siedlung den Kommunisten geeignete Propaganda. Die Anfrage beim Stadtrat läßt allerdings erkennen, daß das Problem wirklich systembedingt ist: Sozialwohnungen seien für kinderreiche Familien zu klein, Eigenheime zu teuer. Die Stadt bemühe sich aber, indem man „von unten nach oben umschichte", d.h. den Ausbau der Siedlung Ebertal beschleunige und weitere Wohnungen für Räumungsschuldner baue, deren Wohnungen dann wiederum für Barackenbewohner zur Verfügung stehen sollen. Die ersten Baracken an der Carl-Zeiss-Straße wolle

---

8 „Sie leben in Höhlen", GT, 18.12.1965. Bezeichnenderweise kommt die auf drei Fotos gezeigte Familie in dem Artikel nirgends selbst zu Wort – entweder hielt man ihre Meinung für nicht relevant, oder man hat sie gar nicht gefragt.

man „schon im Sommer 1966" abreißen – ein makaberes Trostpflaster für die Menschen, die hier noch einen ganzen Winter leben mußten.

Bei dieser Hierarchie des Elends drängt sich der Vergleich mit der Umsiedlung der Wörthkasernenbewohner auf und zeigt, daß die Stadt offensichtlich längere Zeit das Prinzip des „Hochwohnens" praktizierte. So bezeichnete die Stadt nämlich drei Jahre später diese Art der Umschichtung. 1969 ist das Problem, sozial schwache (und häufig kinderreiche) Familien adäquat unterzubringen, immer noch nicht befriedigend gelöst. Trotz Neubaus von insgesamt 4.350 Wohnungen in den letzten drei Jahren (davon nur gut ein Drittel öffentlich gefördert), fehlen 1.000 Wohnungen. Besonders schwierig ist die Situation für ca. 250 Familien, die als Räumungsschuldner quasi obdachlos geworden sind, weshalb man sie „in entsprechende Quartiere gesteckt" habe (GT, 9.8.1969). Darunter sind auch 56 Familien (= 214 Personen) aus den Bretterbuden in der Carl-Zeiss-Straße sowie andere aus Notunterkünften von der Eiswiese und aus Treuenhagen. Es scheint nicht schwer zu erraten, wo man jetzt den Neubau von einfachen Wohnungen verstärkt vornimmt: Am Maschmühlenweg.

*Abb. 2: Teilansicht der Behelfsheime am Maschmühlenweg.*
*(Göttinger Tageblatt 7.9.76)*

Diese Gegend sei, nachdem ja nun die anderen Slums abgerissen wurden, als „wenig rühmliche Ausnahme" in Göttingen übriggeblieben, wie ein GT-Artikel 1974 zu berichten weiß. Doch in der kurzen Notiz erfährt die Leserin eher Widersprüchliches – Stadtrat Rössig will die Steinbaracken, so wörtlich, „auflockern", womit eine teilweise Räumung gemeint ist. Man wolle längerfristig „Familien von Fall zu Fall... aussiedeln", eine Radikalkur, d.h. einen Abriß aber vermeiden. Da die Baracken aber nur „von zwei Familien belegt sind", stellt sich die Frage, wen oder was man hier eigentlich „auflockern" will – zumal es heißt, daß „kopfstarke Familien aus sozial schwächeren Schichten... am Maschmühlenweg wohnen bleiben sollen".[9]

Im Jahre 1976 wird in einem längeren GT-Artikel wieder über ein Abriß- und Umsetzungsvorhaben am Maschmühlenweg berichtet.[10] Drei Behelfsheime, die „kaum den hygienischen Ansprüchen unserer Zeit" entsprächen, sollen schnellstmöglich eingerissen werden. Als Beispiel wird eine 7-köpfige Familie genannt, die mit einem einzigen Waschbecken (ohne Bad oder Dusche) auskommen muß. „Solche Baracken können wir uns in einem sozialen Staat nicht mehr leisten", sagt der zuständige Leiter Hans-Jürgen Schmidt vom Amt für Wohnungswesen im Interview. Doch das „Umsetzen" der betroffenen Bewohner sei ein Problem, da sich eine Familie weigere und für eine andere 10-köpfige Familie noch kein passendes Haus gefunden sei. Offensichtlich sind die „häßlichen Niedrigbauten" nicht für alle MieterInnen unerträglich – und die Gründe dafür sind leicht verständlich: Zum einen ist es die Angst vor der Isolation in einer fremden Umgebung (manche leben hier schon seit 20 Jahren), zum anderen der nicht unerhebliche finanzielle Mehraufwand. Zahlt man hier z.B. für fünf kleine Räume 125 Mark, müssen in den nun zu beziehenden Sozialwohnungen 5,50 pro qm berappt werden. Das kann schon für eine 5-köpfige Familie bedeuten, auf einmal für eine auch nur bescheidene Wohnfläche das Doppelte bis Dreifache zu bezahlen, bei größeren Familien ist der plötzliche Mehraufwand natürlich noch extremer. Demgegenüber wünscht sich eine Mutter von fünf Kindern, die erst ein Jahr zuvor hergezogen war, „nichts lieber als raus" aus den Maschmühlweg-Baracken. Ob sie es bezahlen kann, sagt der Artikel allerdings nicht.

9 „Auflockerung am Maschmühlenweg", GT, 7.3.1974
10 „Ein einziges Waschbecken ist für die ganze Familie da", GT, 7.9.1976

Fast genau ein Jahr dauerte es noch bis zum Abriß – dann war es angeblich mit den „letzten Asylen" vorbei.[11] Die BewohnerInnen wurden in städtische Altbauten oder Sozialwohnungen „umgesetzt", wo sie nun „integriert statt isoliert" seien. Die Beseitigung der „tausend Obdachlosenheime nach dem zweiten Weltkrieg", die ja schon Anfang der 60er Jahre begonnen hatte, dauerte wegen fehlender Sozialwohnungen aber offensichtlich über 15 Jahre. Das Amt für Wohnungswesen plant – ähnlich wie beim Behelfsheim Herzberger Landstraße – mal wieder eine Grünfläche auf dem Areal zu errichten. Auch wenn keine weitere Meldung vorliegt, scheint der Verdacht begründet, daß hier wieder nicht viel geschehen ist – oder wer kennt eine Grünfläche am Maschmühlenweg? Man wolle hier „auf keinen Fall" wieder Wohnungen hinbauen, wie Schmidt konstatiert. Durch diese Feststellung entsteht bei der Leserin der Eindruck, daß das Problem der Notunterkünfte nun beseitigt sei. Doch weit gefehlt! Im Februar 1978 berichtet das GT über einen Zimmerbrand „in einem Behelfsheim am Maschmühlenweg", bei dem drei Hunde erstickt seien. Als Brandursache habe man Unmengen von Müll und Abfällen, die sich in dem Zimmer gestapelt hatten, ausgemacht. Die Frage, die sich aufdrängt, ist: Hat man hier aus Versehen den Ausdruck „Behelfsheim" verwendet, oder war der große Abriß der „letzten Asyle" nur eine Farce?

### 2.4. Feste Häuser am Maschmühlenweg oder: Schöner Wohnen mit Schimmel und Müll

Welche Folgen das „Hochwohnen" z.B. für ehemalige WörthkasernenbewohnerInnen hatte, zeigt ein Artikel vom August 1972. Zu den neuen MieterInnen des Hochhauses am Neuen Weg (Ecke Maschmühlenweg) zählten nicht nur die sogenannten Räumungsschuldner, sondern auch kinderreiche Familien, die auf dem freien Wohnungsmarkt kein Vermieter haben will. Der Umzug sei zwar, laut GT, schon ein „sozialer Aufstieg", da sich das Haus am Neuen Weg von den übrigen Notquartieren (u.a. direkt am Maschmühlenweg) stark unterscheiden solle. Doch trotz besserer Ausstattung läuft es auch hier auf ein „Getto modernen Baustils" hin-

---

11 „Die letzten Asyle werden abgerissen", GT, 19.10.1977

aus. Schuld daran sind nicht nur die Zustände des Hauses (keine Zentralheizung, überschwemmte Kellerräume etc.), die dem Wohnblock schon den Spitznamen „Wörthkaserne zwei" einbrachten. Manches ist sogar, laut Aussagen der BewohnerInnen, noch primitiver als dort: Es gibt keine Trockenräume oder Wäschepfähle und für die 28 Familien lediglich einen Müllcontainer! Wen wundert es da, wenn einige BewohnerInnen ihren Abfall auf die brachliegende Fläche neben dem Haus werfen, auf der wiederum die Kinder mangels angemessener Spielalternative herumtollen.

*Abb. 3: Im Hintergrund der neue Schlichtbau. (Stadtzeitung 2/79)*

Als fast noch fataler sieht der Autor aber die Standortwahl an: Offensichtlich hat die sozial-liberale Ära langsam auch bei einigen GT-Redakteuren Einzug gefunden, denn der Artikel spart nicht mit eindeutiger Kritik: Das Haus stehe nicht zufällig in einer Gegend fernab von „jeglichem sogenanntem bürgerlichen Wohngebiet".[12] Der Leiter des Amtes für Wohnungswesen bekennt denn auch: „Wenn das Haus woanders gebaut worden wäre, hätten sich die Bewohner der umliegenden Häuser beschwert". Treffend kom-

---

12 Vgl. dazu auch den fast schon anti-bürgerlichen Artikel zur Eröffnung des Männerheims der Heilsarmee im GT vom 23.6.1971

mentiert dies der GT-Autor mit der Parallele, daß „wie im Mittelalter die Aussätzigen heutzutage die sozial Schwachen und Obdachlosen vor den Toren der Stadt wohnen" müßten und geht noch einen Schritt weiter: Die Angst vor der Infizierung mit einer Krankheit sei heute der Furcht vor dem sozialen Abstieg gewichen. Der Vergleich mit dem Müll liegt natürlich mehr als nahe: Auch der Müll wird vor die Tore der Stadt gekarrt, ihn fürchten die Menschen, weil er Krankheiten verbreitet und die Umgebung unansehnlich macht.[13]

Der engagierte Artikel hat jedoch offenkundig beim Bauträger, der Städtischen Wohnungsbau GmbH keinen Handlungsbedarf geweckt. Im November desselben Jahres wird noch einmal ausführlich von schimmeligen Wänden und krankmachender Feuchtigkeit im „Schlichtbau" am Neuen Weg berichtet. Ursache dafür sei das bekannte Heizproblem (ein Ofen für 75 qm Wohnfläche) und nicht, wie man den Bewohnern unterstellt habe, mangelndes Lüften.

Sehr aufschlußreich sind die Berichte der Göttinger Stadtzeitung über Obdachlosigkeit in Göttingen 1979, die sich z.T. auf eine 1977 veröffentlichte SOFI-Studie, z.T. auf Interviews mit den Betroffenen stützen.[14] Der größte Teil der Obdachlosen lebt am Maschmühlenweg in städtischen Wohngebäuden und Notunterkünften (1972: 372 Personen). Mag sich für einige Familien die Situation nach Auszug aus den Niedrigbaracken gebessert haben, so leben doch noch viele andere kinderreiche und/oder einkommensschwache Familien in dieser Gegend unter zum Teil äußerst unwürdigen Bedingungen.

Die Interviews mit Familie B. und Frau Z., die am Maschmühlenweg leben, geben Auskunft über die kargen Lebensverhältnisse, aber auch über die Stigmatisierung der AnwohnerInnen. Als Herr B. Arbeit suchte und auf den Personalbögen die Adresse Maschmühlenweg angab, sei er bei zwei Firmen (Keim und Herkules) abgelehnt worden. Bei Firma Keim habe es sofort geheißen, daß die Leute mit diesem Wohnort grundsätzlich nichts taugten, bei Herkules habe man die schon getroffene Arbeitsvereinbarung wieder gelöst. Frau B. möchte gern woanders leben,

---

13 Als Symbol für Verwahrlosung wählt das GT übrigens die Müllkübel im Vordergrund, GT vom 9.8.1972
14 Zwischen Bahndamm und Kläranlage. Obdachlosigkeit in Göttingen, Stadtzeitung 2/1979, S. 12-30

da sie sich hier „wie im Knast" fühle. Für die Sozialhilfeempfängerin Frau Z., die mit sieben Kindern in einer 4-Zimmer-Wohnung lebt, ist die Situation ebenfalls unerträglich – vor allem die Enge. In der ursprünglich als „Übergangsquartier" ausgewiesenen Unterkunft (verantwortliche Behörde: Liegenschafts- und Hochbauamt) lebt sie nun schon 20 Jahre. Das einzige Positive sei das ansässige Maschmühlenzentrum (Hufe genannt), wo die Kinder tagsüber hingehen könnten.

Auch Frau Z. leidet unter der Stigmatisierung, wenn es z.B. wegen des Mülls vor den Schlichtbauten heißt „diese dreckigen Maschmühler", nur weil hier immer noch kein zweiter Müllcontainer steht. So ist es wirklich frappierend, daß sich die Wohnverhältnisse am Neuen Weg (Träger: Städtische Wohnungsbaugesellschaft) auch nach 6 Jahren immer noch nicht gebessert haben: Zwei Frauen aus dem Schlichtbau berichten nicht nur über demolierte Briefkästen oder ein kaputtes Treppengeländer, sondern auch von einer Rattenplage, von defekten Wasserleitungen, von mangelnden Heizmöglichkeiten und von dem oben beschriebenen Müllproblem. Frau M. und Frau G. möchten übrigens – ein interessanter neuer Aspekt – gern im Maschmühlviertel wohnen bleiben, wenn sie hier eine bessere Wohnung bekämen. Zum einen deshalb, weil sie woanders keine Chance hätten („Wenn du hier unten sitzt, kommste auch nicht wieder raus"), zum anderen weil sie hier einen guten nachbarschaftlichen Kontakt haben.

Sozialdezernent Rössig äußerte sich zu den Vorwürfen der Maschmühlbewohner Ende 1978 sehr gelassen. Man bemühe sich redlich um vernünftige Wohnverhältnisse, aber die MieterInnen hätten ja schließlich „mit wahrer Wollust" die meisten Schäden selbst angerichtet oder wären für feuchte Wände durch falsches Heizen bzw. Lüften selbst verantwortlich. Im übrigen sei man ja in der Vergangenheit schon so erfolgreich bei der Integration der ehemaligen Obdachlosen gewesen und wirke im Maschmühlenviertel auf eine Verringerung der Wohndichte hin.

Bei der Beantwortung der Ausgangsfrage nach dem „Wer muß hier leben" lohnt es sich auch, die Zahl der am Maschmühlenweg wohnenden Menschen ausländischer Herkunft mit einzubeziehen:[15] Bei der Einteilung in 10 Bezirke hat zwar die Innen-

---

15 Die folgenden Zahlen sind entnommen aus: Ausländerbericht Göttingen, hrsg. von der Projektgruppe Ausländer des Seminars für Politikwissenschaft der Universität Göttingen, Göttingen 1980, S. 21ff.

stadt den höchsten Ausländeranteil mit 12,3% gegenüber 6,0% Weststadt. Zum Vergleich: Insgesamt waren 1979 5% der Göttinger EinwohnerInnen als „Ausländer" registriert. Teilt man die Stadt jedoch in 79 statistische Bezirke auf (gleiche Einwohnerdichte, einheitliche Bebauung), so zeigt sich, daß im Bezirk „Maschmühlenweg" (zwischen Godehardstraße und Rinschenrott) 35% der AnwohnerInnen ausländischer Herkunft sind. Dieser hohe Prozentsatz ist vor allem durch Einzelhäuser bedingt, z.B. das Ausländerwohnheim auf der linken Seite des Maschmühlenwegs. Als Gründe dafür, daß hier relativ viele AusländerInnen wohnen, sind neben günstiger Miete auch die Nähe zum Arbeitsplatz (vornehmlich Industriebetriebe) auszumachen und ebenso die Bereitschaft, in weniger ansehnlichen Gegenden – dafür aber gemeinsam mit anderen AusländerInnen – zu wohnen. Es wäre jedoch falsch, von einer Ausländerghetto-Situation zu sprechen, dennoch sind die Zahlen und vor allem die genauere Beschreibung der Wohnverhältnisse signifikant: Beengt und häufig in baulich schlechteren Häusern als Deutsche.[16]

*Abb. 4: Ausländerwohnungen am Maschmühlenweg. (Stadtzeitung 12/80)*

16 ebenda, S. 33ff. Siehe auch Stadtzeitung 12/1980, S. 29.

## 3. Wohnwagen auf dem Schützenplatz

Wagenburgen haben (in Göttingen) Tradition. Und manche Probleme der heutigen finden ihre Entsprechung in Ereignissen früherer Zeiten. Schon 1963 sollte eine Wohnwagenansammlung auf dem Schützenplatz geräumt werden – um Platz zu machen für die Neugestaltung der Sportanlage von Göttingen 05. Diese war als Ersatz für das Maschparkstadion, das dem Ausbau der Godehardstraße weichen mußte, nötig geworden. Neben den Wohnwagen sollten auch Kleingärten und das Jugendwohnheim der Heilsarmee verschwinden. Die Planungsphase zog sich allerdings längere Zeit hin und bereitete den Vereinsvertretern noch 1966 große Sorgen, da die Sportanlagen in einem „katastrophalen Zustand" seien. Doch die mangelnde finanzielle Absicherung ließ den Beginn der Baumaßnahmen noch nicht zu. Der 1962 im Rat erstmals vorgestellte „Bebauungsplan Nr. 35 Maschmühlenweg", in dessen Mittelpunkt das Sportgelände liegt, wird bis 1972 noch vier Mal geändert. 1969, als der Schlichtbau am Maschmühlenweg in Aussicht stand, war man dann zwar fest entschlossen, die „traurige Idylle" der Wohnwagen zu entfernen (GT, 9.8.1969), doch dies dauerte noch einige Jahre. Erst 1973 wurden die Gelder für die Städtische Bezirkssportanlage bewilligt.

In einem Bericht vom August 1969 kommen die WohnwagenbewohnerInnen selbst zu Wort und schildern ihre Situation: Frau Dombrowsky und Ehepaar Kyritz wollen nicht in ein Haus, in dem sie viel zu dicht aufeinanderhocken müßten. Frau Hanff beklagt sich bitter, daß sie mit sechs Kindern ja ohnehin keine Wohnung bekäme. Viele der Wohnwagenbesitzer sind DDR-Flüchtlinge und sehen keine Veranlassung, ihre Wohnform aufzugeben. Im Journalistendeutsch werden die Ängste vor einer neuen Umgebung allerdings als „Anpassungsschwierigkeiten" bezeichnet. Kurze Zeit später, im September 1969 veranstaltet die St.-Jakobi-Gemeinde eine Aktion gegen das „Elendsviertel am Schützenplatz", indem sie jede Göttinger Maklerfirma auffordert, eine Wohnung preisgünstig und ohne Courtage zu vermitteln. Hier ist allerdings nicht von den Wohnwagen, sondern von den „Bruchbuden" die Rede, deren unwürdige Verhältnisse negativ auf die ganze Gemeinschaft zurückfallen würden.

Daß Göttingen mit seiner Politik gegenüber Wohnungslosen nicht allein dasteht und auch noch im Negativen zu übertreffen ist, zeigt ein Vergleich mit Hamburg. Eine Wohnwagen-Kolonie auf einigen Trümmerflächen in St.Pauli, ebenfalls Überbleibsel der Nachkriegswohnungsnot, wurde hier ab 1959 mit relativer Härte geräumt: Der Senat stellte die Betroffenen vor die Entscheidung, sich „aus Hamburg zu verziehen oder sich hier festen Wohnraum zu beschaffen oder sich obdachlosenpolizeilich unterbringen zu lassen" (letzteres meint die Einweisung in Städtische Obdachlosenasyle).[17] Die Springer-Zeitung „Die Welt" erläuterte zum „Wohnwagengesetz" von 1959, nun müsse man sich „als Stadt des Fremdenverkehrs nicht mehr schämen" und die „Gefahren für die Volksgesundheit" seien damit auch beseitigt.[18] Trotz aller Parallelen erscheint der Umgang mit den Betroffenen in Hamburg um einiges drastischer als in Göttingen gewesen zu sein, da man hier die Wohnungslosen bzw. die, so wörtlich, „asozialen Elemente" ohne Umschweife vertreiben und ihre Unterbringung kaum noch sozial organisieren wollte. Auch in Hamburg argumentierte man übrigens mit dem „Verursacherprinzip", indem man den Wohnwagen- und Barackenbewohnern keinen Zugang zur Wasserversorgung oder Müllabfuhr gewährte, sie aber gleichzeitig für ihre miserablen Wohnverhältnisse brandmarkte.

Ein eigenes Kapitel im Komplex Maschmühlenviertel bilden die Roma und Sinti (im GT zunächst „Zigeuner", später „Landfahrer" genannt) auf dem Schützenplatz, die ab Ende der 70er Jahre zahlreiche Schlagzeilen machten. Hier liegt die Problematik allerdings etwas anders, denn im Gegensatz zu den meisten AnwohnerInnen des Maschmühlenweges ist die Lage hier eher umgekehrt: Die Menschen möchten hier freiwillig eine Zeit lang wohnen, die Nähe zu Industrie- und Entsorgungsgebiet stört sie nicht. Dennoch sind Parallelen erkennbar.

Etwa 300 Angehörige der Volksgruppe Sinti haben in Göttingen einen festen Wohnsitz (Sozialwohnungen in Holtensen, am Rosenwinkel oder am Maschmühlenweg), viele andere Roma- und Sinti-Familien leben aber im traditionellen ständigen Nomadentum – bevorzugte Stellplätze: Der Schützenplatz, die Eiswiese und z.T. das Gelände vor dem Klinikum, wenn z.B. ein Familienmitglied behandelt werden mußte. Das Thema Ausgrenzung und Vorurteile gegenüber Roma und Sinti soll hier nicht weiter vertieft

---

17 Zitat aus dem „Gesetz gegen das Beziehen, Aufstellen und Überlassen von Wohnwagen" vom 5.5.1959, in: Helene Manos, Sankt Pauli, Hamburg 1989, S. 57.
18 „Die letzten Wohnwagen verschwinden", DIE WELT, 5.8 1960

werden, sondern statt dessen die Entwicklung des Schützenplatzes kurz skizziert werden.[19]

Ein Artikel von 1978, der über die campierenden Sinti auf dem Schützenplatz berichtet, spart nicht mit peinlichen Klischees und wartet sogar stolz mit einem Foto auf, obwohl dies bei den Familien unerwünscht ist. Markantes Zitat mit einem betont provokativem Schluß: „Und wenn die Stadt sie nach deutschem Recht vom privaten Platz schickt, kümmert das kaum. Die Zigeuner sind's gewohnt – und wollen's gar nicht anders?". Autor Jochen Reiss hätte sich wohl kaum vorstellen können, daß die „letzten Vagabunden" irgendwann nicht mehr „zu Recht" vom Platz gescheucht würden. Doch das dauerte noch eine Weile.

Ein Jahr später, als etwa hundert Roma und Sinti erneut verbotenerweise auf dem Schützenanger campierten und nach Platzverweis zur Eiswiese fuhren, wird das Problem schon etwas ernster genommen (wenn auch der Hinweis auf Blumen klauende Kinder nicht fehlen darf) Immerhin berichtet das GT über die „Bemühungen", eine für alle Beteiligten befriedigende Lösung zu finden: Die Polizei fordert die Kommune auf, einen Standplatz zur Verfügung zu stellen, weil sie „nicht länger der Buhmann" sein wolle, indem sie als „uniformierte Exekutive alle paar Wochen Zigeuner vertreiben" müsse. Grundsätzlich will die Stadtverwaltung auch nach so einem Platz suchen, doch dieser dürfe, laut Pressesprecher, nicht zu attraktiv sein, um einen wochenlangen Aufenthalt der Sinti vorzubeugen. Das war 1979. Wieder ein Jahr darauf berichtet ein ausführlicher GT-Artikel (Dagmar Deckstein) über Geschichte, Tradition, Verfolgung und Lebensweise der Sinti, geht aber auf die aktuelle Situation am Schützenplatz nicht ein.[20]

Erst 1981 werden die Pläne eines „ordentlichen" Stellplatzes für Roma und Sinti wieder konkreter. Der GT-Bericht vom 31.7.1981 ist auch ein gutes Beispiel für die (gewollten) negativen Assoziationen mit dem Stichwort „Müll", denn die Überschrift lautet: „Erboste Kleingärtner murren über 'Ex und Hopp' – Wilde Müllkippe am Schützenplatz", obwohl die Problematik ja eher umgekehrt liegt: Die Roma und Sinti bekommen keine Möglichkeiten zur sanitären Nutzung bzw. geregelten Entsorgung, da das

---

19 Zum Thema Roma und Sinti siehe u.a. Stadtzeitung 10/1978 und 11/1978
20 Merkwürdig ist, daß Frau Deckstein zwar dankenswerterweise den diskriminierenden Hintergrund des Wortes Zigeuner erklärt, es aber trotzdem im fortlaufenden Artikel ständig benutzt.

*Abb. 5: Stacheldraht am Eingangstor zur Kleingartenanlage. (Göttinger Tageblatt 31.7.81)*

Ordnungsamt noch keine Anschlüsse verlegen wollte und die Pächterin der sanitären Anlagen des Schützenhauses diese nicht zur Verfügung stellt. Josepha Weiss z.B. „wäre gern bereit, für Wasser- und Stromanschlüsse auch eine Gebühr zu zahlen". Doch der Artikelautor weiß es besser, denn die Sinti, die mal eben zu „Süd- und Südosteuropäern" umbenannt werden, hätten ja zum Teil andere Hygienevorstellungen, was das „Schmutzproblem" hinreichend erkläre. Nun aber will die Stadt tatsächlich einen Stellplatz für 18 Gespanne inklusive sanitärer Anlagen errichten, wodurch Göttingen, laut Tilman Zülch von der Gesellschaft für bedrohte Völker, eine Pilotfunktion im gesamten Bundesgebiet übernähme. Schon zwei Tage später spekuliert man über einen Baubeginn noch Ende des Jahres 1981 und weist auf Rücksprache mit den Sinti und der GfbV hin, was die konkrete Ausstattung des Stellplatzes betrifft.

Damit ist es aber, wie sich später zeigte, nicht weit her gewesen. Der Bau verzögerte sich erheblich, wegen Amtsstreitigkeiten und unklaren Planungen, so daß sich im Mai 1982 immer noch „erboste Kleingärtner" über die Wasser holenden Kinder und den Geruch von Kot beklagen. Vor allem aber entpuppten sich die angeblichen Absprachen bei der Platzgestaltung als bloße Makulatur. Deshalb waren die Probleme im Sommer 1983, als der Platz endlich eröffnet wurde, keineswegs beseitigt: Die Roma und Sinti parkten ihre Wohnwagen immer noch außerhalb, weil, so die Überschrift des GT-Artikels, „der neue Platz zu teuer und zu wenig grün" sei. In der Tat waren nämlich die Gebühren doppelt so hoch wie vereinbart (zehn Mark pro Tag) und der Platz nicht wie geplant mit einer Grünfläche umrahmt, sondern mit einer Schotterdecke planiert worden. Des weiteren habe man entgegen dem ausdrücklichen Wunsch der Sinti keinen Sichtschutz vor den Eingängen der Toiletten gebaut.

Nachdem sich aber eine Mehrheit im Stadtrat für entsprechende Veränderungen (Gebührensenkung, Sichtblende, Teerdecke) ausgesprochen hatte, wurde der Platz 1984 ein zweites Mal eingeweiht. Nun erscheint es wirklich nicht ganz unverständlich, wenn die Stadt mit der nur fünfzigprozentigen Auslastung unzufrieden ist, trotz aller Erfüllungen. Doch der entsprechende Bericht vom August 1984 enthält auch keine Informationen darüber, ob immer noch Sinti- oder Romafamilien außerhalb oder auf anderen Flächen campieren und damit Unmut hervorrufen würden. So hat die Enttäuschung der Stadt sicherlich auch mit konkreten finanziellen Einbußen zu tun. Immerhin gibt es mittlerweile aber auch kaum noch Probleme mit denjenigen „Landfahrern", die den Platz nutzen. Selbst die Kleingärtner seien jetzt beruhigt, weil sie sogar einen Autoschlüssel steckenlassen könnten, ohne daß etwas geklaut würde.

Das latente Kolportieren von Vorurteilen zeigt sich auch in der „sensiblen" Gestaltung der Zeitungsseite: Direkt darunter und daneben befinden sich zwei Artikel über Kriminalität in Göttingen (ähnlich auch im August 1983).

Diese Stigmatisierung weist übrigens eine deutliche Parallele zu den AnwohnerInnen am Maschmühlenweg auf. Ein Vergleich zwischen der Schützenplatznutzung und den Notunterkünften am Maschmühlenweg lohnt sich darüber hinaus unter zwei Aspekten: Zum einen die Tatsache, daß erst einige Jahre ins Land gehen mußten, bis eindeutige Mißstände beseitigt wurden. Zum anderen das dokumentierte Unverständnis der Stadt, was die Nutzung ihrer „großzügigen" sozialen Angebote betrifft, nach dem Prinzip: „Da ist man schon nett und stellt was hin und dann wird das zerstört (Beispiel Schlichtbau) bzw. nicht genutzt (Beispiel Stellplatz)". Daß es mit Halbherzigkeiten nicht getan ist bzw. der Fehler im

System liegt, erkannte damals keine/r oder wollte es nicht erkennen.

## 4. Resümee

Maschmühlenweg – Straße des Mülls. Die Antwort auf die eingangs gestellte Frage „Wer muß hier leben?" ist relativ einfach – Menschen, die an anderen Orten nicht (mehr) geduldet sind, aber auch Menschen, die anderswo gar nicht leben möchten. Für einige ist diese Gegend eben „ihr Viertel", trotz mancher Unannehmlichkeiten. Was aber macht die Unterschiede zu anderen Vierteln mit eher sozial schwacher Bevölkerung aus?

Zum einen befand sich am Maschmühlenweg seit Anfang des Jahrhunderts (bis in die heutige Zeit) eine der höchsten Konzentrationen von Schlichtbauten, Notunterkünften und Behelfsbauten. Zum anderen brauchte die Stadt Göttingen nach 1945 ausgerechnet hier am längsten (bis mindestens 1980), um hier für menschenwürdige Unterbringung zu sorgen. Während sich die Stadt bemühte, in den übrigen Gebieten die Notunterkünfte bis 25 Jahre nach Kriegsende zu räumen oder abzureißen, blieben diejenigen

*Abb. 6: Die Steinbaracken am Maschmühlenweg. (Stadtzeitung 2/79)*

am Maschmühlenweg nicht nur erhalten, sondern wurden auch ergänzt. Wie ein Trichtereffekt rieselten Räumungsschuldner, kinderreiche Familien und andere Benachteiligte in die Gegend „zwischen Bahndamm und Kläranlage" – oder besser gesagt: sie wurden gerieselt (Ausnahme: „Männerheim" der Heilsarmee in der Oberen Masch)

Auch wenn eine sprachliche Trennung zwischen Obdachlosenheimen, Notunterkünften, Behelfsheimen und Schlichtbauten im Sinne des Wohnungs- oder Sozialamts liegen mag, geht diese jedoch an der Realität vorbei. Die Schlichtbauten am Neuen Weg sind de facto Behelfsbauten, die „Treppenhausbauten" und Steinbaracken am Maschmühlenweg entsprechen kaum den Standards moderner, menschenwürdiger Unterbringung, denn auch hier gibt es z.B. in den Zweizimmerwohnungen nur einen Wasseranschluß in der Toilette, in den Vier-Raumwohnungen müssen z.T. bis zu 8 Personen leben.

Die Parallelen zum Müll sind vielfältig. Zunächst gilt der Müll als Symbol für Verwahrlosung, wie die Berichterstattung gezeigt hat. Aber auch die Menschen selbst empfinden gerade die fehlende geregelte Entsorgung als besonders entwürdigend. Dazu eine interessante Parenthese: In manchen Städten stehen heute in den „bürgerlichen Vierteln" trotz geringerer Einwohnerzahl fast doppelt so viele Recyclingcontainer wie in sogenannten „Problemvierteln". Die Folge: Überfüllte Container dort verstärken das Bild der Verwahrlosung, ein selbsterhaltender Kreislauf. Und wo es ohnehin schon häßlich und ungepflegt ist, kommen auch Verunreinigungen und Zerstörungen häufiger vor. Dies hat aber weniger mit der sozialen Lage der Menschen, sondern mit einem (menschlichen) Nachahmungseffekt zu tun: Wer hat nicht auch schon einmal an eine Stelle etwas hingeworfen, wo schon Abfall lag, obwohl dies offensichtlich kein geregelter Müllplatz war?

Des weiteren ist Müll nichts anderes als „überflüssig gewordener Stoff", etwas, das unbrauchbar geworden ist. Auch manche Menschen werden als unbrauchbar für eine Gesellschaft angesehen oder ihre Nähe wird zumindest abgelehnt: Das Unerwünschtsein bezog sich in Göttingen nicht nur auf sozial Schwache und Obdachlose, sondern auch auf andere Minderheiten, wie z.B. die Roma und Sinti auf dem Schützenplatz.

Für Müll gibt es bekanntlich verschiedene Umgangsmöglichkeiten: Verbrennung, Deponie, Müllvermeidung oder Recycling.

Ich möchte den nicht unproblematischen Versuch wagen, diese Möglichkeiten zu vergleichen mit dem Umgang der Gesellschaft mit „überflüssig gewordenen" Menschen. Die erste Variante scheidet als reale Bezugsgröße selbstverständlich aus (auch wenn es in diesem Land wieder möglich geworden ist, „unerwünschte" Menschen zu verbrennen).

Das zweite Beispiel Deponie aber läßt sich mit einiger Berechtigung auch auf „unbrauchbar gewordene" Menschen übertragen: Man kann und will sich selbstverständlich nicht dieser Menschen „entledigen", aber man kann sie – ebenso wie Müll – „wegbringen", d.h. aus dem Auge, aus dem Sinn haben: Wer in der Innenstadt unerwünscht ist, kommt vor die Tore der Stadt (oder hinter den Bahnhof außer Sichtweite). Daß dies natürlich nicht nur in Göttingen der Fall ist, zeigen u.a. die aktuellen Beispiele der „Saubere-Innenstadt"-Aktionen vieler Städte mit ihren Wachdiensten und Platzverweisen. Zu diesem Thema gibt es mittlerweile ja auch eine breite Diskussion, auf die hier aber nicht weiter eingegangen werden soll.

Doch die Übertragungsmöglichkeit hat auch ihre Grenzen: Obwohl das Prinzip der „Müllvermeidung" sicherlich das Konsequenteste im Zuge der Abfallpolitik ist, erscheint hier der Vergleich mit den „unbrauchbar gewordenen Menschen" sehr problematisch. Es mag zwar verlockend klingen, zu verhindern, daß Menschen überhaupt „unbrauchbar werden", doch dies könnte auch zu einer utilitaristischen Argumentation werden, in der Menschen auf ihren gesellschaftlichen Nutzen reduziert werden. Heute hat nicht nur jede Sache einen Marktwert, der mit zunehmendem Verbrauch bzw. Alter in der Regel sinkt (von der Thunfischdose bis zum Computer), sondern auch der Marktwert des Menschen variiert mit seinen Kenntnissen, seinem Alter und seiner – auch körperlichen – Anpassungsfähigkeit. Zudem ist das Argument der Nutzbarkeit auch ein Herrschaftsinstrument – die Entscheidung, wer als brauchbar oder als unbrauchbar gilt, ist immer abhängig von ökonomisch-politischen Zielen eines Staates oder einer Gemeinschaft. Naheliegendes krasses Beispiel: Während in der Bundesrepublik kinderreiche Mütter gemeinhin als verantwortungslose Sozialfälle gelten, wurden sie in der Nazizeit bekanntermaßen geehrt, weil sie „nützlich" für die Kriegswirtschaft waren.

Bleibt noch die vierte Möglichkeit – das „Recycling", d.h. die erneute Nutzung eines Stoffs. Kann man denn auch lebende Menschen „recyceln"? Wenn damit nicht nur seine Funktion innerhalb der bürgerlichen Arbeitsgesellschaft gemeint ist, sondern das „Wiedereingliedern" die Partizipation an gesellschaftlichen Prozessen impliziert, dann ist dies sicherlich ein wichtiger Schritt. Das Fatale an einer solchen positiven Integration ist aber vor allem, daß Menschen möglicherweise zu einer Art Verschiebemasse degradiert werden und der Anpassungsdruck auf diejenigen wächst, die im Sinne dieses Systems als „unbrauchbar" oder „schwer eingliederbar" gelten. Die Geschichte des Maschmühlenwegs als „Straße des Mülls" ist auch dafür ein eindrückliches Beispiel.

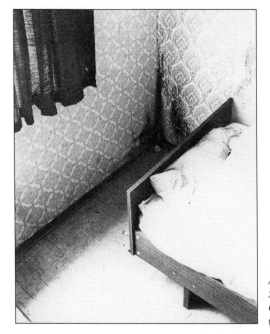

*Abb. 7: Gebäude-Schäden in den Obdachlosenheimen (Stadtzeitung, 3/79)*

## Quellen- und Literaturverzeichnis

Basisgruppe Geschichte (Hg.) „Calcül, Zeitschrift für Wissen und Besserwissen" Nr.1/2, Göttingen, Juli 1995.

Büttner, Karsten / Manthey, Matthias „Das Rückgrat und ein wenig drunter. Nördliches Stadtgebiet" in: „Göttingen zu Fuß, 13 Stadtteilrundgänge" S. 81 – 93, Hamburg, 1992.

DIE WELT, Berlin.

Fesefeld, Wiebke „Der Wiederbeginn des kommunalen Lebens in Göttingen. Die Stadt in den Jahren 1945 – 1948" Göttingen, 1962.

Geschichtswerkstatt Göttingen e.V. (Hg.) „EXTRABLATT für Göttingen und Umgebung zum Tag der Befreiung" Göttingen, 1995.

Göttinger Tageblatt (GT), diverse Ausgaben, Göttingen.

Manos, Helene „Sankt Pauli" Hamburg, 1989.

Projektgruppe Ausländer des Seminars für Politikwissenschaft der Universität Göttingen (Hg.) „Ausländerbericht Göttingen" Göttingen, 1980.

Ratsprotokolle der Stadt Göttingen.

Stadt Göttingen Kulturdezernat (Hg.) „Göttingen 1945 – Kriegsende und Neubeginn" Göttingen, 1985.

Stadtzeitung (SZ), diverse Ausgaben, Göttingen.

# III. Das Zeitalter der schleichenden Einsicht

## Die Entstehung des Verpackungsmülls
*von Saskia Schanz und Philipp Heinz*

Bevor Herr Kaufkraft morgens seine Wohnung auf dem Weg zur Arbeit verläßt, drückt ihm seine Frau noch schnell ein oder zwei gutgepackte Tüten für die Abfalltonne in die Hand – mit den Abfällen des vorigen Tages: Essensreste, leere Zigarettenschachteln, Kunststoff- und Papierverpackungen, die Schminkwatte von Steffi und das supersaugende Küchenpapier, die Zeitung vom Vortag, die Illustrierte von der letzten Woche, leere Dosen und Bierflaschen. Kurzum, der ganze überflüssige und unappetitliche Rest aus dem Haushalt der Familie Kaufkraft. Und wenn Herr Kaufkraft mit angewidertem Blick und ausgestrecktem Arm die Treppe herunter geht, wünscht er den ganzen Müll zum Teufel oder sich zumindestens einen Müllschlucker. Und manchmal denkt er in einem solchen Augenblick auch daran, daß die Zeiten früher wohl besser gewesen sein müssen – ohne diese Haufen von Müll ... Aber man wird ja regelrecht gezwungen, den ganzen Abfall zu kaufen! Steffis Lieblingskekse gibt es nun einmal nur in einer aluminiumumgebenen Plastikschiene im Pappkarton und auf die Fußballzeitschrift will man auch ungern verzichten.

Warum hatten die Menschen das Problem früher nicht? Einkaufen mußten sie doch auch. Was hat sich also geändert?

## 1. Leben ohne Verpackung

Auf dem Einkaufszettel stehen ein halbes Pfund Butter, ein Pfund Rosinen und vier Pfund Mehl. Mit zwei Milchkannen mache ich mich auf den Weg zum Kolonialwarenhändler und zum Milchgeschäft in der Weenderstraße. Bis zur Kreuzung und dann ca. 500 Meter links, schon bin ich da. Ich muß nicht lange warten, dann höre ich das "Ja bitte, was darf´s denn heute sein?". Der Mann hinterm Tresen kennt mich, ich kaufe immer bei ihm, einen anderen Laden gibt es in unserer Straße nicht. Er hat alles, was wir brauchen: Äpfel, Zucker, Nägel, Rasierpinsel, Bleistifte und vieles mehr. Die Rosinen und das Mehl wiegt er mir in zwei Papiertüten ab. Um Butter und Milch zu bekommen, muß ich in den Milchladen gehen. Die Butter kommt frisch aus dem Butterfaß, sie wird in Pergamentpapier eingewickelt. Sahne kauft man in kleinen Schälchen, aber die brauchen wir heute nicht.

In der Zeit bis 1945 war es nichts Besonderes, Mehl, Zucker und Rosinen in Papiertüten abgefüllt zu bekommen. Der Kolonialwarenhändler bekam jegliche Art von Waren in großen Behältern geliefert. Die Kunden brachten entweder ihr eigenes Gefäß mit, oder die Waren wurden beim Händler in Pergamentpapier oder Zeitung eingewickelt. Verpackung als Abfall kannten die Menschen nicht. Das zum Verpacken benutzte Papier wurde im Kohleofen verbrannt, und die Asche wurde anschließend auf die Felder und Gärten gestreut. Andere Verpackungsmaterialien als Papier gab es nicht.

## 2. Wie kam die Verpackungslawine ins Rollen?

Die Urbanisierung und die ruckartige Zunahme der Stadtbevölkerung durch Flüchtlinge unmittelbar nach dem 2. Weltkrieg waren die Ursachen für eine Zentralisierung der Wirtschaft. Diese Zentralisierung machte es möglich, einen größeren Kundenstamm zu bedienen. Ein Beispiel: Bisher wurden den Haushalten die Milchprodukte direkt gebracht, oder sie kauften sie beim Bauern, beziehungsweise in einem Milchladen. Um einen größeren Absatz zu erzielen, mußte der Radius des Kundenkreises erweitert werden, und folglich mußten die Milchprodukte einen weiteren Weg zurücklegen, um den Verbraucher zu erreichen. Die Zentralisierung der Milchwirtschaft durch Milchhöfe und Molkereien war für die Bauern ökonomischer, brachte aber unmittelbar die Verpackung und die Konservierung der Milchprodukte mit sich. Es war nicht mehr zu schaffen, die Haushalte einzeln zu beliefern.

Außerdem machte sich Prestigedenken breit. Durch den Krieg und die Ungewißheit um die Zukunft wurden Dinge kostbar, die heute keine Bedeutung mehr für uns haben (siehe auch Kapitel 7). Vorsichtshalber wurde alles gesammelt, was den Anschein erweckte, noch weiterverwendet werden zu können. Aus Lumpen und zerrissenen Kleidungsstücken wurden neue Kleider genäht, und nicht mehr zu flickende Pullover wurden aufgeribbelt und neu verstrickt. Mit ähnlicher Sorgfalt wurden Metalle, Gummi und Kork weiterverwendet. Niemand konnte es sich leisten, Dinge wegzuwerfen, ohne vorher alle Möglichkeiten der Weiterverwendung durchgegangen zu sein.

Mit dem Zeitpunkt, nicht mehr auf das Gesammelte angewiesen zu sein, machte sich die Wegwerfmentalität breit. Plötzlich galt es als unschick, die Milch direkt vom Bauern zu holen. Die Menschen waren froh, nach dem Krieg endlich unbeschwert einkaufen zu können, und legten die ihnen durch den Krieg aufgezwungene Sparsamkeit und die Bereitschaft zum Weiterverwenden der anfallenden Abfälle erleichtert ab. Ein großzügiger Lebensstil sollte den relativen Wohlstand, den man sich nach dem Krieg hart erarbeitet hatte, signalisieren. Die Nachkriegszeit brachte das "Wirtschaftswunder" und somit eine Produktions- und Konsumsteigerung mit sich. Doch die Zauberformel "Wohlstand für alle" bescherte den Menschen nicht nur Wohlstand, Unbeschwertheit und die Neigung zu großzügigerem Lebensstil, wie er seit Anfang der 50er Jahre zu beobachten ist, sondern auch Abfallberge, die in bis dahin unbekannte Dimensionen anwuchsen.

Der anfallende Hausmüll erhöhte sich schlagartig. Vor dem 2. Weltkrieg betrug die Hausmüllmenge pro Kopf ca. 100 kg im Jahr. Ende der sechziger Jahre waren es knapp 300 kg und 1991 580 kg pro Bundesbürger. Die Zunahme des Lebensstandards machte eine "neue" Bequemlichkeit möglich, mit der der Mensch bis heute noch nicht gelernt hat umzugehen.

## 3. Die Verpackungsmaterialien im Einzelnen

Dieses Kapitel wird einige der gebräuchlichsten Verpackungsmaterialien beschreiben. Dabei wird sowohl auf die Entstehung, wenn möglich, auf Göttingen bezogen, als auch auf die heute bekannten Umweltauswirkungen eingegangen.

**Papier:**
1873 gründete Reinhard Rube sein Unternehmen zur Herstellung von Pergamentpapier in der alten Klostermühle in Göttingen/Weende. Bis 1962 etablierte sich die Firma soweit, daß sie alle Teile der Bundesrepublik und weite Teile Europas belieferte, doch beschränkt sie sich nicht mehr lediglich auf Pergamentpapier. Der

Verpackungshersteller mußte sich den Ansprüchen der Verbraucher anpassen und suchte nach Möglichkeiten der Materialveredelung. Er begann, die Hartpapierbecher mit Paraffin zu beschichten, um sie so fett- und wasserbeständig zu machen. Im Einzelhandel fand man nun Margarine, Schmalz, Quark, Suppengemüse und Eiskrem in beschichteten Hartpapierbechern oder in den seit 1970 produzierten Kunststoffverpackungen. Auch wird die ursprünglich in reinem Pergamentpapier verpackte Butter neuerdings in farbig bedrucktem "Aluminiumfolien-Einwickler", also in aluminiumbeschichtetem Pergamentpapier eingepackt.

Problematisch bei Papierverpackungen sind aus heutiger Sicht vor allem die folgenden Punkte: Für Lebensmittelverpackungen wird in der Regel bis heute kein Recyclingpapier verwendet. Deshalb muß für neue Verpackungen auch meistens neuer Zellstoff eingesetzt werden, was eine hohe Wasserbelastung und den Verbrauch von Holz zur Folge hat. Des weiteren können Papierverpackungen in der Regel nicht recycled werden, da sie durch Fette verunreinigt sind. Statt dessen wandert Papier oft in Verbrennungsanlagen, wobei das Treibhausgas $CO^2$ frei wird.

**Aluminium:**
Als 1909 das neue Metall Aluminium als optimales Herstellungsmaterial für Haushaltswaren entdeckt wurde, war man von dem Gedanken, diesen kostbaren Rohstoff für die Herstellung von Verpackungen zu verschwenden, weit entfernt. Aus dem leichten Metall wurden Küchengeräte, Tassen, Schälchen und Aluminiumbänder hergestellt. Erst nach dem 2. Weltkrieg, mit Einsetzen des Wirtschaftswunders, stieg der Bedarf an Massenverpackungsmitteln. 1949 begann das Göttinger Aluminiumwerk mit der Herstellung von Dosen, Hülsen und Tuben.

Laut Dualem System Deutschland wurden 1993 im Bundesgebiet 131.234 Tonnen Aluminium für Verpackungen verschwendet. Schon bei der Herstellung sind große Umweltschäden die Folge. So wird das Bauxit (Aluminiumoxid) aufgrund der niedrigen Rohstoffpreise häufig in Ländern der sogenannten Dritten Welt im Tagebau abgebaut. Dabei verschwinden täglich riesige Flächen Regenwaldes. Zusätzlich werden rücksichtslos ganze Täler überschwemmt, um Staudämme zu bauen, deren Turbinen anschließend die zur Aluminumverhüttung notwendige Energie bereitstellen.

Aluminium läßt sich – solange es nicht lackiert ist – recyclen; dieses ist aus Umweltgesichtspunkten jedoch wenig sinnvoll, da das Recyclen, verbunden mit den langen Transportwegen, gegenüber der Neugewinnung wenig Energieeinsparung bedeutet. Außerdem entstehen bei der Herstellung perfluorierte Kohlenwasserstoffe. Hierbei handelt es sich um ein in Deutschland bisher kaum diskutiertes Treibhausgas, das im Gegensatz zu Kohlendioxid eine Lebensdauer von mehr als 50.000 Jahren hat und vor allem bis zu 12.000 Mal wirksamer ist. Durch die extrem lange Lebensdauer wird der Sockelbetrag, der sich in der Atmosphäre befindet, ständig und unumkehrbar erhöht.

**Kunststoffe:**
Folien und Kunststoffe gab es erst ab etwa 1955. Seitdem ist die Menge des Kunststoffabfalls so schnell angestiegen wie kein anderes Verpackungsmaterial. So sind allein in Göttingen 1991 ca. 2.000 Tonnen Kunststoffe für Verpackungen verbraucht worden. 1960 waren es nur ca. 160 Tonnen. Das entspricht einer Verfünfzehnfachung.

Für die Herstellung einer Tonne Kunststoff werden ca. zwei Tonnen Rohöl benötigt. Dabei wird eine Tonne des Rohöls für die Bereitstellung der zur Spaltung der Kohlenwasserstoffketten (cracken) benötigten Energie verwendet. Zusätzlich fallen schon bei der Verarbeitung von Kunststoff-Rohstoffen 20% Abfälle an. Aus Umweltgesichtspunkten sind vor allem der sehr hohe Energieaufwand und die nach wie vor sehr schwierige Frage der Entsorgung/Weiterverwendung problematisch. Beim Kunststoffrecycling unterscheidet man zwischen dem werkstofflichen, rohstofflichen und thermischen Verwerten.

Beim werkstofflichen Recycling werden gebrauchte Kunststoffprodukte eingeschmolzen und daraus neue, gleichwertige Produkte hergestellt. Dieses funktioniert jedoch nur, wenn die Kunststoffe absolut sortenrein vorliegen. Dabei reicht es nicht aus, nach der Kunststoffsorte zu sortieren, es muß ebenfalls nach Weichmachern und Farbstoffen getrennt werden. Dieses ist in der Praxis derart aufwendig und teuer, daß es praktisch nicht vorgenommen wird. Ca. 10% der Kunststoffe werden werkstofflich verwertet – meistens wird aber nicht so genau sortiert. Deshalb entstehen minderwertige Produkte, die a) kaum jemand haben will und b) nicht nochmals recycled werden können und deshalb nur als Warteschleife vor der Deponierung zu bezeichnen sind.

Rohstoffliches Verwerten bedeutet, daß die Kunststoffe wieder in ihren Ursprungszustand (Rohöl) umgewandelt werden. Dieses geschieht jedoch nicht aus Umweltbewußtsein, sondern deswegen, weil Rohöl relativ teuer ist. Bei dieser Recyclingart gehen mehr als 60% der zuvor in Kunststoffe gesteckten Energie verloren.

Die dritte Form des Kunststoffrecyclings ist die thermische Verwertung. Hierbei handelt es sich schlichtweg um Verbrennung. Es bleiben nicht nur hochgiftige Schlacken und Filterstäube (z.B. Dioxine) zurück, nein, die Verbrennungsenergie wird in der Regel auch noch sehr schlecht ausgenutzt (Wirkungsgrade bei weniger als 20%).

**Glas:**
Glas ist ein recht altes Verpackungsmaterial. Mit der Einführung von Einwegflaschen und -gläsern ist der Glasverbrauch als Verpackungsmatrial jedoch stark angestiegen. Glas benötigt bei der Herstellung relativ viel Energie. Deshalb läßt sich Glas als Verpackungsmaterial nur bei Mehrwegsystemen rechtfertigen. Hier ist es allen anderen Verpackungsmaterialien überlegen. Ein Nachteil des Glases ist jedoch sein hohes Gewicht. Hierdurch verschlechtert sich die Umweltbilanz erheblich, da der Transportaufwand vom Abfüller zum Verbraucher höher als bei anderen Verpackungen ist. Durch eine Standardisierung und Regionalisierung der Abfüllung könnte in der Umweltbilanz noch eine große Verbesserung erreicht werden. Glas läßt sich fast ohne Qualitätsverlust recyclen.

## 4. Beispiele für die Verpackungslawine in Göttingen

Als 1962 in Göttingen die Milchabsatzgenossenschaft Göttingen auf Einwegflaschen umstellte, regte sich massiver Protest in der Bevölkerung. Teils richtete sich der Protest gegen die einhergehende Preissteigerung der Joghurtprodukte um 20%, von 25 Pfennige auf 30 Pfennige, teils aber auch gegen die Paradoxie, daß der Aufpreis von fünf Pfennigen in der Mülltonne landet. Wie das

| Verpackungsverbrauch in Deutschland in 1000 t | | | |
|---|---:|---:|---:|
| | 1991 | 1994 | 1995* |
| Glas | 4636,6 | 4126,9 | 3898,2 |
| Weißblech | 555,1 | 457,1 | 456,4 |
| Feinblech | 409,9 | 340,4 | 302,4 |
| Aluminium | 71,5 | 59,5 | 56,1 |
| Kunststoff** | 1627,9 | 1529,4 | 1563,0 |
| Papier / Pappe / Karton | 5394,6 | 5012,0 | 5079,6 |
| Verbunde | 724,7 | 686,3 | 687,0 |
| Holz und Kork | 2183,1 | 1851,0 | 1869,8 |
| sonst. Verpackungen | 16,0 | 14,5 | 14,2 |

*1995: vorläufige Angaben, ** einschl. Kunststoffverbunde*
*Quelle: Bundesministerium für Umwelt, Naturschutz und Reaktorsicherheit, Umweltbundesamt 1998*

Göttinger Tageblatt am 3./4. März 1962 berichtete, begründete der Leiter der Molkerei die Umstellung auf Einwegflaschen mit dem Mangel an Arbeitskräften, die ihm an der Waschanlage fehlten und der optimalen Hygiene, die mit der keimfrei aus der Hütte kommenden Einwegflasche gegeben ist.

Als im September 1962 eine weitere Umstellung bezüglich der Milchverpackung von der Milchabsatzgenossenschaft vorgestellt wurde, war die Skepsis seitens der Verbraucher ebenfalls groß. Die neue Wunderverpackung "Tetra Pak" wurde angepriesen. Vorteile wie "hygienisch, gesundheitlich einwandfrei, keine geschmackliche Beeinträchtigung und Erhöhung der Haltbarkeit" brachte Zweifler dazu, auch einen Pfennig mehr zu bezahlen. Mit der Viertelliterpackung schaffte Tetra Pak dann den Einzug in die Göttinger Geschäfte.

## 5. Verwertung von Siedlungsabfällen zur Zeit des ersten und zweiten Weltkrieges

Ausschlaggebend für das Bild der Sekundärrohstoff-Wirtschaft (Recycling) in Deutschland war seit jeher der internationale Rohstoffpreis. Dieser war immer so niedrig, daß sich nur in wenigen speziellen Ausnahmen die Nutzung von Abfällen unter marktwirtschaftlichen Bedingungen lohnte. Dennoch hat die Sammlung und Verwertung von Wertstoffen aus Siedlungsabfällen eine lange Tradition. Dreimal in diesem Jahrhundert wurde die Rohstoffpreis-Dominanz aus politischen Gründen außer Kraft gesetzt: während des ersten Weltkrieges, in der NS-Zeit und in der DDR vor allem in den achziger Jahren. In den genannten drei Fällen ging es darum, in einer "Festungssituation" mit den vorhandenen Ressourcen hauszuhalten und sie so umfassend wie möglich in wirtschaftliche Stärke zu verwandeln. In allen drei Fällen hing davon u.a. der Handlungsspielraum der jeweiligen Führung ab.

Verschiedene Quellen zeigen, daß in Göttingen in der Zeit des ersten Weltkrieges folgende Stoffe gesammelt wurden: Metalle, Glas, Papier, Zelluloid, Lumpen, Gummi, Kork, Knochen, Lampensockel, Frauenhaar, Küchenabfälle, Kaffeegrund, Weißdornfrüchte, Obstkerne, Eicheln, Kastanien, Brennesseln, Kienzapfen, Laub, Pilze, Beeren, Samen, Faserpflanzen und Heilkräuter. Das Sammeln wurde vorwiegend durch "Lumpensammler" übernommen, die durch die Straßen zogen.

In der NS-Zeit [1] wird die Stellung der Öffentlichkeit zur Abfallpolitik durch folgende Zeitungsmeldung aus dem Jahr 1939 deutlich: "Alle Volksgenossen müssen nach Wegen suchen, die Entstehung von Abfällen zu vermeiden. Die Abfälle, die sich trotzdem als unvermeidbar erweisen, gilt es nicht als etwas wertloses abzutun, wegzuwerfen, verkommen zu lassen, sondern sie als wertvolles Gut auf dem raschesten Wege einer Wiederverwertung zuzuführen" (Leipziger Neuste Nachrichten vom 2.9.1939). Ab 1937 mußten alle Städte mit mehr als 35.000 Einwohnern die "weitestgehend mögliche Aussortierung der enthaltenen Alt- und Abfallstoffe" (Arbeitsanordnung von Beauftragten für den Vierjahresplan, 1937) vornehmen. Dabei war eine möglichst sortenreine Erfassung schon in den Haushalten vorgeschrieben. Hierzu wurde Mitte der dreißiger Jahre eine Kennzeichnung der Wertstoffe eingeführt. Bei der Sammlung der Wertstoffe stützte sich das NS-Regime auf zwei Säulen. Die erste waren die offiziellen Altstoffhändler. Diese sammelten alle mit Gewinn verwertbaren Altstoffe. Alle anderen Altstoffe wurden ehrenamtlich z. B. durch die Hitlerjugend, Frauenschaft, Feuerwehr, gesellschaftliche Organisationen und Schulen (später auch durch Strafgefangene

---

[1] Siehe auch den Aufsatz „Nationalsozialismus, Krieg und Müll" in diesem Band.

und Zwangsarbeiter) gesammelt. Angemerkt sei hier, daß die gesamte NS-Abfallpolitik ausschließlich aus dem Nützlichkeitsgesichtspunkt entwickelt wurde. So wurde beispielsweise der Restmüll völlig ohne Prüfung auf Umwelt- und Menschenverträglichkeit verbrannt bzw. deponiert.

## 6. Die Entwicklung der Sekundärrohstofferfassung (SERO) in der DDR

Die Erfassung und Verwertung von Sekundärrohstoffen aus Siedlungsabfällen wurde in der DDR bereits kurz nach ihrer Gründung (1949) betrieben. Die Erfassung war bis in die achziger Jahre territorial organisiert. Erfaßt wurden vor allem Metalle, Glas und Papier, und zwar durch kommunale Sammelstellen, Container und Haussammlungen, beispielsweise durch die Jungen Pioniere und die FDJ. Dieses System wurde bis Ende der siebziger Jahre weiter ausgebaut. Mit der 1980 verabschiedeten "Verordnung zur umfassenden Nutzung von Sekundärrohstoffen" wurde die Sekundärrohstoffwirtschaft einer zentralen Leitung unterstellt. Das Kombinat Sekunddärrohstofferfassung (SERO) wurde gegründet.

*Abb. 1: Logo der Sekundärrohstofferfassung der ehemaligen DDR.*

Im Kombinat SERO wurden ausschließlich Sekundärrohstoffe erfaßt, die in Haushalten und Industrie anfielen und zum Sortiment des Kombinats gehörten. Dieses bestand aus: Altpapier, Flaschen, Gläsern, Glasbruch, Alttextilien, Kleinschrott, Termoplasteabfällen, Gelatine- und Sammelknochen, Friseurhaaren, silberhaltigen Abfällen der Verarbeitung fototechnischer Erzeugnisse, Altgummi, Elektronikschrott und Batterien. Die Sammlung und Verwertung von allen Arten von Metallen war die Aufgabe des Kombinats Metallaufbearbeitung (MAB). Erfaßt wurden folgende Metalle: Eisen und Stahl, Blei, Aluminium, Zink und Kupfer. Eine weitere Aufgabe des MAB bestand in der Rückgewinnung von Wolfram, Kobalt, Tantal und Niob aus Hartmetallschrott und der naßchemischen Silberrückgewinnung aus Altfilmen und Fixierbädern.

Das Besondere des Kombinats SERO waren die kommunalen Annahmestellen. Diese gab es in jedem Stadtteil und Dorf – angegliedert an sog. Verkaufshallen oder in eigenen kleinen Läden. In den Annahmestellen wurden die Kunden bedient und vor allem für die gesammelten Wertstoffe bezahlt. Papier und Textilien wurden nach Gewicht bezahlt, für Flaschen und Gläser gab es Festpreise von 5 bis 30 Pf. pro Stück. Die Annahnmestellen wurden teilweise ehrenamtlich, teilweise aber auch professionell betrieben. Zusätzlich gab es mobile Annahmestellen und nebenberufliche Sammler. Durch die Bezahlung wurde ein nicht zu verachtender Anreiz geschaffen, Wertstoffe nicht einfach wegzuwerfen, sondern der Wiederverwertung zuzuführen.

## 7. Verpackungsflut und Wirtschaftswunder – abfallpolitische Entwicklung in Westdeutschland

Anfang der 60er Jahre werden der Öffentlichkeit die unhaltbaren Zustände in der Abfallentsorgung deutlich: Überall entstehen wilde Müllkippen, öffentliche Müllkippen liegen in den Überschwemmungsgebieten von Flüssen oder gar unterhalb der Grundwassersohle, und es darf völlig unkontrolliert verbrannt werden. Spaziergänger stören sich an herumliegendem Wohlstandsmüll, und über die Medien werden Meldungen laut, nach denen es durch verseuchte Luft und Grundwasser zu Gesundheitsschäden bei der Bevölkerung ganzer Stadtteile gekommen ist.

Mit dem Wirtschaftswunder steigt der Lebensstandard und damit der Konsum in einem nie dagewesenen Maße. Nach einer Schätzung der Gemeinden hat sich die Menge des Hausmülls in der Zeit von 1952 bis 1962 verdoppelt. Zwischen 1954 und 67 steigen die Ausgaben der Wirtschaft für Verpackungen von anfangs 3 Milliarden DM auf das Doppelte. Im Göttinger Tageblatt vom 13.4.62 ist folgendes zu lesen: "Nach den Erfahrungen der Gemeinden wird die Beseitigung der heute in großen Mengen anfallenden Verpackungsmaterialien mehr und mehr zu einem Problem. Dieses gilt vor allem dort, wo Ölheizungen vorhanden sind, die das Verbrennen von festen Brennstoffen (gemeint ist der Hausmüll) nicht zulassen." Der Ausweg seien kleine Spezialöfen, in denen jeder Haushalt seinen eigenen Müll verbrennen könne.

1960 versucht die Bundesregierung mit ihrem "Sofortprogramm für den Umweltschutz", die Ausbreitung von wilden Müllkippen zu verhindern. Allerdings verlagert dieses Programm das Problem höchstens, denn die Menge des Müll steigt weiterhin drastisch an, und es sind keine umweltgerechten Entsorgungsmöglichkeiten vorhanden. Erst 1972 wird der Umweltschutz durch eine Grundgesetzänderung zur öffentlichen Aufgabe erklärt. Im gleichen Jahr tritt das Gesetz über die "Beseitigung von Abfallstoffen" in Kraft. Es ist das erste Gesetz, das die Abfallbeseitung umfassend regelt. Dabei gilt der Grundsatz der "unschädlichen Beseitigung von Abfällen" – einer Floskel, die dem gewaltigen Anschwellen der Abfallmengen hoffnungslos hinterherhinkt. 1975 stellt die Bundesregierung das Abfallwirtschaftsprogramm vor. Hier wird zum ersten Mal seit Beginn des Wirtschaftswunders von einer Reduzierung des Müllaufkommens und einer Verwertung gesprochen. Erst 1986 wird der Abfallvermeidung und -verwertung endgültig Vorrang vor der Beseitigung eingeräumt.

Ein einschneidender Schritt in der Abfallpolitik der Bundesrepublik fand 1991 mit dem Inkrafttreten der "Verordnung zur Vermeidung von Verpackungsabfällen", kurz Verpackungsverordnung, statt. Mit der Verpackungsverordnung wollte die Bundesregierung folgende Ziele erreichen:
   a) Verpackungen sollten aus umweltverträglichen und die stoffliche Verwertung nicht belastenden Stoffen hergestellt werden
   b) Verpackungsabfälle sollten durch Volumen- und Gewichtseinsparungen und durch die Nutzung von Mehrwegsystemen und stofflichem Recycling vermieden werden.

In der Verpackungsverordnung wird die Wirtschaft verpflichtet, den von ihr produzierten Verpackungsmüll zurückzunehmen, und zwar in drei Stufen: Seit Dezember 1991 müssen Transportverpackungen wie Fässer, Kisten, Säcke oder Paletten zurückgenommen werden. Seit April 1992 dürfen Umverpackungen, also im Prinzip alle überflüssigen Doppelverpackungen, in den Geschäften gelassen werden. Ab 1993 sollte ursprünglich gleiches für sämtliche Verkaufsverpackungen gelten. Auf Einwegverpackungen sollte ein Zwangspfand erhoben werden. Hierauf regte sich jedoch so großer Protest von Seiten der Verpackungsindustrie, daß die Politik einen Rückzieher machte: Für Verkaufsverpackungen wird den Betroffenen eine Freistellung von der Rücknahmepflicht eröffnet, wenn diese ein flächendeckendes System installieren, das die Verpackungen regelmäßig erfaßt, sortiert und einer stofflichen Verwertung zuführt. Dieses ist mit der Gründung des Dualen Systems Deutschland (Grüner Punkt) geschehen. Hierbei ist zu bemerken, daß das Duale System mit seinen Gelben Säcken trotz ständiger Erfolgsmeldungen in den Medien erst 10% des gesamten Hausmülls erfaßt und diesen des weiteren mitnichten nur einer stofflichen Verwertung (wie vorgeschrieben) zuführt.

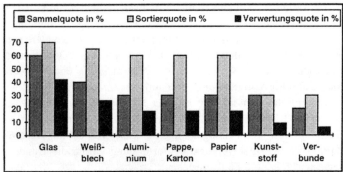

*DSD-Quoten nach der Verpackungsverordnung: 1993 - 1994*

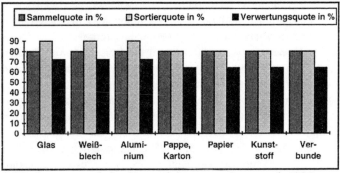

*DSD-Quoten nach der Verpackungsverordnung: ab 1995*

## 8. Entwicklung des Umweltbewußtseins in der Göttinger Bevölkerung

1971 kamen die ersten Umweltgedanken auf. Mit dem Appell an die Göttinger Bevölkerung, sich durch ein umweltbewußteres Einkaufsverhalten an der Erhaltung der Umwelt und Natur zu beteiligen, trat die Göttinger Verbraucher-Beratung an die Öffentlichkeit. Die Verbraucherberatung sah in erster Linie ihre Aufgabe darin, in den Bürgern den Umweltgedanken zu wecken und sie zum Nach- und Umdenken zu bewegen. "Wenn das Jahr 1970 hinsichtlich des Umweltschutzes in erster Linie ein Jahr des Debattierens war, muß nun gehandelt werden." Daß dieses eine Jahr die Menschen nicht aus ihrem Dornröschenschlaf geholt hat, zeigen die massiven Umweltprobleme und -zerstörungen, die uns heute Sorgen machen. Das Jahr der Aufklärung dauert also immer noch an.

*Abb. 2: Göttinger Wahrzeichen – eine Aktion am 6. November 1991. (Jugendaktionshandbuch Abfall)*

Ein großes Problem ist, daß zwischen zwei wichtigen, grundverschiedenen Wegen des Müllbergverkleinerns bis heute nicht unterschieden wird. Gemeint sind hier die tatsächliche Reduzierung von Energie- und Rohstoffeinsatz und eine Volumenreduzierung bereits produzierter Abfälle. So wurde 1972 beispielsweise der Einsatz einer Müllpresse bei der Firma Karstadt als großer Beitrag zum Umweltschutz gefeiert. Es stimmt, daß diese Art von Müllbeseitigung umweltverträglicher ist als die Verbrennung von Papier und Kunststoffabfällen, jedoch fehlte der konsequente Schritt in Richtung Abfallvermeidung. Ende 1973 hatte fast jeder Supermarkt einen Müllverdichter, der problemlos den anfallenden Müll mit einem Druck von 150 atü auf das 10 bis 20-fache verkleinerte und somit kostbaren Lagerplatz freigab. Allerdings wurde hierdurch aber auch ein weiterer Punkt, der zum Umdenken hätte zwingen können, beseitigt.

Im Rahmen der ersten Energie- und Ölkrise (1973), setzt sich in der Bevölkerung die Meinung durch, daß Müll aufgrund der hineingesteckten Energie- und Rohstoffmengen wertvoll ist. So beginnt ein langsames Umdenken: Die Industrie richtet 1973 in Hamburg die erste Abfallbörse ein, und in den Städten und Gemeinden wird als erstes ein Altglassammelsystem aufgebaut. Dieses geschieht in Göttingen 1976 und zwar auf Initiative des Roten Kreuzes.

Das Bewußtsein der Bevölkerung hat sich inzwischen so weit von der reinen Ex- und Hopp-Ära entfernt, daß die Container gut angenommen werden. Dennoch beschreibt das Göttinger Tageblatt 1977 die Fußgängerzone (während des Altstadtfestes) folgendermaßen: "Bergeweise türmen sich vor den Bier- und Weinständen die Plastikbecher. Wer sich jedoch jetzt heimlich nach Hause schleichen wollte, hatte schlechte Karten: Unbemerkt konnte sich keiner den Weg durch den Abfall bahnen; bei jedem Tritt knackten die Plastikbecher unter den Füßen." Bis 1980 stellt das Rote Kreuz in Stadt und Landkreis Göttingen insgesamt 40 Altglascontainer auf, eine gegenüber anderen Regionen sehr hohe Zahl. 1983 sind es bereits ca. 70 Container. Jetzt wird auch Altpapier gesammelt. Im Göttinger Tageblatt häufen sich Beschwerden um müllkippenartige Zustände an den Sammelplätzen.

Mitte der 80er Jahre wird der Protest gegen die immer noch rasant ansteigenden Abfallmengen lauter. In der Göttinger Innenstadt beginnen die Umweltverbände gegen die Verpackungsflut

*Abb. 3: Mülllawine auf dem Göttinger Marktplatz. (Jugendaktionshandbuch Abfall)*

anzugehen. Sie fordern die Vermeidung von Verpackungen und die Umstellung auf Mehrwegsysteme. Am 8.11.1985 demonstrieren Umweltschützer in der Innenstadt gegen Getränkedosen und Milchkartons. Zu einem Erfolg mit bundesweiter Signalwirkung führt im Jahr 1989 eine Aktion, an der sich fast alle Göttinger Schulen beteiligen. Mehrmals wird die Schulmilch, die zu dieser Zeit noch in Plastikbechern abgefüllt wird, wochenweise boykottiert. Nachdem eine Göttinger Molkerei schließlich auf Mehrwegflaschen umstellt, breitet sich dieser Trend schnell landesweit und sogar bundesweit aus. 1991 sind es wieder Göttinger Jugendliche, die mit der Aktion Total tote Dose bundesweites Aufsehen erregen: Am 6. November demonstrieren rund 4.000 Schülerinnen und Schüler mit 30.000 selbstgesammelten Getränkedosen gegen die Verpackungsflut. Diese Aktion führt 1993 zum ersten dosenfreien Stadtteil der Bundesrepublik. Die Marktleiter der Geschäfte auf dem Holtenser Berg verzichten auf den Verkauf der Getränkedosen. Auch dieses Beispiel macht Schule und hat inzwischen viele Nachahmer gefunden.

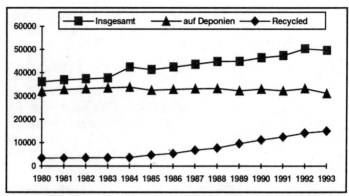

*Hausmüllmengen in Göttingen ab Erfassungsbeginn (1980)*

## 9. Leben ohne Verpackung

Für Getränke gibt es standardisierte Mehrwegglasflaschen, die allesamt regional abgefüllt werden. Es gibt Behälter mit eineinhalb, einem und einem Drittel Liter Inhalt. Ähnliche Systeme gibt es für Molkereiprodukte und alle Arten von Waschmitteln. Durch ein angemessenes Pfand werden die Behälter durchschnittlich achzig Mal befüllt. Danach werden sie eingeschmolzen und es entstehen neue Behälter. Backwaren werden ausschließlich in mitgebrachte Baumwolltaschen gepackt. Butter und Magarine gibt es aus dem Faß... Auch in der Industrie sind solche Systeme vorhanden. Insgesamt ist die Abfallmenge um mehr als 75% geringer als noch vor 25 Jahren.

Wir befinden uns im Jahr 2020. Aus Gründen des Klimaschutzes und dem Mangel an Ressourcen sind der Rohstoff- und Energiepreis in den letzten 30 Jahren derart gestiegen, daß die bequeme Wegwerf- und Recyclingmentalität aus dem Ende des 20. Jahrhunderts inzwischen undenkbar geworden ist. Voller Abscheu blicken die Menschen auf die Verhältnisse vor 30 Jahren zurück: Wurde damals nicht aus reiner Bequemlichkeit und kurzfristigen wirtschaftlichen Interessen auf jegliches Denken an die Zukunft verzichtet? Gab es da nicht einen Grünen Punkt, der auf aufwendigen Kunststoffverpackungen prangte, den Verbrauchern Umweltfreundlichkeit suggerierte und nach Gebrauch irgendwo auf der Welt verbrannt wurde oder bestenfalls – unter hohem Energieverlust – wieder zu Öl gemacht wurde?

Abb. 4: *Aktion am Göttinger Hauptbahnhof vom 21. Dezember 1996.*
*(Jugendaktionshandbuch Abfall)*

Tatsächlich waren die Veränderungen in der Abfallwirtschaft niemals so vielzählig und die Kompetenzen kaum jemals so unklar wie Mitte der Neunzigerjahre. Sind nun die Gemeinden, die Bundesländer, der Bund oder etwa die gerade geschaffene Europäische Union für die Abfallwirtschaft zuständig? Oder alle zusammen? – Oder etwa gar niemand? Bei der Einführung des Dualen Systems 1993 haben die Gemeinden und Bundesländer noch einige Kompetenzen. Diese werden aber noch im gleichen Jahr durch eine Novellierung der Verpackungsverordnung sehr eingeschränkt. Dennoch ergreifen einige Gemeinden die Initiative und setzen eine kommunale Einwegsteuer durch. Ebenfalls 1993 tritt die Technische Anleitung Siedlungsabfall in Kraft. Dadurch wird beispielsweise die Stadt Göttingen gezwungen, zusammen mit den Nachbargemeinden ab dem Jahr 2000 ihren Restmüll zu verbrennen – trotz völlig ungeklärter Zusammensetzung und Wirkung der dabei entstehenden Stoffe. Bereits 1995 wurde in einem Zementwerk bei Hardegsen begonnen, Restmüll "thermisch zu verwerten". Ab 1997 tauchen in Göttingen verstärkt private Entsorgungsunternehmen auf, die alle Stoffe vom Industriemüll bis zu leicht radioaktiven Stoffen abnehmen und völlig ohne die Möglichkeit staatlicher Kontrolle weiterverkaufen. Möglich wurde dieses durch das Inkrafttreten des Kreislaufwirtschaftsgesetzes. Gleichzeitig versucht die Europäische Union, die Abfallgesetzgebung innerhalb der EU zu vereinheitlichen – mit teilweise völlig widersprüchlichen Verordnungen.

Dieses ist die Situation zur Jahrtausendwende in Göttingen. Der Handel mit Abfallstoffen boomt, die Stoffe verschwinden ohne jegliche Kontrolle in dunklen Kanälen, Restmüll wird verbrannt und eigentlich weiß niemand, wieviel Müll produziert wird. Nur zu einem führen all diese Regelungen nicht – zur Abfallvermeidung und damit Ressourcen- und Energieeinsparung. Forscher weisen die Bundesregierung immer wieder darauf hin, daß politische Maßnahmen das Müllaufkommen um bis zu 75% verringern könnten. Dennoch ist ein Wandel in derzeitigen Abfallpolitik nicht zu sehen. Müllvermeidung wird in der Öffentlichkeit bereits seit vielen Jahren großgeschrieben – in der Praxis ist davon noch nicht viel zu merken.


**Quellen- und Literaturverzeichnis**

Bundesministerium für Forschung und Technologie (Hg.) „Strukturanalysen des SERO-Systems der DDR im Hinblick auf Effizien und Eignung unter marktwirtschaftlichen Bedingungen" 1992.

Göttinger Tageblatt (GT), diverse Ausgaben, Göttingen.

Grassmuck, Volker / Unverzagt, Christian „Das Müll-System" Frankfurt/M., 1991.

Jugendaktionshandbuch Abfall, Aktion Total tote Dose, Jugendumweltbüro Göttingen (Hrsg.), 2. Aufl. 1997, ISBN 3-00-002070-5. Bestelladresse: Jugendumweltbüro Göttingen, Güterbahnhofstr. 10; 37073 Göttingen.

Katalye e.V. (Hg.) „Kommt gar nicht in die Tüte!" Köln, 1991.

Umweltbundesamt (Hg.) „Informationen zur Geschichte des Umweltschutzes, Abfall- und Wasserwirtschaft" Berlin, 1986.

Umweltbundesamt (Hg.) „Was Sie schon immer über Abfall und Umwelt wissen wollten" Stuttgart u.a., 1994.

# Die Abfallwirtschaft in der Stadt Göttingen bis zum Jahre 200X
*von Franz Rottkord*

## 1. Entwicklung von der Beseitigung zur Bewirtschaftung von Abfällen

In der Vergangenheit bestand das Hauptziel bei der Entsorgung von Abfällen darin, diese aus dem Blickfeld der Menschen verschwinden zu lassen, frei nach dem Motto "Aus den Augen, aus dem Sinn". Es galt, die Abfälle lediglich zu beseitigen, indem sie in Gruben und Senken vergraben oder zu Bergen aufgeschüttet wurden. Die Gefährlichkeit der Abfälle und die Um- und Abbauprodukte dieser Deponierung waren nicht hinreichend bekannt. Bestanden die Abfälle um die Jahrhundertwende vorwiegend aus Aschen aus dem häuslichen Bereich, so wurden die Abfälle mit steigender Industrialisierung immer umweltschädlicher. Wurden diese Abfälle dann weiterhin so entsorgt wie ehemals die Aschen, so gab es zwar nicht sofort Probleme, wohl aber zu einem späteren Zeitpunkt.

Die Stadt Göttingen nutzte bis zum Jahre 1970 den "Lappenberg" im Rinschenrott, um ihre Abfälle zu beseitigen.[1] Bis zu diesem Zeitpunkt hatten viele Gemeinden um Göttingen ihre eigenen Deponien oder Ablagerungsstätten, wie z. B. Geismar mit der Deponie Geismar und Weende mit der Verfüllung des Jeidentals.

Seit Anfang der 70er Jahre änderte sich die Situation. Die Bundesregierung verabschiedete 1972 das erste Abfallgesetz, in dem die Entsorgung von Abfällen klar geregelt war. Es wurde ein gewisser Stand der Technik eingeführt; Abfallentsorgung bedurfte einer behördlichen Genehmigung. Die hoheitlichen Aufgaben der entsorgungspflichtigen Gebietskörperschaften waren genau definiert, und es bestand das Gebot zur Verwertung von Abfällen. Spätestens zu diesem Zeitpunkt war die Gefährlichkeit und Schädlichkeit der Abfälle bekannt.

Ein Jahr vor Verabschiedung des ersten Abfallgesetzes begann die Stadt Göttingen damit, einen alten Basaltbruch in der Nähe von Meensen zu verfüllen. Da auf dem Lappenberg nicht weiter abgekippt werden durfte, mußte die Stadt Göttingen nach neuen

---

1 siehe auch den entsprechenden Aufsatz in diesem Band.

Möglichkeiten suchen, um die Entsorgungssicherheit zu garantieren. Der Basaltbruch in Meensen war Jahrzehnte betrieben worden und bestand aus einem Trichter, der nach vorne hin mit Abraummaterial aus dem Steinbruch aufgefüllt war. An der tiefsten Stelle befand sich ein See, der vor der Ablagerung der Abfälle leergepumpt worden war. Die Mächtigkeit des Basalts betrug an dieser Stelle noch drei Meter. Auf dem folgenden Bild ist der ehemalige Trichter vor der Ablagerung zu sehen.

*Abb.1: Basaltbruch in Meensen vor Ablagerung der Abfälle. (Stadtreinigung Göttingen)*

Die Stadt Göttingen nutzte die Deponie Meensen bis zum Ende des Jahres 1987. Bis zu diesem Zeitpunkt wurden ca. 800.000 m$^3$ Siedlungsabfälle abgelagert. Der Trichter war fast bis zum Rand verfüllt worden.

Das Verwaltungs- und Betriebsgebäude des Stadtreinigungsamtes befand sich bis zum Jahre 1985 in der Hildebrandstraße (das heutige Gelände der Stadtwerke AG) in Göttingen. Auf dem folgenden Bild sind einige der ehemaligen Betriebsteile zu sehen.

Seit 1985 befindet sich das Stadtreinigungsamt in der Rudolf-Wissell-Straße im Industriegebiet Grone. Seit 1997 ist das Stadtreinigungsamt ein Eigenbetrieb der Stadt Göttingen und trägt seitdem den Namen "Stadtreinigung Göttingen".

# Das Zeitalter der schleichenden Einsicht

*Abb.2: Das ehemalige Stadtreinigungsamt in der Hildebrandstraße. (Stadtreinigung Göttingen)*

Die Altablagerungen der Vergangenheit sind heute fast alle kartiert. Es gibt im Stadtgebiet mehr als 100 Altablagerungen. Viele davon werden regelmäßig kontrolliert und überwacht. Bei einigen wurden Sanierungsmaßnahmen vorgenommen oder sind in Vorbereitung. Diese Maßnahmen sind teuer und müssen von den heutigen Abfallerzeugern finanziert werden.

So wurde die Deponie Jeidental in Weende 1993 vollständig abgegraben und auf die Zentraldeponie in Deiderode verbracht. Das ursprüngliche Trockental in Weende wurde somit wieder hergestellt.

Die Deponie Meensen wird z. Zt. rekultiviert: Nach einer Profilierung des Deponiekörpers wird das Oberflächenwasser vom Sickerwasser getrennt gehalten und in einen Stapelteich mit Vorflut abgegeben, das Sickerwasser wird über eine Transportleitung der Sickerwasserkläranlage auf der Zentraldeponie in Deiderode zugeführt. Die Gesamtkosten der Rekultivierung Meensen belaufen sich auf ca. 15 Mio. DM.

In den letzten 25 Jahren trat neben der Beseitigung auch die Bewirtschaftung der Abfälle immer stärker in den Vordergrund. Nicht zuletzt durch die gesetzliche Forderung, sondern auch aus wirtschaftlichem Interesse stieg (und steigt immer noch) die

Menge der verwerteten Abfälle. Durch diese sinnvolle Abfallwirtschaft lassen sich Kreisläufe schließen und Ressourcen schonen.

## 2. Abfallmengenentwicklung

Die Abb. 1 verdeutlicht die Entwicklung der Abfallmengen in der Stadt Göttingen. In den letzten 10 Jahren ist die Summe aller Abfälle (Siedlungsabfälle) bis zum Jahr 1993 um über 20.000 t/a gestiegen, und ist dann in den letzten 3 Jahren auf das Niveau von 1987 zurückgefallen. Dabei blieb die Hausmüllmenge annähernd konstant. Starke Steigerungen mit einer Zunahme von 13.000 t/a traten bei der Wertstofferfassung auf. Bei den Gewerbeabfällen traten Schwankungsbreiten von über 20.000 t/a auf. Sie befinden sich jetzt auf dem tiefsten Stand seit 1986.

## 3. Zentraldeponie Deiderode

Heute werden die Abfälle aus der Stadt Göttingen auf die Zentraldeponie Deiderode verbracht. Die Deponie befindet sich im Landkreis Göttingen und ist ca. 20 km von Göttingen entfernt. Eigentümer und Betreiber der Zentraldeponie Deiderode ist der Landkreis Göttingen. In einer öffentlich-rechtlichen Vereinbarung vom 21.7./31.7.1987 ist die Mitbenutzung durch die Stadt Göttingen geregelt. Die Mitbenutzung erfolgt seit dem 1.1.1988.

Die Deponie hat eine Gesamtfläche von 40 ha und liegt an einem Hang; 33 ha werden als Ablagerungsfläche genutzt. Die Fläche ist in 8 Polder aufgeteilt, von denen die Polder I und II bereits verfüllt sind. Polder III wird z.Zt. beschickt. In der Abbildung 2 ist ein Übersichtsplan dargestellt.

Bei einem Gesamtverfüllvolumen von 3.300.000 m$^3$ beläuft sich das Restvolumen derzeit auf 2.000.000 m$^3$.

Die Basisabdichtung der Deponie wurde in den letzten Jahren im Zuge der erheblich gestiegenen technischen Anforderungen ständig erweitert und entspricht den Anforderungen der Deponieklasse II gemäß "Technischer Anleitung Siedlungsabfall (TASi)". Die rechte Säule in Abbildung 3 verdeutlicht den differenzierten Dichtungsaufbau des derzeit in Benutzung befindlichen Polders.

# Das Zeitalter der schleichenden Einsicht

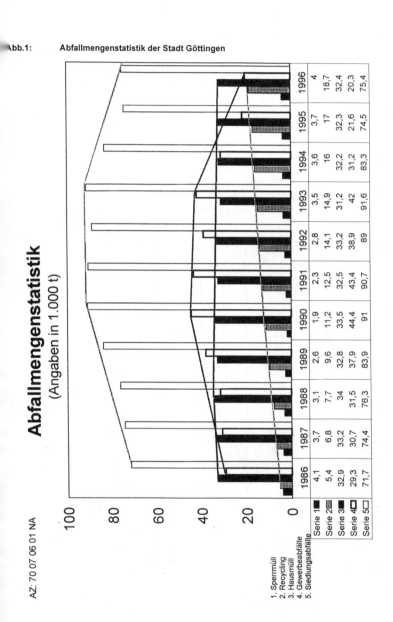

*Abb. 1: Abfallmengenstatistik der Stadt Göttingen*

**Übersichtsplan Zentraldeponie Deiderode**
- Stand Juni 1992 -

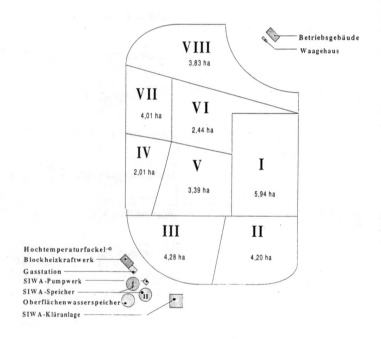

*Abb. 2: Übersichtsplan Zentraldeponie Deiderode*

## Abb. 3: Basisabdichtung der Zentraldeponie Deiderode

Basisabdichtung der Zentraldeponie Deiderode
- Veränderungen bis 1991/1992 -

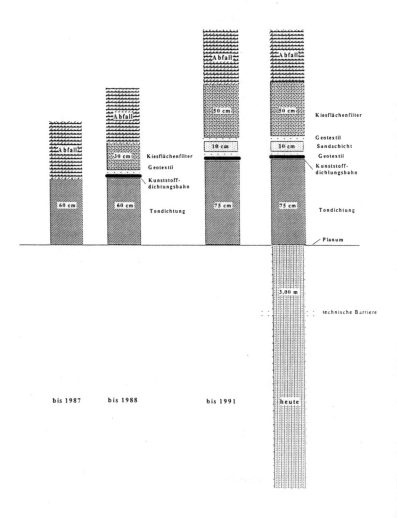

*Abb. 3: Basisabdichtung der Zentraldeponie Deiderode*

Die Zentraldeponie Deiderode verfügt über eine Gaserfassung mit Blockheizkraftwerk sowie über eine Sickerwassererfassung und -kläranlage. Dieser wird über eine Transportleitung außerdem das Sickerwasser der 11 km entfernt gelegenen Altdeponie Meensen zugeführt, auf der die Abfälle der Stadt Göttingen in der Zeit von 1971 bis 1987 abgelagert wurden. Der Durchsatz der Käranlage beläuft sich auf ca. 260 m³/Tag, wovon rund ein Drittel von der Deponie Meensen stammt.

Bei der Planung der Deponie wurde davon ausgegangen, daß durchschnittlich 135.000 t Abfälle pro Jahr auf der Zentraldeponie Deiderode aus Stadt und Landkreis Göttingen abgelagert werden. Die tatsächlichen Mengen werden aus der Tabelle 1 ersichtlich.

| Jahr | Mengen in t | Bemerkungen |
|---|---|---|
| 1988 | 133.800 | |
| 1989 | 148.800 | |
| 1990 | 158.100 | |
| 1991 | 170.200 | |
| 1992 | 183.600 | |
| 1993 | 160.500 | 12.800 t Altablagerung |
| 1994 | 146.600 | 4.300 t Jeidental |
| 1995 | 125.000 | Kreislaufwirtschafts-AbfG |
| 1996 | 125.900 | |
| Summe | 1.352.500 | |

*Tabelle 1: Auf der Zentraldeponie Deiderode abgelagerte Mengen (nach: Landkreis Göttingen: Abfallmengenentwicklung und Statistik)*

Insgesamt wurden seit 1988 ca. 1,3 Mio. t Abfälle auf der Deponie verbracht. Bei einer durchschnittlichen Einbaudichte von 1,0 t/m³ wurden somit 1,3 Mio. m³ Deponievolumen verbraucht. Diese Zahl entspricht dem o.g. und tatsächlich vermessenen Volumen.

## 4. Technische Anleitung Siedlungsabfall

Auf der Rechtsgrundlage des § 4 Abs. 5 AbfG trat am 1. Juni 1993 die Dritte Allgemeine Verwaltungsvorschrift zum Abfallgesetz (Technische Anleitung Siedlungsabfall, abgekürzt TASi) in Kraft.

Sie enthält umfangreiche und weitgehende Regelungen zur Verwertung, Deponierung und sonstigen Behandlung von Abfällen.
Die TASi ist zu einer Zeit entstanden und verabschiedet worden, als bei vielen entsorgungspflichtigen Körperschaften aufgrund der ständig steigenden Abfallmengen die Entsorgungskapazitäten immer geringer wurden und ein "Müllnotstand" drohte. Mit dem Kreislaufwirtschafts- und Abfallgesetz hat sich die Situation in der Abfallwirtschaft drastisch geändert.

Ziele der Technischen Anleitung Siedlungsabfall sind
- nicht vermeidbare Abfälle soweit wie möglich zu verwerten
- den Schadstoffgehalt der Abfälle so gering wie möglich zu halten
- eine umweltverträgliche Behandlung und Ablagerung der nichtverwertbaren Abfälle sicherzustellen.

Diese Ziele zur Verhinderung zukünftiger Altlasten bedeuten, daß nur noch Restabfälle zur Ablagerung kommen, die i.d.R. auf Grund einer Vorbehandlung so beschaffen sind, daß immissionsneutrale (kaum Sickerwasser, kaum Deponiegas), inerte und immobile Stoffe (kaum Setzungen) entstehen, bei deren Ablagerung langfristig keine Nachsorgemaßnahmen erforderlich sind.

Bei Altdeponien und bei Deponien der Klasse II sind ab dem 1. Juni 1999 durch zusätzliche Maßnahmen die Einbaudichte zu erhöhen und die Gehalte an nativ-organischen Bestandteilen in den Abfällen zu reduzieren.

Das wichtigste Regelungsmerkmal betrifft die Zuordnungskriterien für die Ablagerung von Abfällen. Nach Anhang B der TASi dürfen Abfälle, die auf einer Deponie der Klasse II abgelagert werden sollen, nur noch eine geringe Restorganik (gemessen als Glühverlust von weniger als 5 % des Trockenrückstandes) aufweisen. Dieser Grenzwert wäre nur durch eine thermische Restabfallbehandlung ("warme Vorbehandlung") sicherzustellen.[2]

Werden jedoch andere Zuordnungskriterien mit anderen Größenordnungen zugrundegelegt, können auch die in der TASi genannten kalten Vorbehandlungsverfahren (Mechanisch-Biologische Vorbehandlungsverfahren, MBV) angewandt werden, um die o.g. Ziele der TASi zu erfüllen. Welche Zuordnungskriterien

---

2 Vgl. Bergs/Dreyer/Neuenhahn/Radde: TA Siedlungsabfall, Erich Schmidt Verlag.

mit welchen Parametern alternativ eingesetzt werden können, wird z.Zt. in der Wissenschaft heftig diskutiert.[3] Der Gesetzgeber hat Alternativen bisher noch nicht anerkannt.

Die Zuordnungskriterien sind bis spätestens 1. Juni 2005 einzuhalten. Danach dürfen nur noch mineralisierte Abfälle auf den Deponien der Klasse II verbracht werden.

Für die aktuelle Situation der Stadt Göttingen als öffentlichrechtlicher Entsorgungsträger bedeutet dies, daß formalrechtlich nur noch eine Entsorgungskapazität von 8 Jahren vorhanden ist. Es wäre nach dem jetzigen Stand im Jahre 2005 keine Entsorgungssicherheit mehr gegeben. Für die von der Stadt Göttingen genutzte Deponie in Deiderode bedeutet die TASi-Frist "Jahr 2005", daß fertig ausgebautes Deponievolumen ungenutzt bliebe, und Fix- und Nachsorgekosten spezifisch in die Höhe getrieben werden. Dazu addieren sich noch die Kosten für die thermische Abfallbehandlungsanlage, die etwa das 4-fache der jetzigen Deponierungspreise betragen würden. Für den Abfallerzeuger (häuslicher Bereich) würde das mindestens eine Verdopplung der jetzigen Abfallentsorgungsgebühren bedeuten.

## 5. Abfallmengen der Zukunft – Eine Prognose

Im Rahmen einer Basisstudie zur Erstellung eines Regionalen Abfallwirtschaftsprogrammes Südniedersachsen wurde 1996 eine Prognose der Abfallmengen bis zum Jahr 2005 durchgeführt.[4]

Prognosen sind in der Abfallwirtschaft recht schwierig und beinhalten immer Unsicherheiten, da Konjunkturentwicklung, Konsum und gesellschaftliches Verhalten für die Zukunft schwer vorauszusagen sind. Trotzdem sind Prognosen wichtig, um abfallwirtschaftliche Szenarien durchführen zu können, die für eine Entscheidungsfindung notwendig sind.

Danach werden folgende Abfallmengen auf der Zentraldeponie Deiderode abgelagert werden müssen:

---

3 Vgl. Gallenkemper/Bidlingmaier/Doedens/Stegmann: 5. Münsteraner Abfallwirtschaftstage Band 10, Fachhochschule Münster.
4 Vgl. Witzenhausen-Institut, Prof. Wiemer & Partner: Regionales Abfallwirtschaftsprogramm Südniedersachsen, Teil 1: Basisstudie, Gutachten im Auftrag von Landkreis Osterode am Harz, Landkreis Göttingen und der Stadt Göttingen, April 1996.

| Jahr | Mengen in t | Bemerkungen |
|---|---|---|
| 1997 | 105.000 | Einführung Bioabfall |
| 1998 | 84.700 | Einführung Bioabfall |
| 1999 | 78.400 | Einführung Bioabfall |
| 2000 | 77.400 | |
| 2001 | 76.000 | |
| 2002 | 75.000 | |
| 2003 | 74.000 | |
| 2004 | 73.000 | |
| 2005 | 72.800 | |
| Summe | 716.300 | |

*Tabelle 2: Prognose der auf der Zentraldeponie Deiderode abzulagernden Mengen bis zum Jahre 2005 (vgl. Witzenhausen-Institut)*

## 6. Deponiekapazitäten und Entsorgungssicherheit

Bei einer Planungsgröße von 135.000 t/a ergibt sich eine Laufzeit der Zentraldeponie Deiderode von 25 Jahren, die im Jahre 2012 endet. Dieser Zeitraum ist in der Planfeststellung festgeschrieben worden.

Werden die schon tatsächlich abgelagerten Mengen von 1988 bis 1996 zu den prognostizierten Mengen bis zum Jahr 2005 addiert, so werden im Jahre 2005 ca. 2.000.000 m$^3$ abgelagert worden sein. Im Jahre 2005 besteht dann noch eine freie Kapazität von ca. 1.300.000 m$^3$ Deponievolumen. Wird die Abfallmenge des Jahres 2005 (72.800 t) für die folgenden Jahre zugrundegelegt, so ergibt sich eine Laufzeit der Zentraldeponie Deiderode von weiteren 17 Jahren bis zum Jahre 2022.

Wird im Jahre 2005 eine Mechanisch-Biologische Vorbehandlungsanlage vor der Deponierung eingesetzt, wird die abzulagernde Restmenge durch den Rotteverlust und die Ausschleusung einer hochkalorischen Fraktion weiter reduziert. Die Laufzeit der Deponie geht dann über das Jahr 2030 hinaus. Die Abbildung 4 verdeutlicht die Laufzeitverlängerung.

Die Investitionen der Zentraldeponie werden nach dem Endausbau incl. der Rekultivierung ca. 200 Mio. DM betragen haben (incl. der Polder VII und VIII; werden nur die Polder I bis VI gebaut, werden die Investitionen ca. 170 Mio. DM betragen). Betriebs- und volkswirtschaftlich sinnvoll genutzt werden können diese Investitionen nur, wenn das zur Verfügung stehende Deponievolumen von 3,3 Mio. m$^3$ vollständig ausgenutzt wird. Dies ist nach der o.g. Berechnung nur möglich, wenn die Laufzeit vom Jahre 2005 (nach TASi) verlängert wird oder wenn entsprechende Mengen akquiriert werden.

Die Bezirksregierung Braunschweig hat für die im Regierungsbezirk vorhandenen Siedlungsabfalldeponien Laufzeitberechnungen durchgeführt. Es werden dabei 3 Varianten berücksichtigt, die von unterschiedlichen abschöpfbaren Wertstoffpotentialen ausgehen.

In einer weiteren Berechnung wurden die Restdeponievolumina des Regierungsbezirkes aufgrund der ausgebauten Deponieabschnitte und aufgrund des genehmigten Gesamtvolumens für das Jahr 2005 ermittelt. Dabei ergeben sich für die Variante 1 (geringste Wertstoffabschöpfung) 4,8 Mio. m$^3$ und für die Variante 3 (größte Wertstoffabschöpfung) 7,6 Mio. m$^3$ freies Deponievolumen im Regierungsbezirk.[5]

Wird die TASi im Jahr 2005 umgesetzt, so existiert eine Überkapazität an freiem Deponievolumen von 7,6 Mio. m$^3$ allein im Regierungsbezirk Braunschweig!

## 7. Möglichkeiten für die Weiternutzung der Zentraldeponie Deiderode

Stadt und Landkreis Göttingen verbleiben noch einige wenige Möglichkeiten, die Zentraldeponie Deiderode über das Jahr 2005 hinaus weiterzunutzen. Diese Möglichkeiten lassen sich wie folgt zusammenfassen:
- Die TASI gilt nicht für Versuchsanlagen.
- Ziffer 2.4 der TASi läßt Ausnahmen zu; die fachlichen Grundlagen können aber erst erarbeitet werden, wenn Erfahrungen aus den 3 Demonstrationsanlagen Niederachsens vorliegen.
- Die verwaltungsrechtliche Anfechtung einer als nachträgliche Anordnung ergangenen Befristung der Ablagerung.

5 Vgl. Mitteilung der Bezirksregierung Braunschweig, März 1996.

# Das Zeitalter der schleichenden Einsicht

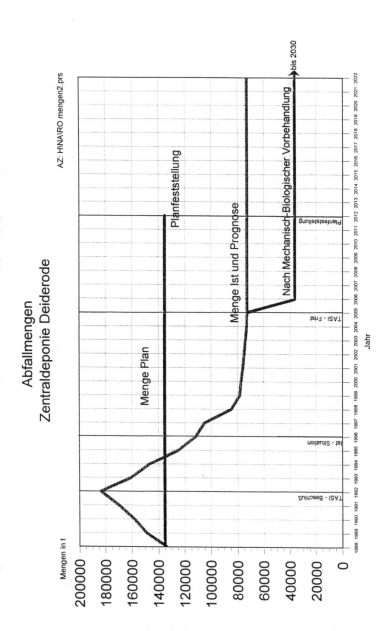

*Abb. 4: Abfallmengen Zentraldeponie Deiderode*

Nachträgliche Anordnungen beruhen wie die Planfeststellung selbst auf einer Abwägung. Der bloße Rückgriff auf die Vorschriften der TASi reicht dabei nicht aus; die Anordnung muß im konkreten Einzelfall zur Wahrung des Wohls der Allgemeinheit erforderlich, das heißt geeignet und verhältnismäßig sein. Somit muß die Anordnung zumutbar sein; dies gilt für jede Auflage, in besonderem Maße jedoch für nachträglich gestellte Auflagen.[6]

Eine nachträgliche Anordnung nach TASi bezüglich einer Befristung der Ablagerung bis zum Jahre 2005 ist für die Zentraldeponie Deiderode noch nicht ergangen.

Es ist weiterhin zu prüfen, ob es überhaupt rechtlich möglich ist, o.g. nachträgliche Anordnung zu erlassen. Die Zentraldeponie Deiderode wurde nach dem Stand der Technik gebaut. Der Aufbau entspricht genau der TASi. Die vorgeschriebene geologische Barriere galt auf Grund des vom Land Niedersachen erlassenen Dichtungserlaßes im Jahre 1988 – mit Ergänzungen aus dem Jahre 1991 – schon vor der TASi. Dies führte bei den Deponiebetreibern zu sehr hohen Investitionskosten. Nur 5 Jahre nach dem Landeserlaß fordert der Bundesgesetzgeber letztendlich eine "Schließung" der Deponie in 12 Jahren. Diese Fristen sind für einen ökonomisch geführten und für einen aus Gründen der Entsorgungssicherheit langfristig angelegten Betrieb viel zu kurz.

## 8. Kostenbetrachtung verschiedener Restabfallbehandlungsvarianten

Stadt und Landkreis Göttingen haben im Zeitraum 1996/97 die kostenmäßigen Auswirkungen verschiedener Restabfallbehandlungsvarianten untersuchen lassen.[7] Die Varianten beinhalten im einzelnen:

---

6 Vgl. Schwermer: Kommentar zu § 8 AbfG, in: Kunig Schwermer Versteyl, AbfG, 1992.
7 Vgl. ATUS, Ingenieurgesellschaft für Abfalltechnik und Umweltschutz mbH: Kostenbetrachtung verschiedener Restabfallbehandlungsvarianten für die Zentraldeponie Deiderode, Gutachten im Auftrag von Stadt und Landkreis Göttingen, Februar 1997.

- **Variante 0:**
Fortführung der bisherigen Restabfallbeseitigungspraxis und Verfüllung der Deponie Deiderode bis zum planfestgestellten Termin im Jahre 2012 mit Berücksichtigung der Maßnahmen zur Erhöhung der Einbaudichte (TASi).

- **Variante 1:**
entspricht der Nullvariante, wobei allerdings die Deponielaufzeit durch technische Maßnahmen verlängert wird (Ausbau aller genehmigten Ablagerungsabschnitte, Überhöhung). Die Deponielaufzeit geht über das Jahr 2012 hinaus. Der Betrachtungszeitraum endet mit dem Jahr 2030.

- **Variante 2:**
Bis zum Jahr 2005 entspricht diese Variante der Nullvariante. Ab 2005 wird eine Mechanisch-Biologische Restabfallbehandlung vorgeschaltet. Diese Variante wird aufgeteilt in zwei Untervarianten 2a und 2b. Die Variante 2b beinhaltet eine Ausschleusung der hochkalorischen Fraktion. Die Deponielaufzeit geht über das Jahr 2012 hinaus. Der Betrachtungszeitraum endet mit dem Jahr 2030.

- **Variante 3:**
Bis zum Jahr 2005 wird wie bei der Nullvariante verfahren, ab dann werden die Abfälle thermisch behandelt. Dies führt zur vorzeitigen Schließung der Deponie im Jahre 2005.

Die Ergebnisse der Kostenberechnung sind der Tabelle 3 zu entnehmen. Bei der Variante 3 werden im Zeitraum 1997 bis 2012 Beseitigungskosten von rund 350 Mio. DM anfallen. Die beiden MBV-Varianten 2a/2b liegen mit rund 262 Mio. DM um ca. 88 Mio. DM darunter. Die beiden Varianten ohne Vorbehandlung haben aufsummierte Kosten von 197 Mio. DM. Die Kostendifferenz der Varianten 0 und 1 zur Variante 3 beträgt 153 Mio. DM.

Wird der Betrachtungszeitraum auf das Jahr 2030 ausgedehnt, wachsen die Kostendifferenzen auf 240 Mio. DM (Vergleich der Varianten 2a/2b mit Variante 3) bzw. auf 470 Mio. DM (Vergleich der Variante 1 mit Variante 3).

Damit werden Größenordnungen erreicht, die den Gesamtinvestitionen für die Zentraldeponie Deiderode in Höhe von 200 Mio. DM entsprechen.

Zur Entlastung der Gebührenzahlerinnen und der Gebührenzahler sollte daher geprüft werden, unter welchen Voraussetzungen ein Weiterbetrieb der Zentraldeponie Deiderode über das Jahr 2005 hinaus genehmigungsfähig ist.

| Ablagerungskosten mit Vorbehandlungsaufwand | | | | | |
|---|---|---|---|---|---|
| Jahre | Variante 0 DM/a | Variante 1 DM/a | Variante 2 a DM/a | Variante 2 b DM/a | Variante 3 DM/a |
| 1997 | 15.420.300 | 14.765.550 | 13.495.450 | 14.235.288 | 20.308.061 |
| 1998 | 14.205.697 | 13.571.826 | 12.616.124 | 13.193.456 | 17.805.868 |
| 1999 | 13.566.079 | 12.917.967 | 12.094.023 | 12.611.195 | 16.790.723 |
| 2000 | 13.296.660 | 12.619.678 | 12.122.494 | 12.618.091 | 16.364.613 |
| 2001 | 12.948.764 | 12.508.284 | 11.844.824 | 12.316.197 | 15.844.412 |
| 2002 | 12.623.061 | 12.184.611 | 11.557.811 | 12.006.010 | 15.364.119 |
| 2003 | 12.565.822 | 12.100.702 | 11.550.662 | 11.970.186 | 15.152.990 |
| 2004 | 12.227.546 | 11.736.656 | 11.262.676 | 11.653.725 | 14.661.924 |
| 2005 | 12.061.844 | 11.961.840 | 20.526.487 | 20.623.735 | 14.329.363 |
| 2006 | 11.790.944 | 12.228.140 | 20.376.087 | 20.500.535 | 29.120.000 |
| 2007 | 11.613.444 | 12.371.640 | 20.112.687 | 20.264.535 | 29.120.000 |
| 2008 | 11.360.744 | 12.101.040 | 20.347.687 | 20.321.235 | 29.120.000 |
| 2009 | 11.089.744 | 11.806.640 | 20.646.287 | 20.400.535 | 29.120.000 |
| 2010 | 10.821.844 | 11.515.440 | 20.783.987 | 20.401.035 | 29.120.000 |
| 2011 | 10.915.144 | 11.585.640 | 20.953.787 | 20.598.035 | 29.120.000 |
| 2012 | 10.644.244 | 11.294.740 | 20.762.587 | 20.432.435 | 29.120.000 |
| Summe 1997-2005 | 118.915.774 | 114.367.115 | 117.070.552 | 121.227.882 | 146.622.072 |
| Summe 2006-2012 | 78.236.106 | 82.903.278 | 143.983.110 | 142.918.342 | 203.840.000 |
| Summe 1997-2012 | 197.151.880 | 197.270.393 | 261.053.662 | 264.146.225 | 350.462.072 |
| Summe 2012-2030 | 524.160.000 siehe Hinweis | 203.305.316 | 373.726.568 | 367.783.823 | 524.160.000 |
| Summe 1997-2030 | 721.311.880 | 400.575.709 | 634.780.230 | 631.930.047 | 874.622.072 |

Hinweis: Da bei der Variante 0 die Laufzeit der Deponie im Jahre 2012 endet, wird davon ausgegangen, daß ab 2013 eine thermische Restabfallbehandlung stattfindet. Hierfür wurden die entsprechenden Kosten aus der Variante 3 angesetzt.

*Tabelle 3: Ablagerungskosten sowie Vorbehandlungskosten (vgl. ATUS)*
*Hinweis: Da bei der Variante 0 die Laufzeit im Jahre 2012 endet, wird davon ausgegangen, daß ab 2013 eine thermische Restabfallbehandlung stattfindet. Hierfür wurden die entsprechenden Kosten aus der Variante 3 angesetzt.*

## 9. Prioritäten für die Zukunft

Wir dürfen uns nichts vormachen: Dort, wo es Menschen gibt, wird es auch Abfälle geben. Nach den oben durchgeführten Berechnungen ist für die Stadt Göttingen mit der Zentraldeponie

Deiderode noch eine relativ lange Entsorgungssicherheit gegeben. Diese zählt zu den Pflichtaufgaben eines öffentlich-rechtlichen Entsorgungsträgers – wie es die Stadt Göttingen ist – und es ist beruhigend, doch es darf daraus keine Lethargie werden! Die Stadtreinigung Göttingen ist auch verantwortlich für die Vermeidung und Verwertung von Abfällen. Deshalb ist die Abfallberatung und Öffentlichkeitsarbeit in allen Bereichen wichtig und notwendig. Sie dient der Bewußtseinsbildung und der Verdeutlichung unserer zukünftigen Probleme: Verknappung der Resourcen und der Energie, verbunden mit einem starken Preisanstieg für Rohstoffe.

Deshalb wird dem Energieinhalt der Restabfälle in Zukunft immer mehr Bedeutung zukommen. Hier darf nicht der gleiche Fehler – aus heutiger Sicht – gemacht werden, wie er vor vielen Jahren bei der schlichten Beseitigung der Abfälle schon einmal gemacht worden ist: Die Unterschätzung der Gefährlichkeit und Umweltschädlichkeit der Abfälle. Der Energieinhalt der Abfälle kann dann genutzt werden, wenn entsprechende Anlagen mit einem hohen Wirkungsgrad und hoher Reinigungsleistung der Abluft zur Verfügung stehen.

## Quellen- und Literaturverzeichnis

ATUS, Ingenieurgesellschaft für Abfalltechnik und Umweltschutz mbH: Kostenbetrachtung verschiedener Restabfallbehandlungsvarianten für die Zentraldeponie Deiderode, Gutachten im Auftrag von Stadt und Landkreis Göttinen, Februar 1997.

Bergs/Dreyer/Neuenhahn/Radde: TA Siedlungsabfall, Erich Schmidt Verlag.

Gallenkemper/Bidlingmaier/Doedens/Stegmann: 5. Münsteraner Abfallwirtschaftstage; Band 10, Fachhochschule Münster.

Landkreis Göttingen: Abfallmengenentwicklung und Statistik. Mitteilung der Bezirksregierung Braunschweig, März 1996.

Schwermer: Kommentar zu § 8 AbfG, in: Kunig Schwermer Versteyl, AbfG, 1992.

Witzenhausen-Institut, Prof. Wiemer & Partner: Regionales Abfallwirtschaftsprogramm Südniedersachsen, Teil 1: Basisstudie, Gutachten im Auftrag von Landkreis Osterode am Harz, Landkreis Göttingen und der Stadt Göttingen, April 1996.

Anzeige

**STADTREINIGUNG GÖTTINGEN**

## Aus den Augen - aus dem Sinn?

Die Jahre des bloßen "Ascheimerziehens" und "Verbuddelns" sind vorbei!

Heute verfolgt die Göttinger Abfallwirtschaft das Ziel einer umweltgerechten Abfallbewirtschaftung mit möglichst

- weitgehender Abfallvermeidung
- vielfältiger Abfallverwertung
- emissionsarmer Restabfallbeseitigung.

Das sind im einzelnen

 kundenorientierte Abfallwirtschaftsberatung

 Getrennterfassung verschiedener Abfälle zur Verwertung

 Getrennterfassung schadstoffhaltiger Abfälle

 Entsorgung privater und gewerblicher Abfälle mittels differenzierter Behälter- und Containergrößen

 Betrieb des Recyclinghofes mit Gebrauchtwarenbörse

 Betrieb der Kompostanlage, Vermarktung des "Göttinger Kompost"

 Betrieb der Bauabfallverwertungsanlage und -restedeponie Königsbühl mit Bodenbörse

 abfallwirtschaftliche Begleitdienste im Rahmen des Transportservices.

Mehr unter der HOTLINE der "Stadtreinigung Göttingen" 400 5 400

Eigenbetrieb der Stadt Göttingen

# Anhang

## Verzeichnis der AutorInnnen

**Arndt, Betty,** M. A., ist Archäologin. Sie hat ein Studium der Ur- und Frühgeschichte in Göttingen absolviert und mit einer Arbeit über städtische Kloaken des Mittelalters abgeschlossen. Seit Ende 1991 leitet sie die Göttinger Stadtarchäologie.

**Artus, Christiane;** geb. 1968 in Hamburg; Studium der Geschichte, Germanistik, Politik und Pädagogik in Hamburg und Göttingen. Referendariat in Schleswig-Holstein; Mitarbeiterin bei der Geschichtswerkstatt in Göttingen und Hamburg/St. Georg. Lebt zur Zeit in Hamburg.

**Fährmann, Sigrid,** M. A., Diplom-Bibliothekarin, Studium der Volkskunde und Dt. Philologie. 1995 Magisterarbeit über die Geschichte öffentlicher Bedürfnisanstalten in Göttingen und Hannover zwischen 1850 und 1920. Seit 1996 wissenschaftliche Hilfskraft mit Examen in der Enzyklopädie des Märchens in Göttingen. Dissertationsvorhaben über Verschönerungsvereine als Ausdruck stadtbürgerlicher Mentalität.

**Glatthor, Matthias,** geb. 1961, M. A., Studium der Geographie, mittleren und neueren Geschichte, Germanistik und Publizistik in Göttingen. Examensarbeit (1991) über „Stadtrandfunktionen im Nordwesten Hannovers, 1750-1920". Anschließend u.a. Tätigkeit als freier Fachautor. 1995/96 Volontariat im Munzinger-Archiv, Ravensburg. Seit 1996 Redakteur bei der Buchhändler-Vereinigung in Frankfurt/Main.

**Heinz, Philipp;** geb. 1974 in Münster und seit 1987 wohnhaft in Göttingen, dort 1994 Abitur. Mitarbeit in der Bundeskoordination der „SchülerInnen Aktion Umwelt" und der „Aktion Total tote Dose", langjährige Mitarbeit im Jugendumweltbüro Göttingen, Mitglied im Landesvorstand des Nds. Jugendumweltnetzwerks und Mitbegründer des Göttinger Umweltzentrums. Philipp Heinz studiert seit 1995 Jura und wohnt in Dresden.

**Heinzelmann, Martin;** geb. in Lippstadt/NRW 1961, dort Abitur und Gärtnerausbildung. Seit 1984 in Göttingen als Student der Soziologie, Germanistik und Völkerkunde – Magister-Abschuß 1993. Arbeitet zur Zeit an einer Studie über Altersheime.

**Pusch, Thomas;** Jahrgang 1963, studierte in Göttingen mittlere und neuere Geschichte, Politikwissenschaften und Publizistik. 1992 Magister-Examen. Tätigkeiten bei der Geschichtswerkstatt Göttingen und am Institut für Schleswig-Holsteinische Zeit- und Regionalgeschichte. Zur Zeit Promotion zum Thema „Die Erfahrungen des politischen Exils". Wohnt in Hamburg.

**Rottkord, Franz** ist 43 Jahre alt; nach Abitur und Zivildienst studierte er mit dem Abschluß als Diplom-Umweltingenieur 1983. Anschließend Forschungsarbeit an der Technischen Universität Berlin und mehrjährige Tätigkeit in einem Berliner Ingenieurbüro. Seit 1989 ist er Leiter der Abteilung „Abfallwirtschaft" bei der Stadtreinigung Göttingen.

**Schanz, Saskia,** geb. 1975 in Göttingen und dort Abitur 1995. Anschließend Psychologie-Studium, seit 1997 in Dresden. Sie ist Mitbegründerin der Umwelt-Arbeitsgemeinschaft des Otto-Hahn-Gymnasiums in Göttingen und langjährige Mitarbeiterin im Göttinger Jugendumweltbüro.

# Quellen- und Literaturverzeichnis

## 1. Verwendete Literatur

Arbeitsgemeinschaft Südniedersächsischer Heimatfreunde e.V. (Hg.) „Rüstungsindustrie in Südniedersachsen während der NS – Zeit" Mannheim, 1993.

Arndt, Betty „Methodische und interdisziplinäre Fragestellungen bei Untersuchungen an städtischen Kloaken, Forschungsstand und Perspektiven" unveröff. Magisterarbeit, Göttingen, 1986.

Arndt, Betty / Hakelberg „Eine mittelalterliche Blockflöte aus Göttingen" in: Göttinger Jahrbuch, Band 42, Göttingen, 1994.

Arndt, Betty „Hygienic aspects in the examination of medieval cesspits" Homo Vol. 45/Suppl., 1996.

Baumann, Ursula „Protestantismus und Frauenemanzipation in Deutschland 1850 – 1920" Frankfurt / New York, 1992.

Bergs / Dreyer / Neuenhahn / Radde (Hg.) „TA Siedlungsabfall".

Bieker, Marion „Getrenntsammlung und Kompostierung von organischen Hausmüllbestandteilen in Stadt und Landkreis Göttingen" in: Bürgeraktion 'Das bessere Müllkonzept Bayern e.V. (Hg.) „Müll vermeiden, verwerten, vergessen" Ulm, 1991.

Bielefeld, Karl Heinz „Göttingens evangelisch-lutherische Kirchengemeinden im 'Dritten Reich'" in: Stadt Göttingen Kulturdezernat (Hg.) „Göttingen unterm Hakenkreuz" Göttingen, 1983.

Blasius, R. „Abfuhrsysteme" in: Weyl, Theodor (Hg.) „Handbuch der Hygiene. Bd.2" Jena; 1894.

Borst, Otto „Alltagsleben im Mittelalter" Frankfurt/M., 1983.

Bourke, John Gregory „Der Unrat in Sitte, Brauch, Glauben und Gewohnheitsrecht der Völker" Leipzig, 1913.

Brüggemeier, Franz – Josef / Rommelspacher, Thomas „Geschichte der Umwelt im 19. und 20. Jahrhundert" Hagen, 1991.

Bruns-Wüstefeld, Alex „Lohnende Geschäfte: Die 'Entjudung' der Wirtschaft am Beispiel Göttingens" Hannover, 1997.

Büttner, Karsten / Manthey, Matthias „Das Rückgrat und ein wenig drunter. Nördliches Stadtgebiet" in: Gottschalk, Carola (Hg.) „Göttingen zu Fuß, 13 Stadtteilrundgänge" Hamburg, 1992.

Bundesministerium für Forschung und Technologie (Hg.) „Strukturanalysen des SERO-Systems der DDR im Hinblick auf Effizienz und Eignung unter marktwirtschaftlichen Bedingungen" 1992.

Carter, Harold „Einführung in die Stadtgeographie" Berlin u. Stuttgart, 1980.

Corbin, Alain „Pesthauch und Blütenduft. Eine Geschichte des Geruchs" Frankfurt/M., 1988.

Cord – Landwehr, Claus „Einführung in die Abfallwirtschaft" Stuttgart, 1994.

Dirlmeier, Ulf „Zu den Lebensbedingungen in der mittelalterlichen Stadt. Trinkwasserversorgung und Abfallbeseitigung" in: Herrmann, Bernd „Mensch und Umwelt im Mittelalter" Stuttgart, 1986.

Douglas, Mary „Reinheit und Gefährdung. Eine Studie zu Vorstellungen von Verunreinigung und Tabu" Berlin, 1985.

Duerr, Hans – Peter „Der Mythos vom Zivilisationsprozeß. Bd. 1 Nacktheit und Scham" Frankfurt/M., 1988.

Ebstein, W. „Dorf- und Stadthygiene. Unter besonderer Rücksichtnahme auf deren Wechselbeziehungen" Stuttgart, 1902.

Eggers, Hans – Jürgen „Einführung in die Vorgeschichte" München, 1959.

Elias, Norbert „Über den Prozeß der Zivilisation. Soziogenetische und psychogenetische Untersuchungen" Frankfurt/M., 1976.

Erhard, Heinrich (Hg.) „Von der Stadtreinigung zur Entsorgungswirtschaft" Jubiläumsschrift des Bundesverbandes der Entsorgungswirtschaft e.V., Köln, 1986.

Erdmann, W. „Fronerei und Fleischmarkt. Vorbericht über archäologische Befunde eines Platzes im Marktviertel des mittelalterlichen Lübeck" in: LSAK 3, 1980.

Fährmann, Sigrid „Reinliche Leiber – Körperhygiene und Reinlichkeitsvorstellungen in zwei Jahrhunderten" Sonderdruck, Göttingen, ohne Jahr.

Fesefeld, Wiebke „Der Wiederbeginn des kommunalen Lebens in Göttingen. Die Stadt in den Jahren 1945 – 1948" Göttingen, 1962.

Förstner, Ulrich „Umweltschutztechnik" Berlin u.a., 1993.

Fröndhoff, Clemens „Schweinemast aus städtischen Küchenabfällen" in: Der Städtetag, 1950.

Gallenkemper / Bidlingmaier / Doedens / Stegmann (Hg.) „5. Münsteraner Abfallwirtschaftstage" Bd. 10, Münster.

Gläser, Manfred (Hg.) „Daz kint spilete und was fro" Spielen vom Mittelalter bis heute. Katalog zur Ausstellung im Museum Burgkloster, Lübeck, 1995.

Gleichmann, Peter Reinhart „Die Verhäuslichung von Harn- und Kotentleerungen" in: MMG 4, 1979.

Gleichmann, Peter Reinhart „Städte reinigen und geruchlos machen. Menschliche Körperentleerungen, ihre Geräte und ihre Verhäuslichung" in: Sturm, H. (Hg.) „Ästhetik und Umwelt" Tübingen, 1979.

Gleichmann, Peter Reinhart „Die Verhäuslichung körperlicher Verrichtungen" in: Gleichmann, Peter Reinhart u.a. (Hg.) „Materialien zu Norbert Elias' Zivilisationstheorie" Frankfurt/M., 1982.

Grabowski, Mieczeslaw „Zur Infrastruktur der mittelalterlichen Königsstraße zu Lübeck: Straßenbeläge, Abwassersystem, Brunnen und Wasserleitungen" in: Archäologisches Korrespondenzblatt 23, 1993.

Grassmuck, Volker / Unverzagt, Christian „Das Müllsystem – eine metarealistische Bestandsaufnahme" Frankfurt/M., 1991.

Haubner, Karl „Die Stadt Göttingen im Eisenbahn- und Industriezeitalter. Geographische Betrachtungen der Entwicklung einer Mittelstadt im Zeitraum 1860 – 1960" Hildesheim, 1964.

Quellen- und Literaturverzeichnis

Hauser, Susanne „Reinlichkeit, Ordnung und Schönheit. Zur Diskussion über Kanalisation im 19. Jahrhundert" in: Die Alte Stadt. Heft 4, 1992.

Henze, Dagmar „Grenzen der Frauenemanzipation".

Herrmann, Bernd „Mensch und Umwelt im Mittelalter" Stuttgart, 1986.

Herrmann, Bernd „Parasitologische Untersuchung mittelalterlicher Kloakten" in: Herrmann, Bernd „Mensch und Umwelt im Mittelalter" Stuttgart, 1986.

Hillebrecht, Marie – Luise „Eine mittelalterliche Energiekrise" in: Herrmann, Bernd (Hg.) „Mensch und Umwelt im Mittelalter" Stuttgart, 1986.

Höfler, Edgar / Illi, Martin „Versorgung und Entsorgung im Spiegel der Schriftquellen" in: „Stadtluft, Hirsebrei und Bettelmönch – Die Stadt um 1300" Katalog, Stuttgart, 1992.

Hohorst, Gerd u. a. (Hg.) „Sozialgeschichtliches Arbeitsbuch II (1870 – 1914)" München, 1975.

Holzmann, Martin „Luftzeugamt und Fliegerhorst" in: Interessengemeinschaft Garnisonsstadt e.V. (Hg.) „Die Strenge Form – Zur Geschichte der Militärbauten in Göttingen" Göttingen, 1992.

Hösel, Gottfried „Unser Abfall aller Zeiten. Eine Kulturgeschichte der Städtereinigung" München, 1987.

Hubatsch, Walter „Wie Göttingen vor der Zerstörung bewahrt wurde" in: Göttinger Jahrbuch, Göttingen, 1961.

Huchting, Friedrich „Abfallwirtschaft im 'Dritten Reich'" in: „Technikgeschichte" Bd. 48, 1981.

Huchting, Friedrich „Prüfung alter Verwertungstechnologien aus Mangel- und Krisenzeiten" in: „Forschungsbericht 103 01 104" Umweltbundesamt (Hg.) Berlin, 1980.

Illi, Martin „Von der Schissgruob zur modernen Stadtentwässerung" Stadtentwässerung Zürich (Hg.) Zürich, 1983.

Illich, Ivan „H2O und die Wasser des Vergessens", Hamburg, 1987.

Jugendumweltbüro Göttingen (Hg.) „Jugendaktionshandbuch Abfall, Aktion Total tote Dose" Göttingen, 1997.

Kage, August „Aus der Geschichte von Grone" Göttingen, 1973.

Kage, August „Grone in Bild und Wort" ohne Jahr.

Kaiser, Jochen-Christoph „Frauen in der Kirche. Evangelische Frauenverbände im Spannungsfeld von Kirche und Gesellschaft" in: Kuhn, Anette „Frauen in der Nachkriegszeit und im Wirtschaftswunder: 1945 – 1960" Frankfurt/M., 1980.

Kälin, H. B. Stichwort 'Papier' in: Lexikon des Mittelalters, Bd.6, 1993.

Katalyse e.V. (Hg.) „Kommt gar nicht in die Tüte!" Köln, 1991.

Keene, D. J. „Rubbish in Medieval Towns" in: Environmental archaeology in the urban contxt. CBA research report No. 43, London, 1982.

Kempen, Wilhelm van „Göttinger Chronik" Göttingen, 1953.

Knauff, M. / Schmitt, E. „Entwässerung und Reinigung der Gebäude. Ableitung des Haus-, Dach- und Hofwassers. Aborte und Pissoirs. Entfernung der Fäcalstoffe aus den Gebäuden" in: Durm, Josef u.a. (Hg.) „Die Hochbau-constructionen des Handbuches der Architektur. Teil 3, Bd.5" Darmstadt, 1892.

Koonz, Claudia „Mütter im Vaterland. Frauen im Dritten Reich" Freiburg, 1991.

Köstering, Susanne / Rüb, Renate (Hg.) „Müll von gestern? Eine umweltgeschichtliche Erkundung in Berlin und Umgebung 1880-1945" Projekt Umweltgeschichte am Institut für Geschichtswissenschaft der TU Berlin; Berlin, 1993.

Kösters, Winfried „Unternehmerisches Umweltverhalten in Abhängigkeit von externen Einflüssen" in: Aus Politik und Zeitgeschichte B7/96.

Krabbe, Wolfgang R. „Kommunalpolitik und Industrialisierung. Die Entfaltung der städtischen Leistungsverwaltung im 19. Jahrhundert und frühen 20. Jahrhundert – Fallstudien zu Dortmund und Münster" Stuttgart, 1985.

Krabbe, Wolfgang R. „Die deutsche Stadt im 19. und 20. Jahrhundert"
Göttingen, 1989.

Kuchenbuch, Ludolf „Abfall. Eine Stichwortgeschichte" in: Soeffner, Hans – Georg (Hg.) „Soziale Welt" Sonderbd. 6, Göttingen, 1988.

Kühn, Helga – Maria (Hg.) „Göttingen im 'Dritten Reich'. Dokumente aus dem Stadtarchiv." Heft 1, Göttingen, 1994.

Kühnel, Harry „Alltag im Spätmittelalter" Wien, 1984.

Landkreis Göttingen „Abfallmengenentwicklung und Statistik".

Lindemann, Carmelita „Verbrennung oder Verwertung: Müll als Problem um die Wende vom 19. zum 20. Jahrhundert" in: „Technikgeschichte" BD. 59, 1992.

Manos, Helene „Sankt Pauli" Hamburg, 1989.

Manthey, Matthias / Büttner, Karsten siehe dort.

Matzerath, Horst „Urbanisierung in Preußen 1815 – 1914" Stuttgart, 1985.

Mehlhase, Michael „Die Entwicklung der Müll- und Abfallbeseitigung im südlichen Niedersachsen seit 1972" unveröff. Diplomarbeit, Göttingen, 1987.

Mehlhase, Michael / Pörtge, Karl – Heinz, siehe dort.

Meier, Gustav „Filmstadt Göttingen: Bilder für eine neue Welt? Zur Geschichte der Göttinger Spielfilmproduktion 1945 bis 1961" Hannover, 1996.

Michalka, Wolfgang „Kriegsrohstoffbewirtschaftung. Walter Rathenau und die >kommende Wirtschaft<" in: Michalka, Wolfgang (Hg.) „Der Erste Weltkrieg: Wirkung – Wahrnehmung – Analyse" München, 1994.

Mönkemeyer, Klaus „Schmutz und Sauberkeit" in: Behnken, Imbke (Hg.) „Stadtgesellschaft und Kindheit im Prozeß der Zivilisation" Opladen, 1990.

Müller, Rolf – Dieter „Die Mobilisierung der Wirtschaft für den Krieg – eine Aufgabe der Armee? Wehrmacht und Wirtschaft 1933 – 1942" in:

Michalka, Wolfgang (Hg.) „Der Zweite Weltkrieg: Analysen – Grundzüge – Forschungsbilanz" München, 1989.

Münch, Peter „Stadthygiene im 19. und 20. Jahrhundert. Die Wasserversorgung, Abwasser- und Abfallbeseitigung unter besonderer Berücksichtigung Münchens" Göttingen, 1993.

Neugebauer, Werner „Arbeiten der Böttcher und Drechsler aus den mittelalterlichen Bodenfunden der Hansestadt Lübeck" in: Rotterdam Papers II, 1975.

Palmer, R. „Auch das WC hat seine Geschichte" München, 1977.

Pietsch, Peter „Die Entwicklung der Abwasserbeseitigung der Stadt Göttingen" Diss. Göttingen, 1961.

Pörtge, Karl – Heinz „Die Müll- und Abfallbeseitigung in Südniedersachsen" unveröff. Diplomarbeit, Göttingen, 1972.

Pörtge, Karl – Heinz / Mehlhase, Michael „Die Entwicklung der Müll- und Abfallbeseitigung im südlichen Niedersachsen seit 1970" in: Göttinger Jahrbuch, 37 Jg., Göttingen, 1989.

Renlecke, Jürgen „Geschichte der Urbanisierung in Deutschland" Frankfurt/M., 1985.

Ries, Karl „Fliegerhorste und Einsatzhäfen der Luftwaffe. Planskizzen 33 – 45" Stuttgart, 1993.

Rommelspacher, Thomas / Brüggemeier, Franz – Josef siehe dort.

Rüb, Renate / Köstering, Susanne (Hg.) siehe dort.

Schiffer, M. B. „Archaeological context and systemic context" in: American Antiquity 37, 1972.

Schmeling, Hans – Georg „Vor 50 Jahren: Lumpen, Eisen, Knochen und Papier (Altstoffsammlung im nationalsozialistischen Göttingen)" in: „Göttinger Jahresblätter" 8.Jg., Göttingen, 1985.

Schmitt, E. / Knauff, M. siehe dort.

Schneider, E. „Die hygienischen Verhältnisse Göttingens einst und jetzt" Diss. Göttingen, 1903.

Schubert, Ernst „Der Wald: Wirtschaftliche Grundlage der spätmittelalterlichen Stadt" in: Herrmann, Bernd (Hg.) „Mensch und Umwelt im Mittelalter" Stuttgart, 1986.

Schütte „Brunnen und Kloakten auf innerstädtischen Grundstücken im ausgehenden Hoch- und Spätmittelalter" in: ZAM, Beiheft 4, 1986.

Schwarz, Gudrun „Eine Frau an seiner Seite: Ehefrauen in der 'SS-Sippengemeinschaft'" Hamburg, 1997.

Simonis, Udo E. „Ökologische Umorientierung der Industriegesellschaft" in: Aus Politik nd Zeitgeschichte B7/96.

Sommer, Ulrike „Dirt Theory, or archaeological sites seen as rubbish heaps" in: Journal Theoretical Arch. 1, 1990.

Sommer, Ulrike „Zur Entstehung archäologischer Fundvergesellschaftungen. Versuch einer archäologischen Taphonomie" Studien zur Siedlungsarchäologie 1. Universitätsforsch. prähist. Arch. 6, 1991.

Sommer, Ulrike „Schmutz und Abfall. Auswirkungen auf den archäologischen Befund" Manuskript eines Vortrages beim Treffen der Theorie AG in Marburg, 1993.

Stadt Göttingen (Hg.) „Komposttonne Göttingen. Schlußbericht. 3 Jahre Erfahrungen" Göttingen, 1988.

Stadt Göttingen Kulturdezernat (Hg.) „Göttingen unterm Hakenkreuz" Göttingen, 1983.

Stadt Göttingen Kulturdezernat (Hg.) „Göttingen 1945 – Kriegsende und Neubeginn" Göttingen, 1985.

Steinmetz, Wolfgang „Die Müllabfuhr und Müllbeseitigung im Regierungsbezirk Hildesheim unter besonderer Berücksichtigung des Landkreises Göttingen" Diss., Göttingen, 1964.

Stief, Klaus „Ablagern von Abfällen" in Walprecht, Dieter (Hg.) „Abfall und Abfallentsorgung" Köln u. a., 1989.

Thompsons, M. „Die Theorie des Abfalls" Stuttgart, 1981.

Tschipke, Ina „Lebensformen in der spätmittelalterlichen Stadt. Untersuchungen anhand von Quellen aus Braunschweig, Hildesheim, Göttingen, Hameln und Duderstadt" Schriftenreihe des Landschaftsverbandes Südniedersachsen. Bd.3, 1993.

Tollmien, Cordula „Luftfahrtforschung: Die Aerodynamische Versuchsanstalt in Göttingen" in: Tschirner, Martina / Göbel, Heinz – Werner (Hg.) „Wissenschaft im Krieg – Krieg in der Wissenschaft" Marburg, 1990.

Umweltbundesamt (Hg.)"Informationen zur Geschichte des Umweltschutzes, Abfall- und Wasserwirtschaft" Berlin, 1986

Umweltbundesamt (Hg.) „Was Sie schon immer über Abfall wissen wollten" Stuttgart, 1994.

Umweltministerium Niedersachsen (Hg.) „Expertengespräch Rüstungsaltlasten" Hannover, 1989.

Umweltministerium Niedersachsen (Hg.) „Gefährdungsabschätzung von Rüstungsaltlasten in Niedersachsen" Hannover, 1992.

Unverzagt, Christian / Grassmuck, Volker siehe dort.

Vogt, Hanna „Die Göttinger Nothilfe – Eine frühe Bürgerinitiative" in: Stadt Göttingen (Hg.) „Göttingen 1945 – Kriegsende und Neubeginn" Göttingen, 1985.

Weber – Reich, Traudel „Um die Lage der hiesigen notleidenden Classe zu verbessern. Der Frauenverein zu Göttingen von 1840 – 1956" Göttingen, 1993.

Weidemann, Clemens „Einführung" in: Becktexte dtv „Abfallgesetz" München, 1994.

Weinberg, Gerhard L. „Eine Welt in Waffen: Die globale Geschichte des Zweiten Weltkriegs" Stuttgart, 1995.

Wever, F. „Die Wohnverhältnisse in Göttingen um 1900" in: Duwe, Kornelia u.a. (Hg.) „Göttingen ohne Gänseliesel. Texte und Bilder zur Stadtgeschichte" Weiden, 1988.

Witzenhausen – Institut (Hg.) „Regionales Abfallwirtschaftsprogramm Südniedersachsen, Teil 1: Basisstudie, Gutachten im Auftrag von

Landkreis Osterode am Harz, Landkreis Göttingen und der Stadt Göttingen" 1996.

## 2. Sonstige Quellen

Aus Politik und Zeitgeschichte.

Basisgruppe Geschichte (Hg.) „Calcül, Zeitschrift für Wissen und Besserwissen" Nr. 1/2, Juli 1995.

Bundesarchiv Koblenz

Geschichtswerkstatt Göttingen (Hg.) „Extrablatt für Göttingen und Umgebung zum Tag der Befreiung" Göttingen, 1995.

Göttinger Tageblatt (GT) diverse Ausgaben, Göttingen.

Gutachten im Auftrag von Stadt und Landkreis Göttingen, Febr. 1997.

DIE WELT, Berlin.

Mitteilung der Bezirksregierung Braunschweig, März 1996.

Preußische Statistik, diverse Hefte.

Projektgruppe Ausländer des Seminars für Politikwissenschaft der Universität Göttingen (Hg.) „Ausländerbericht Göttingen" 1980.

Ratsprotokolle der Stadt Göttingen

Stadtarchiv Göttingen

Stadtzeitung (SZ), diverse Ausgaben, Göttingen.